"Con pasión, mucha claridad, respeto a la creencia de las Escrituras y un deseo ardiente por la gloria de Dios, John Piper escribe una defensa fuerte sobre la completa fiabilidad de las Escrituras, con deuda a Jonathan Edwards y al Catecismo Mayor de Westminster. El lenguaje del libro es simple y accesible, pero las ideas profundas y con una cobertura extensa. La erudición es usada ligeramente, y la preocupación pastoral es evidente a lo largo de la obra. Tanto para el lector académicamente sofisticado o para el poco sofisticado, el argumento es que la gloria peculiar de Dios está a la vista de todos, si Dios da la gracia para hacerlo. Espero que este trabajo encuentre un gran número de lectores".

Graham A. Cole, decano, vicepresidente educativo y profesor de Teología Bíblica y Sistemática, Trinity Evangelical Divinity School

"John Piper ha escrito una defensa sólida y pastoral sobre la doctrina ortodoxa de las Escrituras. Resistiendo a cualquiera que considera que una seguridad bien fundamentada en la veracidad de las Escrituras es del dominio exclusivo de los expertos y académicos, el énfasis de Piper en la autoautenticación y la gloria de Dios que transforma la vida, ambas inherentes en las Escrituras, es saludable y afirma nuestra fe. No podemos considerar adecuadamente las Escrituras sin contemplar a su autor. La mayor fortaleza del acercamiento de Piper reside precisamente en el hecho de que su consideración de las Escrituras está absorto en la belleza de la persona que lo inspiró".

Alastair Roberts, bloguero; participante, Mere Fidelity podcast

"*Una gloria peculiar* debe establecerse rápidamente como un clásico moderno sobre la Biblia. El libro de Piper añade fuerza y gozo a la fe al presentar clara y metódicamente el caso de por qué podemos tener una confianza absoluta en la Biblia como la propia Palabra de Dios. El día en que John Owen me convenció de que las Escrituras cristianas son autoautenticadas fue un momento glorioso de mi liberación. Deseo y espero que John Piper traerá esa misma liberación a muchos con este libro".

Michael Reeves, presidente de Union School of Theology; autor de *Delighting in the Trinity, The Unquenchable Flame* y *Rejoicing in Christ*

Libros de John Piper publicados por Portavoz

Bajo las alas de Dios

Cómo perseverar hasta el final

Cuando no deseo a Dios

Cuando no se disipan las tinieblas

Dios es el evangelio

Lo que Jesús exige del mundo

¡Más vivo que nunca!

No desperdicies tu vida

Pensar. Amar. Hacer. (editor general)

El sufrimiento y la soberanía de Dios (editor general)

Una gloria peculiar

Una Gloria Peculiar

Cómo las Escrituras revelan su completa veracidad

JOHN PIPER

EDITORIAL PORTAVOZ

La misión de *Editorial Portavoz* consiste en proporcionar productos de calidad —con integridad y excelencia—, desde una perspectiva bíblica y confiable, que animen a las personas a conocer y servir a Jesucristo.

Título del original: *A Peculiar Glory,* © 2016 por Desiring God Foundation y publicado por Crossway, 1300 Crescent Street, Wheaton, Illinois 60187. Traducido con permiso.

Traducción: Dabar Editores
Diseño de portada: Dogo Creativo

Las cursivas en los versículos bíblicos son énfasis del autor.

EDITORIAL PORTAVOZ
2450 Oak Industrial Drive NE
Grand Rapids, Michigan 49505 USA
Visítenos en: www.portavoz.com

ISBN 978-0-8254-5726-5 (rústica)
ISBN 978-0-8254-6606-9 (Kindle)
ISBN 978-0-8254-8762-0 (epub)

1 2 3 4 5 edición / año 26 25 24 23 22 21 20 19 18 17

Impreso en los Estados Unidos de América
Printed in the United States of America

Para Bethlehem College and Seminary

Libro sagrado. Dios soberano. Gozo serio.

En Dios alabaré su palabra; en Jehová su palabra alabaré. En Dios he confiado; no temeré; ¿qué puede hacerme el hombre?

SALMOS 56:10-11

"*Una gloria peculiar* no es un libro más sobre la defensa de la fiabilidad de las Escrituras, aunque sí hace eso. Es un recordatorio de que, sin el testimonio interno del Espíritu, ninguna cantidad de evidencias podrá conducirnos a la fe. Ese testimonio trabaja directamente cuando leemos y entendemos las Escrituras mismas, como se nos atestigua, especialmente cuando nos enfocamos en Jesús y el mensaje del evangelio. Parte apologético, parte historia de la iglesia, parte casi poesía lírica, el libro de Piper inspira a cada lector a volver nuevamente a la Biblia, a su núcleo y a Jesús quien es revelado, que nos ama sin medida a pesar de todo lo que somos y hacemos, razón suficiente para ser sus discípulos".

Craig L. Blomberg, distinguido profesor de Nuevo Testamento,
Denver Seminary

"Nunca ha estado la iglesia en una mayor necesidad de reconocer que las Escrituras se autocertifican. En este importante y oportuno libro, Piper muestra lo que esto significa no solo para conformar nuestro pensamiento, sino también para someter nuestra adoración y nuestra vida a la verdad y autoridad de la Biblia y, al hacerlo, presentamos al Cristo de la Biblia".

Richard B. Gaffin Jr., profesor emérito de Teología Bíblica y Sistemática,
Westminster Theological Seminary

"*Una gloria peculiar* no solo presenta un tratamiento teológico y exegético sólido de la autoridad bíblica, sino mucho más. Además de los argumentos habituales, Piper ha desarrollado (con la ayuda de Jonathan Edwards) un enfoque profundamente original y también bíblico sobre el tema. Plantea los argumentos tradicionales a un nivel exponencial de fuerza lógica. Piper dice que nuestra persuasión más definitiva viene de ver realmente la gloria de Dios en su Palabra. Los teólogos han llamado tradicionalmente a esto el 'testimonio interno del Espíritu Santo', pero esta etiqueta teológica hace poca justicia a la experiencia, al conocimiento de la gloria de Dios como cuando nos encontramos con Jesús en las Escrituras. Esto realmente sucede. Es sorprendente y de gran alcance. Además, explica la diferencia entre la fe meramente teórica de un observador y la aceptación sincera de un verdadero discípulo de Cristo. Esta doctrina de las Escrituras es digna del énfasis general en los escritos de Piper, el 'deseo' de Dios, 'hedonismo cristiano' y el 'peligroso deber del placer'. Tal vez solo Piper podría haber escrito este libro, y estoy encantado de que lo haya hecho".

John Frame, J. D. Trimble cátedra de Teología Sistemática y Filosofía,
Reformed Theological Seminary, Orlando

"Piper nos señala las Escrituras, su autoridad, su exactitud histórica, su veracidad total y sobre todo su belleza y poder. Las Escrituras son bellas y poderosas, ya que, a medida que el Espíritu nos abre el corazón, nos dan a conocer la belleza y la gloria de Jesucristo. Aquí nos encontramos con argumentos convincentes para la veracidad de las Escrituras y meditaciones profundas en la impresionante gloria de Dios. El libro recoge y expresa la verdad de las palabras de Pedro en Juan 6:68, 'Señor, ¿a quién iremos? Tú tienes palabras de vida eterna'".

Thomas R. Schreiner, profesor de Interpretación del Nuevo Testamento,
Southern Baptist Theological Seminary

"La doctrina clásica del autotestimonio de las Escrituras sufre cuando se utiliza como un método de atajo para anotar puntos probatorios o ganar una discusión sin hacer ningún esfuerzo. Pero esta doctrina despliega sus alas y se eleva a los cielos cuando es manejada por alguien que muestra que cuando leemos la Biblia, estamos tratando con el mismo Dios en sus propias santas palabras. En este libro, John Piper nos comparte todo el mensaje de cómo Dios ilumina la mente y da una firme convicción al corazón a través de la Biblia".

Fred Sanders, profesor de Teología, Torrey Honors Institute, Biola University

"Es fácil dar por sentado lo que es la Biblia. Sabemos que es la Palabra de Dios, pero ¿lo sabemos realmente? ¿Sabemos realmente cuáles libros pertenecen a ella y lo que distingue a estos textos de la literatura religiosa ordinaria? Por supuesto, sabemos por qué confiamos en las Escrituras y la forma de comunicar su esperanza a los demás, pero ¿realmente lo sabemos? En lugar de dar por sentado un alto concepto acerca de las Escrituras, *Una gloria peculiar* expone a otra generación a la fuente, la autoridad, la fiabilidad y la veracidad de la palabra escrita de Dios. El Dr. Piper ha escrito algo importante, accesible y racional acerca de las cosas que más importan".

Michael Horton, profesor de Teología Sistemática y Apologética,
Westminster Seminary de California; autor de *Calvin on the Christian Life*

"Hay pocas preguntas más importantes que '¿cómo sé que la Biblia es la Palabra de Dios?', y hay pocas personas que podrían hacer frente a ella, así como John Piper. Tomando del profundo pozo teológico de Jonathan Edwards y teniendo en cuenta un enfoque práctico para el creyente promedio de una iglesia, Piper nos ayuda a recuperar la importancia fundamental de una Biblia autentificada en sí misma. Este libro va a revolucionar la forma de pensar acerca de la Palabra de Dios".

Michael J. Kruger, rector y profesor de Nuevo Testamento, Reformed Theological Seminary, Charlotte; autor de *Canon Revisited*

"En este libro alegre y bien argumentado, el pastor y teólogo John Piper pretende basar nuestra confianza en la condición de la Biblia como la Palabra de Dios, dirigiendo nuestra atención a la 'gloria peculiar' que se manifiesta a través de su mensaje y a lo largo de sus páginas: la gloria de la 'majestad del León' y la 'mansedumbre del Cordero' que irradia en el rostro de Jesucristo. Aquí tenemos un libro sobre la autoridad y la confiabilidad de las Escrituras que promete ampliar y fortalecer nuestra fe en la Palabra de Dios y nuestra capacidad de asombro ante la gloria de Dios".

Scott R. Swain, profesor asociado de Teología Sistemática y decano
académico, Reformed Theological Seminary, Orlando

Contenido

PARTE 5

¿Cómo se confirman las Escrituras cristianas por medio de la gloria peculiar de Dios?

"... el resplandor del evangelio de la gloria de Cristo"

Introducción

¿Es la Biblia la verdad? No estoy preguntando si hay algo de verdad en ella, por ejemplo, como la hay en *Moby Dick*, o en *La República* de Platón, o en *El señor de los anillos*. Algunos aspectos de la verdad se pueden encontrar prácticamente en todas partes. Lo que pregunto es lo siguiente: ¿Es la Biblia completamente cierta? Todo lo que hay en ella. ¿Es tan digna de confianza en todo lo que enseña que puede funcionar como la prueba de todas las demás pretensiones acerca de la verdad? Este libro trata de cómo la Biblia da una muy buena base para llegar a la respuesta afirmativa. La Biblia es completamente la verdad.

Detrás de cada libro hay una historia. Y esto se aplica aquí también. Esta introducción no es esa historia; mi historia se tratará en el capítulo 1. Sin embargo, creo que va a ser útil señalar de inmediato por qué en este libro pongo tanto énfasis en la gloria. Mis siete décadas de experiencia con la Biblia no han sido principalmente una batalla que he enfrentado. Han sido una bendición que he recibido, específicamente por su belleza, que es su gloria.

Me he parado en frente de esta ventana todos estos años, no para protegerla de ser rota, o porque el propietario de la cabaña me dijera que lo hiciera, sino a causa de la gloria de los Alpes al otro lado de la ventana. Soy un cautivo de la gloria de Dios revelada en las Escrituras. Hay razones más profundas que mi experiencia para centrarse en la gloria de Dios, pero no puedo negar lo que he visto y el poder que esa gloria ha tenido.

Mucho más importante que la experiencia de un ser humano es la realidad misma. La gloria de Dios es el fundamento de la fe. Es un fundamento sólido. Es objetivo, y está fuera de nosotros mismos. Es el fundamento de la fe en Cristo y en las Escrituras cristianas. La fe no es un paso heroico por la puerta de lo desconocido; es una mirada humilde y gozosa de la gloria manifestada en sí misma o autoautenticada[1] de Dios. Considere los siguientes ejemplos bíblicos de cómo la gloria de Dios se convierte en el fundamento del conocimiento. El cuarto ejemplo es el tema principal de este libro.

1. Esta palabra significa que no necesita más argumento que ella misma; "se presume de auténtica para propósitos de admisibilidad basado en el carácter de la evidencia en sí misma".

Los cielos

En primer lugar, ¿cómo se supone que todos los seres humanos saben que Dios existe, que es poderoso y bondadoso, y que debe ser glorificado y se le debe dar gracias? David, el rey de Israel, respondió en el Salmo 19: "Los cielos cuentan la gloria de Dios, y el firmamento anuncia la obra de sus manos" (v. 1).

Sin embargo, hay muchas personas que no ven la gloria de Dios cuando ven los cielos. No obstante, el apóstol Pablo dice que debemos verla y que no tenemos excusa de no hacerlo,

> porque lo que de Dios se conoce les es manifiesto, pues Dios se lo manifestó. Porque las cosas invisibles de él, su eterno poder y deidad, se hacen claramente visibles desde la creación del mundo, siendo entendidas por medio de las cosas hechas, de modo que no tienen excusa. Pues habiendo conocido a Dios, no le glorificaron como a Dios, ni le dieron gracias, sino que se envanecieron en sus razonamientos, y su necio corazón fue entenebrecido (Ro. 1:19-21).

Dios ha mostrado a todos la gloria de su poder, deidad y bondad. Aun si no vemos la gloria de Dios, tenemos la responsabilidad de verla, atesorarla como gloriosa y dar gracias a Dios. No tenemos "excusa".

El Hijo

En segundo lugar, ¿cómo sabían los primeros seguidores de Jesús que Él era el Mesías, el Hijo del Dios vivo? Uno de esos seguidores respondió: "Y aquel Verbo fue hecho carne, y habitó entre nosotros (y vimos su gloria, gloria como del unigénito del Padre), lleno de gracia y de verdad" (Jn. 1:14).

Pero hubo otros que miraron a Jesús, que vieron sus milagros y oyeron sus palabras, pero no vieron la gloria divina. A estas personas Jesús dijo: "¿Tanto tiempo hace que estoy con vosotros, y no me has conocido...? (Jn. 14:9). Él les había mostrado lo suficiente. Ellos eran responsables de ver la gloria y de conocerlo.

El evangelio

En tercer lugar, ¿cómo pueden saber las personas que oyen las buenas noticias del evangelio cristiano que ese evangelio es de Dios? El apóstol Pablo respondió que dejando que "les resplandezca la luz del evangelio de la gloria de Cristo, el cual es la imagen de Dios", es decir, al ver la luz "del conocimiento de la gloria de Dios en la faz de Jesucristo" (2 Co. 4:4, 6).

Sin embargo, muchas personas escuchan "el evangelio de la gloria de Cristo" y no ven la gloria divina. No ver la gloria divina de Cristo en el evangelio es reprochable. No es una ceguera inocente, sino un amor culpable a la oscuridad. Ellos tienen "el entendimiento entenebrecido... por la dureza de su corazón" (Ef. 4:18), "por cuanto no recibieron el amor de la verdad para ser salvos" (2 Ts. 2:10). El evangelio de la gloria de Cristo es suficiente. El oírlo presentado fielmente y completamente nos hace responsables de ver la gloria divina.

Las Escrituras

En cuarto lugar, ¿cómo vamos a saber que las Escrituras cristianas son la palabra de Dios? El argumento de este libro es que la respuesta a esta pregunta es la misma que la de las tres preguntas anteriores. Es en y a través de las Escrituras que vemos la gloria de Dios. Lo que los apóstoles de Jesús vieron cara a cara, nos lo impartieron a través de sus palabras: "Lo que hemos visto y oído, eso os anunciamos, para que también vosotros tengáis comunión con nosotros; y nuestra comunión verdaderamente es con el Padre, y con su Hijo Jesucristo" (1 Jn. 1:3).

La gloria que vieron en Cristo, nosotros podemos verla a través de sus palabras. Las palabras humanas de las Escrituras son vistas como divinas, de la misma manera que el ser humano Jesús fue visto como divino. No todos lo vieron. Pero la gloria estaba allí. Y está aquí, en las Escrituras.

Tres declaraciones detrás de este libro

Este no es un nuevo enfoque a la cuestión de la verdad de las Escrituras. De hecho, se podría entender este libro como una meditación prolongada sobre tres frases.

Una de esas frases es tomada del Catecismo Mayor de Westminster. La pregunta 4 dice: "¿Cómo sabemos que las Escrituras son la palabra de Dios?". Una de las respuestas es: "Las Escrituras manifiestan en sí mismas que son la palabra de Dios, *por el fin que se proponen en el todo, el cual es dar toda la gloria a Dios...*". Este libro es un esfuerzo por analizar la respuesta con la máxima profundidad. Una segunda frase que dio origen a este libro es de Jonathan Edwards. Edwards se preocupaba mucho por los nativos americanos de Nueva Inglaterra en la década de 1740. Él luchó con la cuestión de cómo podrían tener una fe bien fundada en la verdad del cristianismo, si no eran capaces de seguir los complejos argumentos históricos.

> La condición de los indios houssatunnuck y otros —que han manifestado últimamente su deseo de ser instruidos en el cristianismo— es muy triste si no encuentran ninguna evidencia de la verdad del cristianismo, aparte de este [camino de la razón histórica], lo suficiente como para inducirlos a dejarlo todo por Cristo.[2]

Su respuesta se encuentra en 2 Corintios 4:4-6, que hemos citado anteriormente. Él lo expresó así:

> La mente asciende a la verdad del evangelio mediante un solo paso, que es su gloria divina… A menos que los hombres puedan llegar a una convicción sólida y razonable de la verdad del evangelio, por las evidencias internas del mismo, en la manera en que se ha hablado, a saber: por una mirada de su gloria; es imposible que los que son analfabetos, y poco familiarizados con la historia, puedan tener una convicción profunda y eficaz de ella.[3]

Este libro es un esfuerzo por aplicar la preocupación de Edwards y su razonamiento a la totalidad de las Escrituras. ¿Podemos decir: "la mente asciende a la verdad de [las Escrituras] mediante un solo paso, que es su gloria divina"?

La tercera frase en la raíz de este libro es la palabra de Pablo en Romanos 4: Abraham "se fortaleció en fe, dando gloria a Dios, plenamente convencido de que [Dios] era también poderoso para hacer todo lo que había prometido" (vv. 20-21). Confiando en la palabra de Dios se glorifica a Dios. ¿Por qué es eso cierto? Porque confiar en una persona llama la atención a la confiabilidad de esa persona. Pero esto es cierto *solo* si se justifica la confianza. La confianza sin fundamento no da honor a la persona en quien se confía. Si usted me confía su dinero cuando usted no me conoce o no tiene ninguna buena razón, basada en mi carácter, para creer que no voy a robarlo, usted no demuestra que yo soy digno de confianza, sino más bien que usted es un tonto. Solo la confianza justificada glorifica a la persona en quien se ha confiado.

---

2. Jonathan Edwards, *A Treatise Concerning Religious Affections*, vol. 2, *The Works of Jonathan Edwards*, ed. John Smith (New Haven, CT: Yale University Press, 1957), p. 304.

3. Ibíd., pp. 299, 303.

Lo que significa es que la tarea que me he propuesto en este libro es responder a la pregunta: ¿Qué garantía, qué buen fundamento, en las Escrituras cristianas nos proporciona una confianza bien cimentada? ¿Qué fundamento de creencia en las Escrituras como la palabra de Dios, de hecho, honrará a Dios?

La gloria del Dios que habla

Otra forma de describir lo que estoy apuntando es distinguir el argumento a favor de nuestra confianza en las Escrituras del argumento que simplemente dice: "Creemos en las Escrituras porque Dios dice que son su palabra, y debemos creerle a Dios". Mi problema con esta frase no es que sea falsa, sino que es ambigua.

Hay falsos profetas que dicen: "Así dice el Señor". Sin embargo, "yo no los envié, dice Jehová, y ellos profetizan falsamente en mi nombre" (Jer. 27:15). Lo que esto implica es que cuando Dios dice: "Así dice el Señor", estamos obligados a creer, no *simplemente* porque eso es lo que dice la Palabra, sino porque la gloria del que habla y lo que dice es manifiestamente divino. Mi argumento es que la gloria de Dios en y a través de las Escrituras es algo real, objetivo, la realidad que se manifiesta en sí misma o es autoautenticada. La fe cristiana no es un salto en la oscuridad. No es una suposición o una apuesta. Dios no es honrado si Él es elegido por el lanzamiento de una moneda. Un salto a lo desconocido no es un honor a alguien que se ha dado a conocer.

Al fin conocemos por vista, no por inferencia

El argumento de este libro es que el escalón final de la verdad de las Escrituras es el escalón de la vista, no el de la inferencia. El camino que conduce a la vista puede implicar tanto la observación empírica y la conciencia histórica, como el pensamiento racional (véase el capítulo 17). Pero el fin que se persigue no es una inferencia probable del razonamiento histórico, sino una completa seguridad de que hemos visto la gloria de Dios. De este modo, al final de todos los medios humanos, tanto la persona con poca preparación como el erudito más educado vienen a un conocimiento salvador de la verdad de las Escrituras de la misma manera: por una observación de su gloria.

Liberador y devastador

Por supuesto, esto es liberador y devastador a la vez. Es liberador porque significa que la dulzura de una confianza en las Escrituras, bien fundamentada y que honra a Dios, no está reservada para los estudiosos, sino que está disponible para todos los que tienen ojos para ver.

Es devastador porque ningún ser humano puede ver esta gloria sin la ayuda de Dios mismo. Esto no se debe a que seamos víctimas indefensas de la ceguera, sino porque somos amantes de la ceguera. "Y esta es la condenación: que la luz vino al mundo, y los hombres amaron más las tinieblas que la luz, porque sus obras eran malas" (Jn. 3:19). No estamos encadenados en una celda oscura deseando ver la luz del sol de la gloria de Dios. Nos gusta la celda, porque el pecado y Satanás nos han engañado para que veamos los cuadros en la pared como si fueran la verdadera gloria y la fuente de mayor placer. Nuestra celda de la prisión de la oscuridad no es la servidumbre de la restricción externa, sino la preferencia interna. Hemos cambiado la gloria de Dios por imágenes (Ro. 1:23). Nosotros las amamos. Esa es nuestra ceguera.

Lo que debe suceder es descrito por el apóstol Pablo en 2 Corintios 4:6. El Dios que creó la luz en el principio debe brillar en nuestra celda oscura para revelarse a sí mismo. "Porque Dios, que mandó que de las tinieblas resplandeciese la luz, es el que resplandeció en nuestros corazones, para iluminación del conocimiento de la gloria de Dios en la faz de Jesucristo". La respuesta a nuestra oscuridad es el resplandor de la gloria divina en nuestro corazón por medio de la luz del conocimiento, el conocimiento mediado por las Escrituras inspiradas por Dios. De esto es lo que trata este libro.

Esto no quiere decir que no haya nada que podamos hacer en nuestra búsqueda para ver la gloria manifestada en sí misma o autoautenticada de Dios en las Escrituras. Jesús le dio al apóstol Pablo una misión imposible. Él envió a Pablo "para que abras sus ojos, para que se conviertan de las tinieblas a la luz, y de la potestad de Satanás a Dios" (Hch. 26:18). Si es esperanzador que el apóstol se mueva hacia el ciego, entonces es esperanzador para el ciego moverse hacia el apóstol. Ciego o con visión, esto es lo que espero que usted haga conmigo en este libro.

La gloria peculiar

Así, la carga principal de este libro son las partes 4 y 5 (capítulos 8-17). En la parte 4, investigo lo que realmente sucede en nuestra experiencia cuando vemos la gloria de Dios en las Escrituras; y trato de mostrar cómo esto autentifica las Escrituras como la palabra de Dios infalible y dadora de vida. En la parte 5, argumento que la forma en que las Escrituras nos convencen es por la revelación de una gloria peculiar. En otras palabras, el poder de las

Escrituras para garantizar la confianza bien cimentada no es por una gloria genérica. No, por así decirlo, por un simple resplandor. No por un simple deslumbramiento de la mente ante un acto sobrenatural. Más bien, lo que vemos como ineludiblemente divino es una gloria peculiar. Y en el centro de esta gloria peculiar está la gloria completamente única de Jesucristo. Este es el corazón del libro.

La gloria peculiar de Dios, revelada en las Escrituras, es la forma en que su majestad se expresa a través de su mansedumbre. Yo llamo a esto una yuxtaposición paradójica de características aparentemente opuestas. Jonathan Edwards lo llamó "una conjunción admirable de diversas excelencias". Este patrón de autorrevelación de Dios es su majestad de león, junto con su mansedumbre semejante a la de un cordero. Dios magnifica su grandeza al hacerse a sí mismo el tesoro supremo de nuestros corazones, incluso con un gran costo para sí mismo (Ro. 8:32), y por lo que nos sirvió en el acto mismo de exaltar su gloria. Este peculiar brillo alumbra a través de toda la Biblia y llega a su resplandor más bello en la persona y obra de Jesucristo, muerto y resucitado por los pecadores.

Voy a argumentar que existe en cada ser humano un "conocimiento" de este Dios, de esta gloria. En cada persona hay una plantilla integrada en forma de esta peculiar comunicación de la gloria de Dios. Cuando Dios nos abre los ojos (2 Co. 4:6) y nos otorga el conocimiento de la verdad (2 Ti. 2:25), a través de las Escrituras (1 S. 3:21), sabemos que hemos encontrado la realidad última.

Por el instrumento de las Escrituras, en manos del Espíritu Santo, Dios remueve la corrosión de la plantilla de su gloria. Milagrosamente, por lo tanto, estamos conformados a la forma peculiar de la gloria de Dios. Donde antes vimos solamente necedad, ahora vemos la gloria de la majestad en la mansedumbre, y la fortaleza en el sufrimiento, y la riqueza de la gloria de Dios en la profundidad de su entrega, es decir, a la luz del evangelio de la gloria de Cristo.

Preguntas preliminares

Antes de dirigir nuestra atención a la cuestión de cómo sabemos que las Escrituras cristianas son la palabra de Dios, debemos preguntarnos: ¿De qué Escrituras específicas estamos hablando? ¿Estamos hablando de los libros apócrifos que están en la Biblia católicorromana? ¿Qué libros son en realidad parte de la Biblia cristiana? ¿Qué se puede decir de la transmisión de los manuscritos de la Biblia durante tres mil años hasta que la imprenta fue inventada en 1450? ¿Lo que tenemos hoy son las palabras originales que los autores escribieron? Estas son las preguntas que tratamos en la parte 1.

Más cerca del núcleo del asunto, pero aún preliminar, está la pregunta: ¿Qué es lo que las Escrituras afirman sobre sí mismas? Esta pregunta es preliminar porque mi argumento no es que creamos las Escrituras porque *afirman* ser la palabra de Dios. Pero está más cerca del corazón del asunto, debido a que estas afirmaciones son, de hecho, las discusiones esenciales en la estructura del significado gloria-revelación de las Escrituras. Por lo tanto, son parte del panorama de la gloria que da una base bien fundamentada para nuestra confianza en que las Escrituras son la palabra totalmente cierta e infalible de Dios. Este es el enfoque de la parte 3.

No es una obra maestra, sino más bien una ventana

La parte 1 es la historia de mi vida con la Biblia, desde mi infancia hasta la actualidad. Tiene al menos dos propósitos. Uno de ellos es poner todas las cartas sobre la mesa para que usted sepa exactamente cuál es mi posición mientras hablo con total honestidad acerca de la Biblia. El otro propósito es llamar la atención sobre cómo obra la Biblia en la vida de una persona. Señalo que no solo he mantenido una visión acerca de la Biblia durante siete décadas, sino que también he estado sostenido por una visión a través de la Biblia.

Como he dicho al principio, la Biblia no ha sido para mí como una obra de arte que cuelga en la pared de una cabaña en los Alpes, sino más bien como una ventana en la pared de la cabaña en las montañas, con los Alpes del otro lado. En otras palabras, he sido un cristiano todos estos años, no porque tuve el valor de aferrarme a una visión de las Escrituras que hoy es asediada, sino porque he sido felizmente cautivo de la belleza de Dios y sus caminos que veo a través de las Escrituras.

Si su corazón dice, ¿cómo puede ser esto?, mi respuesta es: Venga y mire.

PARTE 1

Un lugar donde estar cimentado

"Jehová se manifestó...
por la palabra de Jehová"

1

Mi historia: Sostenido por la Biblia

> Y a aquel que es poderoso para guardaros sin caída, y presentaros sin mancha delante de su gloria con gran alegría, al único y sabio Dios, nuestro Salvador, sea gloria y majestad, imperio y potencia, ahora y por todos los siglos. Amén.
>
> JUDAS 24-25

Todo el mundo se encuentra en algún lugar, incluso, si a veces no sabemos dónde estamos. Esto es cierto geográfica y teológicamente. Es posible que si a usted le vendaran los ojos, y luego fuera conducido por la ciudad en un auto durante una hora, al salir, estaría, sin lugar a dudas, de pie en algún lugar, pero no sabría dónde.

Hice esto con mi esposa en su cumpleaños número cuarenta, para que ella no supiera dónde se encontraba. En su caso, ella es simplemente muy diestra para ubicarse en la ciudad, y pudo decir, por los sonidos y giros que dimos, dónde estábamos. El plan no funcionó. Pero en aras a la ilustración, se puede ver lo que quiero decir: usted puede estar de pie en algún lugar y no saber realmente dónde está parado.

Esto es cierto también teológicamente. Todo el mundo está de pie en algún lugar. Y no me refiero a estar enterrado en algún lugar. Usted podría estar listo para dejar su lugar geográfico tan pronto como la venda que cubre sus ojos le sea retirada. Lo mismo puede decirse de su posición teológica. La venda de los ojos que tengo en mente puede ser tan simple como el hecho de que nunca antes había pensado seriamente dónde está parado. En otras palabras, es posible no saber dónde estamos parados porque nunca hemos prestado atención al lugar donde estamos.

Pero estamos parados en algún lugar, de eso no cabe la menor duda.

¿Estamos parados bajo la influencia de lo que no sabemos?

Esto es cierto acerca de la Biblia. Todos estamos en algún lugar en relación con la Biblia. Algunos de nosotros crecimos en un hogar donde se creía en la Biblia, y luego llegamos a creer y a amar la Biblia por nosotros mismos. Estamos parados sobre esto. Nosotros creemos que lo que dice es cierto, y tratamos de llevar nuestra vida en armonía con ella. Pero esto no es la realidad para todos.

Mis profesores universitarios en Alemania estaban en algún lugar en relación a la Biblia, y no es donde yo estaba. Es posible que usted haya estado donde yo estoy y luego se alejó. Es posible que haya sido gravemente herido por personas que dicen que creen en la Biblia. O puede ser que hizo demasiadas preguntas y se desilusionó con las respuestas antiintelectuales de los cristianos que "creen en la Biblia". O usted puede estar de pie a la vuelta de la esquina de donde yo estoy, y lo único que puede ver son sombras, pero estas son muy atractivas. O simplemente ha caminado a través de una crisis que hizo que todo se sienta inestable, y ahora está deseando algo firme y duradero.

Algunos de ustedes se criaron en hogares donde la Biblia estaba totalmente ausente. Usted la encontraba solo en las noticias cuando miraba que personas que ocupaban ciertos cargos juraban poniendo la mano sobre ella. Hoy día puede estar tan ausente de su mente como una ecuación matemática de la que nunca antes ha oído hablar. Pero esa ecuación podría ser cierta. Podría describir la fuerza de la gravedad que nos sostiene sobre la tierra. O podría representar la interacción del oxígeno y el dióxido de carbono que le mantiene vivo. O podría significar el empuje necesario a partir de un motor a reacción que sostiene su avión en el aire. En otras palabras, usted puede estar parado sobre lo que es una gran ecuación que da la vida y ni siquiera saber que existe.

Esto puede ser que se aplique también a la Biblia. Puede describir una realidad que lo abarca todo sin que usted lo sepa. Puede describir un poder que sustenta su existencia. Esto puede presentar un camino a la verdad, la plenitud y el gozo, algo que usted ha intuido y algo de lo cual no tiene idea. Sin saberlo, puede disfrutar algo de ese camino, y otras partes es posible que las odie. Pero una cosa es segura: todos nosotros estamos de pie en algún lugar en relación con la Biblia.

La Biblia es más como una carta que como una ecuación

La diferencia entre la Biblia y una ecuación matemática no es sorprendentemente profunda. Usted puede vivir toda su vida con cierta felicidad relativa y luego morir, sin tener que lamentarse de que nunca supo ni una sola de estas ecuaciones. A pesar de que estas describen como camina, respira y vuela, conocer la fórmula en particular no es importante.

Con la Biblia no sucede así. La razón principal es que la Biblia es más como una carta del Creador del universo que como un registro de las leyes naturales. El registro de las leyes naturales es impersonal, pero una carta del Creador es personal. La principal diferencia entre una carta personal y un libro de texto sobre física es que la carta está diseñada para que usted se relacione con el corazón y con la mente del escritor, y el libro de texto no. Esta es la gran diferencia sobre cómo nos acercamos a la Biblia. ¿Expresa la Biblia el corazón y la mente de una persona divina, o es simplemente un registro de la experiencia religiosa humana?

Esta es una de las preguntas más importantes sobre dónde estamos cimentados: ¿Estamos cimentados conscientemente en un universo personal o en uno impersonal? ¿Estoy cimentado en el conocimiento de que lo más importante acerca del universo es que soy una persona creada por una Persona? ¿Vivo en un universo creado por una Persona que tiene propósitos y planes para mí y para el universo? ¿O cimentado en un universo impersonal? ¿Tiene el mundo a un Creador personal o un gobernador? ¿Soy el producto de las fuerzas materiales impersonales?

De principio a fin, la Biblia describe al mundo como personal. Un Dios personal creó el mundo. Él creó a los seres humanos a su imagen para que administraran el mundo como sus mayordomos.

> Y creó Dios al hombre a su imagen, a imagen de Dios lo creó; varón y hembra los creó. Y los bendijo Dios, y les dijo: Fructificad y multiplicaos; llenad la tierra, y sojuzgadla (Gn. 1:27-28).

Como mínimo esto significa que somos personas de la misma manera que Dios lo es. Somos personas de una manera que los animales no lo son. En nuestra condición de personas, dice la Biblia, somos la imagen del tipo de persona que es Dios. Eso es lo que son las imágenes. Solo que estas imágenes son personas *vivientes*, no estatuas. Llenar la tierra con personas con la imagen de Dios, según la Biblia, es el destino humano. "Bendito su nombre glorioso para siempre, y toda la tierra sea llena de su gloria. Amén y Amén" (Sal. 72:19).

¿Cómo se comunica el Creador?

Esto plantea el asunto de si el Creador se comunica con las personas que ha creado a su imagen y de qué forma lo hace. Todo el mundo tiene una posición en relación a este asunto. No pensar acerca de esto también es tener una posición. Decir: "No, no lo hace", es tener una posición. Decir: "Lo hace a través de todas las religiones", es tener una posición. Y decir: "Sí, únicamente e infaliblemente a través de las Escrituras cristianas, o sea la Biblia", eso también es tener una posición.

Hay razones por las que todos nosotros estamos donde estamos. Algunas de esas razones son conscientes, y algunas otras no lo son. Es posible que usted haya pensado en ello, y concluyó diciendo: *Simplemente no puedo saberlo con seguridad.* O puede haber pensado y concluyó: *Simplemente no apruebo el Dios de la Biblia y la forma en que le dice a la gente cómo vivir.* O puede que haya leído y visto tanta belleza moral y espiritual en Jesús que llegó a la conclusión: *no puedo negar lo que he visto, esto es real.*

Yo estoy en esta última categoría.

Así que permítame aclarar cuál es mi posición, para que todos podamos estar claros desde el principio, y usted pueda saber de lo que se trata en este libro. Después podremos plantear esta pregunta: *¿Por qué debemos creer en esto?*

Mi hogar: mi cimiento

Crecí en un hogar donde se presuponía que la Biblia es la palabra infalible de Dios. Ya sea que hayan fracasado o hayan tenido éxito, mis padres trataron de someterse a la autoridad de la Biblia. Creo que tuvieron bastante éxito. Eso es probablemente una de las razones por las que nunca me rebelé contra ellos. Ellos trataron de formar sus ideas acerca de Dios, el hombre, el pecado y la salvación basados en la Biblia. Trataron de llevar sus actitudes y emociones de acuerdo con los principios mostrados en la Biblia. Trataron de moldear su comportamiento basándose en las enseñanzas de la Biblia.

Eso es lo que uno hace, si cree que se trata de una comunicación confiable de parte de su Creador. A pesar de los puntos ciegos, a pesar de lo que la Biblia llama "el pecado que mora en mí" (Ro. 7:17, 20), creo que mis padres fundamentalmente tuvieron éxito. El Dios al que adoraban, el Salvador en el que confiaron, el gozo que experimentaron, y el amor que mostraron, yo creo que eran verdaderamente el Dios, el Salvador, el gozo y el amor de la Biblia. Esto era muy real.

Nadie reclamó perfección, ya sea en el conocimiento de Dios o en las respuestas a ese conocimiento. Sabían lo que la Biblia enseña acerca de nuestro conocimiento: "Ahora vemos por espejo, oscuramente; mas entonces veremos cara a cara. Ahora conozco en parte; pero entonces conoceré como fui conocido" (1 Co. 13:12). Podemos conocer verdaderamente, pero no podemos conocer exhaustivamente ni perfectamente mientras seguimos siendo pecadores. El día en que Jesús vuelva a la tierra, sus seguidores seremos cambiados. Ya no vamos a volver a pecar. Y a pesar de que no vamos a ser omniscientes, vamos a dejar de creer en cosas equivocadas (1 Co. 13:12).

Pero por ahora, somos personas falibles, tratando de someternos de la manera más completa posible a un libro infalible inspirado por Dios. Eso es lo que mis padres creían y lo que crecí creyendo. A lo largo de mis veintidós años de educación formal, los retos para sostener este punto de vista de la Biblia eran muchísimos y constantes. Y lo siguen siendo. Supongo que muchos de ellos persistirán hasta que Jesús venga, porque uno de los escritores más prominentes de la Biblia predijo que:

> Vendrá tiempo cuando no sufrirán la sana doctrina, sino que teniendo comezón de oír, se amontonarán maestros conforme a sus propias concupiscencias, y apartarán de la verdad el oído y se volverán a las fábulas (2 Ti. 4:3-4).

Esos tiempos ya estaban sucediendo cuando se escribió la Biblia. Hay buenas razones para creer que, a medida que el fin del mundo se acerca (una época de la que nadie puede predecir), la Biblia será más asediada que nunca.

Así al pasar de la universidad en Illinois, al seminario en California y luego a la escuela de posgrado en Alemania, no me sorprendió que las objeciones a este punto de vista de la Biblia se intensificaran en cada etapa. ¿Puede uno realmente seguir sosteniendo la posición de su juventud a pesar de estar en la universidad en Alemania, donde prácticamente nadie comparte esta posición, ni estudiantes ni profesores?

No tanto sostener un punto de vista, sino estar sostenido

Puede sonar extraño, pero "sostener mi punto de vista" nunca fue la manera en que yo lo experimenté, al menos no que así lo recuerde. Se sentía más como que mi punto de vista acerca de la Biblia se aferraba a mí. O bien, como creo hoy en día, que Dios me sostenía aclarando, iluminando y profundizando mi punto de vista de lo que Él es en la Biblia. Creo que esa es la razón para que el punto de vista que recibí de mis padres se mantuviera más convincentemente que cualquier otro que pudiera competir a lo largo del camino.

Miré muchos puntos de vista opuestos acerca de la Biblia. Tenía que hacerlo. Eso es lo que hace la educación de artes liberales. Expone al estudiante a grandes visiones y alternativas del mundo, como nos gusta llamarlas. En el seminario, los retos se centraron más en la historicidad, formación y preservación de la Biblia misma. Entonces, en el posgrado, yo no solo leía acerca de esos puntos de vista; tenía seminarios y discusiones en los pasillos con personas que tenían esos puntos de vista, enseñaban y hasta escribían libros sobre ellos. En otras palabras, los desafíos a mi punto de vista acerca de la Biblia se trasladaron de ser desafíos de mi visión del mundo, a retos histórico-críticos, a desafíos personales.

Pero al mismo tiempo mi posición se aclaraba, se iluminaba y se profundizaba. Nunca me sentí como si los malos se hubieran agrupado en contra de mi punto de vista acerca de la Biblia, pobre, propio de un adolescente o de escuela dominical. En cada paso, sentía cómo mi punto de vista crecía para ser apropiado para todos los que estuvieran interesados.

El punto de vista: aclarado, iluminado y profundizado

Ahora necesito ser cuidadoso en este punto, o voy a crear la impresión equivocada. Lo que acabo de escribir podría sonar muy intelectual y podría dar la impresión de que lo que realmente estaba sucediendo es que me estaba volviendo más inteligente. Supongo que estaba aprendiendo más y más sobre presuposiciones, acerca de los errores lógicos de ciertos argumentos y sobre el mal uso de los datos históricos. Pero eso no fue decisivo. No estoy hablando acerca de llegar a ser más inteligente cuando digo que mi punto de vista se estaba aclarando, iluminando y profundizando.

Lo que quiero decir puede entenderse mejor si se toma la expresión *punto de vista* no solo en el sentido intelectual (como en una perspectiva), sino en el sentido estético, como en *vista*, o *escena* o *paisaje*. Nunca recuerdo haber tenido un punto de vista acerca de la Biblia, como si fuera un libro sobre el escritorio, y yo la podía ver de una manera y no de otra, ni tampoco la veo como un conjunto de ideas que podría ver de una manera o de otra.

No es un cuadro en la pared, sino una ventana

La Biblia nunca fue como una obra de arte que cuelga en un museo y que yo podía observar por todos lados. Más bien, era como una ventana. O como unos binoculares. Mi punto de vista *de* la Biblia era siempre un punto de vista *a través* de la Biblia. Así que cuando digo que a lo largo del camino, mi punto de vista estaba siendo aclarado, iluminado y profundizado, me refiero a la realidad que veía a través de ella que estaba siendo cada vez más clara, más brillante y más profunda. *Más clara* ya que los bordes de las cosas se hicieron menos difusos, y pude ver cómo las cosas encajan juntas en lugar de solo ser manchas que se colocan una junto a otra. *Más brillante* con toda su belleza y el impacto de todo el mensaje que cada vez era más y más atractivo. Y *más profundo* en el sentido de perspectiva, supongo que los fotógrafos dirían "profundidad de campo". Las cosas se extendían a la eternidad con impresionantes consecuencias en ambas direcciones, pasadas y futuras. Podría resumir esto con la frase *la gloria de Dios*. Eso es lo que yo estaba viendo.

Eso es lo que estaba cambiando para afrontar los retos. Esto no fue un esfuerzo intelectual. Ver no es un esfuerzo como lo es pensar; sucede simplemente. Tal vez sea necesario esforzarse para caminar hasta el borde del Gran Cañón, pero al llegar allí, ver no es trabajo. Quizá tenga que viajar a los Alpes o al Himalaya, pero al llegar allí, ver no es un esfuerzo. Eso se nos da.

Hice mis caminatas y mis viajes. Eso es lo que es la educación. Pero esto no hizo que viera. Por eso digo que no es como si sostuviera mi punto de vista acerca de la Biblia, sino más bien que el punto de vista me sostenía a mí. O Dios me estaba sosteniendo al hacer mi punto de vista sumamente convincente. Si usted está de pie en el borde del Gran Cañón, o haciendo canotaje por el río Colorado en el *interior* del cañón (como lo hice en el verano de 2012), es apropiado decir que es sostenido por su punto de vista, por lo que está viendo. Eso es lo que la Biblia estaba haciendo por mí. Me tenía de la mano; yo no la sostenía.

Cuando el cielo se aclara

He aquí una analogía, una parábola viviente, de cómo esto funcionó.

Uno de esos siete días de canotaje, a 285 kilómetros río abajo en el río Colorado a través del Gran Cañón, comenzó a llover. Eso no importaba mucho, ya estábamos muy mojados por los rápidos. Estábamos vestidos para ello. La parte frustrante fue que era la hora del almuerzo, y solo hay unas cuantas pequeñas playas donde se puede parar a descansar y comer.

Así que atamos, arreglamos todo y pusimos un gran paraguas para que no se mojaran nuestros sándwiches de mantequilla de maní. Pero la lluvia y el viento eran tan fuertes que el paraguas era inútil, y tuvimos que comer nuestros sándwiches llenos de agua. Ahora nos reímos de eso, pero fue muy desagradable y frustrante. Por un momento, mi "punto de vista" no era tan claro, brillante y profundo. Quizá el Gran Cañón no es tan convincente después de todo. Tal vez un asiento seco en un hotel de Las Vegas sería más convincente.

Lo que no sabíamos era lo que estaba a punto de suceder. Abordamos nuestras dos balsas, impulsadas por unos grandes motores azules y nos propusimos remar río abajo. La lluvia cesó y el cielo comenzó a despejarse, cuando de pronto, casi al mismo tiempo, decenas de cascadas estallaron por delante en el río y por detrás de nosotros desde las paredes del cañón. Algunas de esas eran gigantescas, y caían por muchos metros. El agua que salía de la garganta de la montaña era de color rojo. El guía nos explicó lo que había sucedido.

Dijo que durante una fuerte lluvia el agua en las paredes se resume desde los lados empinados y crece y crece hasta que se forma un río torrentoso; la lluvia crea temporalmente ríos en un lugar donde casi nunca llueve, y docenas de ríos temporales buscan una salida. Cuando el agua alcanza una cierta fuerza, se derrama sobre el precipicio en el cañón formando una preciosa cascada. El color rojo del agua se debe a toda la tierra que recogió en el camino. Esto fue imponente.

Luego, nos dijo el guía que podrían pasar cientos de años hasta poder volver a ver algo similar en el cañón.

Esta es una parábola de cómo Dios se aferró dentro de mí por mi punto de vista acerca de la Biblia, es decir, mi perspectiva a través de la Biblia. Justo cuando el punto de vista comenzó a parecer brumoso, lluvioso y frustrante, y otras perspectivas de la vida comenzaron a parecer más atractivas, Dios despejó los cielos y causó incluso la lluvia para luego llevarme a la irresistiblemente hermosa vista de su gloria. Nunca permitió que cualquier otra visión de la realidad eclipsara mi punto de vista acerca de la Biblia.

Así que, sí, aún tengo la perspectiva básica que mis padres me dieron y que la iglesia cristiana ha sostenido a través de toda su historia hasta que las luces de la Ilustración comenzaron a cegar a la gente y a atraerlas lejos del resplandor de la gloria de Dios. Esto es donde estoy, en el borde del Gran Cañón, y al pie del Himalaya, y en ocasiones en una balsa que corre río abajo a través de las profundidades de la gloria.

Más específicamente, entonces, ¿qué clase de binoculares es la Biblia? ¿Qué clase de ventana a la gloria de Dios es esto? Permítame pasar hacia una descripción precisa de la clase de libro que es la Biblia, al hablarle de mis días de educación formal hasta donde estoy hoy en relación con la iglesia, la escuela y el ministerio en la página web en el que he servido.

Enseñando a universitarios mientras mi visión se expande

Cuando tenía veintiocho años, me encontré con mi primer trabajo de verdad.

Con mi esposa e hijo, volvimos a casa desde Alemania en 1974 y nos trasladamos directamente a St. Paul, Minnesota, donde empecé a enseñar estudios bíblicos en *Bethel College* (ahora *Bethel University* [Universidad Betel]). No podía creer que me estuvieran pagando para estudiar y enseñar la Biblia. Yo lo habría hecho gratis, excepto que tenía una esposa y un hijo que mantener. Por lo que el salario anual de $10.500 era un bono extra al privilegio de la enseñanza.

Enseñé Introducción al Nuevo Testamento, Griego y estudios individuales de libros del Nuevo Testamento. Me encantó. Hasta el día de hoy, pocas cosas son más gratificantes para mí que mirar a la Biblia, *a través* de la Biblia, por un período tan largo como para poder ver lo que realmente está allí, y luego ayudar a que otros lo vean por sí mismos. Lo había hecho para las clases de escuela dominical durante todo el tiempo de estudios en el seminario y durante los estudios de posgrado. Ahora lo estaba haciendo para los estudiantes universitarios. Fue muy satisfactorio.

Mucha de mi energía la dediqué a definir cómo el punto de vista de mis padres, mi punto de vista, se relacionaba con preguntas difíciles, tales como por qué hay diferentes relatos de un mismo evento en los cuatro Evangelios, especialmente Mateo, Marcos y Lucas (llamados Sinópticos). Así que escribí un breve artículo al principio de mi tiempo en Bethel llamado "*How are the Synoptics without Error?*"[1] [¿Cómo pueden ser los Sinópticos sin error?]. Este artículo se convirtió en un documento que mostraba la posición de la facultad de Biblia durante los años que pasé allí.

Pero, sobre todo, mis energías se dedicaron a mirar por la ventana sin error, y no la "infalibilidad" misma de la Biblia. Me encantaba empujar las narices de los estudiantes contra el cristal de la ventana de la Primera carta de Juan, la Primera epístola de Pedro, 1 y 2 Tesalonicenses y el Evangelio de Lucas, y hacer todo lo posible, con oración y buenas preguntas, para ayudarles a ver la gloria de estos paisajes dominados por Cristo.

El efecto de esta vida saturada de Biblia era que una visión de la grandeza, la gloria y la centralidad de Dios se estaba volviendo más clara, brillante y profunda. He descubierto que uno de los aspectos de esta gloria, a saber, la soberanía de Dios sobre todas las cosas, era implacablemente controvertida en todas mis clases. No importa el texto o el tema de la clase, el asunto salía a la luz. Los estudiantes lo verían brillar a la distancia (algunos podrían haber dicho al acecho o rondando). Y a no pocos de ellos no les gustó lo que vieron.

---

1. Disponible en http://www.desiringgod.org/articles/how-are-the-synoptics-without-error.

Esto no me sorprendió, pero sí creó problemas para mí. Yo había estado en sus zapatos a lo largo de mis días en la universidad. Había ido al seminario como una persona que estaba contento en poner límites a la soberanía de Dios por mi voluntad de autodeterminación (que a mí me gustaba llamar "libre albedrío"). Este es el aire que respiramos en los Estados Unidos de América, y es la hipótesis por defecto del corazón humano. Por la naturaleza y la cultura, nos hacemos eco del "Invictus" de William Earnest Henley:

> No importa cuán estrecha sea la puerta,
> Cuán cargada de castigos la sentencia.
> Soy el amo de mi destino:
> Soy el capitán de mi alma.

Una de las razones de esto es muy obvia, pues la responsabilidad moral parece imposible sin la autodeterminación humana. Y si algo está claro en la Biblia, es que los seres humanos son moralmente responsables ante Dios. En realidad, nunca había considerado si este supuesto, de que la responsabilidad moral humana requiere autonomía, estaba en la Biblia. Yo asumí que lo estaba. Pero tenía que admitir que la defensa de mi propia supremacía volitiva no me produjo una sólida experiencia de adoración.

Solo en el seminario fui capaz de ver que uno de los más altos, más coloridos y magníficos de todos los saltos de agua en el cañón de la gloria de Dios era la soberanía absoluta de Dios. Escribí en mi examen final en un curso sobre Teología Sistemática: "Romanos 9 es como un tigre devorador dando vueltas alrededor de personas que creen en el libre albedrío, así como yo". La batalla había sido dolorosa y había lágrimas en el camino. Pero ahora, la lucha había terminado. Lo que había parecido como un asalto a mi libertad se convirtió en la base de mi esperanza.[2]

Romanos 9 y el llamado pastoral

Así que sabía muy bien lo que estaban sintiendo estos estudiantes. Lo que es preocupante es que cuando traté de mostrarles lo que había encontrado en Romanos 9, por ejemplo, muchos de ellos no fueron persuadidos. Ellos

2. Si a algún lector le gustaría ver cómo trabajé en esto, un lugar para buscar sería John Piper, *The Pleasures of God: Meditations on God's Delight in Being God* (Colorado Springs, CO: Multnomah, 2012), caps. 2, 4, 5. Publicado en español por Editorial Vida con el título *Los deleites de Dios. Meditaciones acerca del placer que siente Dios por ser Dios.*

simplemente argumentaron que no significa lo que Piper decía que significa; y tenían libros y maestros que los respaldaban.

Finalmente, cuando llegó el tiempo de mi año sabático, aparté desde la primavera de 1979 hasta enero de 1980 a escribir sobre Romanos 9:1-23, me propuse escribir un documento lo más exhaustivo que fuera capaz de hacerlo. Puse mi vista en esos veintitrés versículos y miré tan profundamente como pude, día y noche, a lo largo de todos esos meses. El libro fue publicado como *The Justification of God* [La justificación de Dios] en 1983.[3] Estaba escribiendo en primer lugar a causa de mi propia conciencia y luego para mis estudiantes. ¿Estaba viendo realmente lo que está ahí? Heredé de mis padres no solo un alto punto de vista acerca de la Biblia, sino también un punto de vista sobrio de mi pecado y falibilidad. Yo no estaba sin error. La Biblia sí lo era. Así que estaba escribiendo el libro para probar lo que he visto en Romanos 9.

Pero algo totalmente inesperado sucedió. Mientras trabajaba en Romanos 9 día tras día durante meses, la visión de la soberanía magistral de Dios no solo que se hizo cada vez más clara, sino que me alcanzó de una manera como nunca lo hubiera planeado.

Cuando era niño y también adolescente, la gente me preguntaba: "¿Vas a ser predicador como tu padre?". Mi padre era evangelista itinerante y un gran predicador en mi opinión; yo lo respetaba y amaba profundamente. Aún lo hago. Pero mi respuesta siempre fue no. Simplemente porque no podía hablar delante de un grupo sin sentir que me paralizaba. Era una terrible condición para un adolescente. Y lo es aún hasta la fecha; no lo tomo a la ligera. Dios me quitó ese peso, en parte, cuando estaba en la universidad y en el seminario. Yo era capaz de enseñar. La enseñanza parecía ser muy diferente a la predicación.

Sin embargo, durante ese año sabático, el Dios de Romanos 9 parecía decirme a través de la ventana de su palabra: "Voy a ser proclamada, no solamente analizada. Voy a ser anunciada, no solo estudiada y explicada". Y poco a poco crecía en mí un deseo totalmente inesperado de dejar el mundo académico y predicar a este Dios grande y glorioso de Romanos 9.

Quería ver lo que sucedería. Quería poner a prueba si la predicación de todo el consejo de Dios con una visión de Dios que muchos estudiantes encuentran ofensiva podría crecer, sostener, nutrir, deleitar, orientar y

---

3. John Piper, *The Justification of God: An Exegetical and Theological Study of Romans 9:1-23* (Grand Rapids, MI: Baker, 1983).

capacitar a una iglesia con personas de todas las edades y diferentes niveles educativos y trasfondos étnicos. Por un lado, esto no se sentía como un reto para exaltar la grandeza de Dios, sino por el contrario, se sentía como un desafío a la autoridad y la veracidad de la Biblia.

¿Podría predicar del Dios de la Biblia tal y como era mostrado en el texto? ¿Podrían todas las cosas que la Biblia dice acerca de Dios, sobre el hombre, la salvación, la santidad y el sufrimiento realmente ser anunciados con una claridad sin adornos de manera que un pueblo se edifique, las almas lleguen a ser salvas, las misiones se adelanten hasta el punto de que la justicia ruede como ríos y el gozo abunde aun en el dolor?

Mirando a través del Libro desde atrás del púlpito

No pude resistir a ese llamado. Se convirtió en algo contundente la noche del 14 de octubre de 1979. A la mañana siguiente, mi esposa me dijo que lo había visto venir y que me apoyaría felizmente en la transición. Renuncié a mi puesto como profesor y acepté el llamado a ser pastor y predicador en *Bethlehem Baptist Church* [Iglesia Bautista Belén] en Minneapolis, Minnesota, donde serví durante treinta y tres años, hasta la primavera de 2013.

Mi respuesta a la pregunta: "¿Puede el Dios de Romanos 9, con su soberanía absoluta sobre todas las cosas, incluyendo la salvación y el sufrimiento, ser predicado sin compromiso para el crecimiento y la fortaleza y la misión de la iglesia?" es sí. Durante treinta y tres años, semana tras semana, yo contemplé las palabras de las Escrituras hasta que vi a través de ellas la realidad, y entonces prediqué lo que vi. No recuerdo un solo fin de semana cuando no estaba emocionado por predicar lo que Dios me había mostrado. A veces esto fue controversial, pero traté de ser tan fiel al texto de la Biblia, y tan transparente sobre la forma en que vi lo que vi, que las personas podían confiar en mí. Yo no quise que dependan de mi autoridad, sino en la autoridad de Dios en la Biblia. Fui eco de lo que el apóstol Pablo dijo:

> Ni mi palabra ni mi predicación fue con palabras persuasivas de humana sabiduría, sino con demostración del Espíritu y de poder, para que vuestra fe no esté fundada en la sabiduría de los hombres, sino en el poder de Dios (1 Co. 2:4-5).

En un sentido, yo veía todo mi ministerio como una demostración de la verdad y la autoridad de la palabra de Dios, predicado con tanta claridad, brillo y profundidad como era capaz, con la ayuda de Dios. ¿Diría que mi "punto de vista" de la Biblia, que heredé de mis padres, resulta tan convincente a los demás como lo fue para mí? La pregunta no era principalmente: *¿Vendrían ellos a "sostener" mi punto de vista?* La pregunta era: *¿Podría el punto de vista de la gloria de Dios en las Escrituras sostenerlos a ellos, como me sostuvo a mí?* Esa fue la prueba. La historia y, finalmente, la eternidad serán las que respondan.

Un cuerpo de ancianos de un mismo sentir sobre todo el consejo de Dios

Cuando llegué a *Bethlehem Baptist Church* en 1980, hubo una muy amplia afirmación de fe, doctrinalmente hablando. Estoy muy a favor de una amplia afirmación de la fe como requisito para ser *miembro* de la iglesia local. Creo que eso es correcto. La puerta en el cuerpo local de creyentes, me parece, debe ser más o menos del mismo tamaño que la puerta en el cuerpo universal de creyentes.

Pero la puerta en el cuerpo de ancianos, es decir, la puerta en el consejo que da cuenta a Dios por las almas del rebaño como maestros y líderes (He. 13:17; 1 Ti. 3:2; 5:17), debería ser mucho más estrecha. Cuando Pablo se dirige a los ancianos de la iglesia, su énfasis es que no dejen de enseñar nada del consejo de Dios, sino que ofrezcan al rebaño "todo el consejo de Dios" (Hch. 20:20, 27-28). Eso implica que los ancianos deben hacer un esfuerzo para encontrar, clarificar y preservar todo este consejo de Dios.

Poco a poco a través de los años en *Bethlehem Baptist Church*, estuve predicando, enseñando y conduciendo de una manera tal que esperaba conducir a los ancianos a tener un mismo sentir acerca de lo que todo este consejo parecía. Después de unos quince años, pensé que estábamos listos para trabajar para poner nuestra comprensión unificada de la Palabra de Dios en un documento único con el que podíamos estar todos de acuerdo. Esta afirmación de fe luego se convertiría en el criterio, basado en las Escrituras, de lo que se esperaría que los ancianos crean y enseñen.

El objetivo, por supuesto, era que las personas se alegren al ver esto como una verdad tomada de la Biblia y con gusto la acojan. Sin embargo, ya que las personas que se unen a la iglesia todo el tiempo tienen diferentes niveles de comprensión bíblica, y ya que las personas no siempre están de acuerdo con todo lo que está en el documento, no hicimos de esta afirmación de fe un criterio para la membresía. Este documento representó a dónde los ancianos tratarían de conducir a las personas, y no dónde las personas tenían que estar para poder unirse a la iglesia.

En otras palabras, el objetivo era que los ancianos definieran el punto de referencia, incluyendo uno en cuanto a la naturaleza de la Biblia. Eso es la sección 1 en el documento. Este proceso de refinación de lo que se ha convertido *Bethlehem Baptist Church Elder Affirmation of Faith* [Afirmación de fe de los ancianos de la Iglesia Bautista Belén] (ahora aceptada también por *Bethlehem College and Seminary* [Universidad y Seminario Belén], y la red de iglesias *Treasuring Christ Together* [Juntos atesorando a Cristo], y el ministerio de *desiringGod.org*) tomó varios años.

Hice el primer borrador y luego envié el documento a una docena de líderes respetados fuera de *Bethlehem Baptist Church* para una retroalimentación, para asegurarme de que no había excentricidades. Yo quería que fuera una declaración fresca de la verdad bíblica, exaltando la gloria de Dios, y entretejida con la verdad de que Dios es glorificado más en nosotros cuando estamos satisfechos en él. Pero no quise que sea idiosincrásica, estrafalaria o una novelería. No creemos que Dios nos ha mostrado la verdad que nadie más ha visto. Creemos que es prudente y humilde para aspirar a recuperar la gloria de la verdad bíblica de larga data en lugar de reclamar nuevos descubrimientos.

Los ancianos trabajaron en el documento durante mucho tiempo, y no tuvimos ninguna prisa. Estábamos trabajando para las generaciones venideras, no solo para nosotros. Esperábamos tener una afirmación de fe en la que Dios pueda complacerse para ser usada durante décadas, para proteger y encender la verdad en las instituciones y en las vidas de las personas que habían crecido en la iglesia. Así que veinte años después de mi llegada, los ancianos establecieron por unanimidad la redacción de la afirmación, y la iglesia aprobó que, a partir de ese momento, todos los ancianos aceptarían esta verdad como el núcleo de lo que deberíamos predicar y enseñar.

La sección 1 se refiere a las Escrituras, el tema de este libro. Aquí es donde nos encontramos cimentados. Este es el cimiento que define este libro. Este es el punto de vista que "sostenemos". Pero lo más importante, es la naturaleza de la ventana que nos ofrece la vista de la gloria de Dios que nos *ha sostenido*, y me ha sostenido por más de sesenta años.

1. Las Escrituras, la palabra de Dios escrita

1.1 Creemos que la Biblia, que consiste en los sesenta y seis libros del Antiguo y Nuevo Testamento, es la Palabra infalible de Dios, verbalmente inspirada por Dios y sin error en los manuscritos originales.

1.2 Creemos que las intenciones de Dios, reveladas en la Biblia, son la autoridad suprema y final en la prueba de todas las afirmaciones acerca de lo que es verdadero y lo que es correcto. En los asuntos que no se hallan en la Biblia, lo que es verdadero y justo es evaluado por criterios consistentes con las enseñanzas de las Escrituras.

1.3 Creemos que las intenciones de Dios se revelan a través de las intenciones de los autores humanos inspirados, incluso cuando la intención de los autores era expresar un significado divino del que no eran plenamente conscientes, como, por ejemplo, en el caso de algunas profecías del Antiguo Testamento. Así, el significado de los textos bíblicos es una realidad histórica fija, arraigada en las intenciones históricas, inmutables de sus autores divinos y humanos. Sin embargo, aunque el significado no cambia, la aplicación de ese significado puede cambiar en varias situaciones. No obstante, no es legítimo inferir un significado de un texto bíblico que no llega a ser demostrable por las palabras que Dios inspiró.

1.4 Por lo tanto, el proceso de descubrir la intención de Dios en la Biblia (que es su significado más amplio) es un esfuerzo humilde y cuidadoso para encontrar en el lenguaje de las Escrituras lo que los autores humanos intentaron comunicar. Las capacidades limitadas, los prejuicios tradicionales, el pecado personal y las asunciones culturales a menudo oscurecen los textos bíblicos. Por lo tanto el trabajo del Espíritu Santo es esencial para la correcta comprensión de la Biblia, y la oración por su ayuda forma parte de un esfuerzo adecuado para entender y aplicar la Palabra de Dios.

Aquí estoy cimentado

Aquí es donde yo estoy con esperanza, gozo y amor. Esta es la ventana de la Palabra a través de la cual la visión de Dios ha ejercido su poder convincente. Yo no sostengo meramente un punto de vista de la Escritura. Soy sostenido. La gloria de Dios que brilla a través de su Palabra ha sido un tesoro irresistible. Nada en este mundo se acerca a la belleza y valor de Dios, a sus caminos y a su gracia.

Después de casi siete décadas de ver y disfrutar la gloria de Dios en las Escrituras, la doxología de Judas 24-25 es muy personal:

> Y a aquel que es poderoso para guardaros sin caída, y presentaros sin mancha delante de su gloria con gran alegría, al único y sabio Dios, nuestro Salvador, sea gloria y majestad, imperio y potencia, ahora y por todos los siglos. Amén.

En mi caso, y creo que es lo que Judas quiere decir, la "gloria y majestad, imperio y potencia" de Dios son atribuidas a Él aquí porque, de hecho, esto es lo que me guardaría. Él me ha guardado, me ha sostenido, por su gloria mediante la revelación de su gloria a mi corazón año tras año para que otras glorias no me alejen. Esto se ha hecho a través de su Palabra. Para mí, la gloria de Dios y la Palabra de Dios son inseparables. No puedo ver, con seguridad, la gloria de Dios excepto a través de su Palabra. La Palabra media la gloria, y la gloria confirma la Palabra.

Pasamos ahora a una historia más importante que la mía propia, la historia de cómo la Biblia llegó a ser y cómo se ha confirmado su veracidad y su autoridad durante dos mil años. ¿Cómo sabemos lo que la Biblia es, qué libros están en ella? ¿Cómo sabemos que es verdad? ¿Cómo ha proporcionado la Biblia una fe bien fundada de que ella misma es la Palabra de Dios?

Esta maravillosa historia de la obra de Dios en el mundo, crear su Palabra escrita y construir su iglesia por su Palabra, se teje junto con mi historia. También se teje junto con la de ustedes. Todos se introducirán en esta historia de un modo u otro. No podría ser de otra manera, ya que no se trata de una deidad tribal y un libro provincial. Estamos tratando con el Creador del universo y un libro que inspiró como un regalo para todos los pueblos del mundo. Los invito a venir conmigo. No conozco una búsqueda más grande que la siguiente: ¿Es la Biblia la Palabra de Dios? ¿Son ciertas las Escrituras cristianas? ¿Cómo lo sabemos?

PARTE 2

¿Qué libros y qué palabras conforman las Escrituras cristianas?

"... desde la sangre de Abel hasta
la sangre de Zacarías"

2

¿Qué libros componen el Antiguo Testamento?

> Porque de cierto os digo que hasta que pasen el cielo y la tierra, ni una jota ni una tilde pasará de la ley, hasta que todo se haya cumplido.
>
> MATEO 5:18

> *Creemos que la Biblia, que consiste en los sesenta y seis libros del Antiguo y Nuevo Testamento, es la Palabra infalible de Dios, verbalmente inspirada por Dios y sin errores en los manuscritos originales.*

Es una afirmación fantástica que cualquier libro escrito por la mano del hombre sea la Palabra infalible de Dios. Si esta afirmación es verdadera, y si el libro pretende enseñar el único camino a la vida eterna, entonces ese libro es mucho más importante que cualquier otro libro. Tiene más que ofrecernos que cualquier otro libro; y lo que ofrece es de una importancia infinita.

Lo que ofrecen las Escrituras cristianas

Uno de los seguidores de Jesús le dijo: "Señor, ¿a quién iremos? Tú tienes palabras de vida eterna" (Jn. 6:68). En otras palabras, cualquier intento de encontrar la vida eterna, aparte de las palabras de Jesús es un error. Esto es lo que los enviados por Jesús enseñaron cuando Él había sido levantado de entre los muertos: "Y en ningún otro hay salvación; porque no hay otro nombre bajo el cielo, dado a los hombres, en que podamos ser salvos" (Hch. 4:12).

Esta convicción se basaba en lo que Jesús mismo había enseñado: "De cierto, de cierto os digo: El que oye mi palabra, y cree al que me envió, tiene vida eterna; y no vendrá a condenación, mas ha pasado de muerte a vida"

(Jn. 5:24). Y esto era una reivindicación exclusiva: "Yo soy el camino, y la verdad, y la vida; nadie viene al Padre, sino por mí" (Jn. 14:6). Así que sus seguidores enseñaron: "El que tiene al Hijo, tiene la vida; el que no tiene al Hijo de Dios no tiene la vida" (1 Jn. 5:12).

Rechazar las palabras de los apóstoles de Jesús, cuando predicaron en su nombre y escribieron el Nuevo Testamento, era despreciar la vida eterna. "Entonces Pablo y Bernabé, hablando con denuedo, dijeron: A vosotros a la verdad era necesario que se os hablase primero la palabra de Dios; mas puesto que la desecháis, y no os juzgáis dignos de la vida eterna, he aquí, nos volvemos a los gentiles" (Hch. 13:46). Desechar esta Palabra de Dios es desechar la vida.

Por lo tanto, lo digo nuevamente: Si esta afirmación acerca de un libro es cierta, entonces ese libro es más importante que cualquier otro libro. Tiene más que ofrecernos que cualquier otro libro, y lo que ofrece es de una importancia infinita.

¿De qué libro estamos hablando?

Esto significa que incluso antes de que se muestre cómo ese libro revela la verdad, tenemos que aclarar de qué libro estamos hablando. Si vamos a mirar por la ventana de ese libro con la esperanza de encontrar vida eterna y gozo inefable, entonces necesitamos saber de qué libro estamos hablando. Además, qué vida y gozo son precisamente las que esperamos encontrar; una vida más completa, un gozo más inexpresable.

Si eso no es lo que encontramos al final de nuestra búsqueda, entonces estamos perdiendo el tiempo. Y, puede estar seguro, que es precisamente lo que ese libro pretende ofrecer: "...yo he venido para que tengan vida, y para que la tengan en abundancia" (Jn. 10:10). "...a quien [Jesús] amáis sin haberle visto, en quien creyendo, aunque ahora no lo veáis, os alegráis con gozo inefable y glorioso; obteniendo el fin de vuestra fe, que es la salvación de vuestras almas" (1 P. 1:8-9). Plenitud de vida eterna y gozo inexpresable en la persona más grande del universo, Jesús, el Hijo de Dios.

¿Qué libros hay en ese libro?

Entonces, la pregunta concreta es: ¿De qué Biblia estamos hablando? La respuesta en la afirmación de fe es: "la Biblia, que consiste en los sesenta y seis libros del Antiguo y Nuevo Testamento". Si usted es nuevo en los asuntos de la Biblia, estos términos pueden ser nuevos también. Descubrirá, cuando mire la tabla de contenido de una Biblia, que hay dos partes. La primera se llama Antiguo Testamento y la segunda, Nuevo Testamento. La palabra *testamento* es una antigua palabra para *pacto*, que es una palabra bíblica que se usa para el compromiso de Dios por mantener ciertas promesas y en determinadas condiciones a su pueblo. El Antiguo Testamento incluye los libros que tienen que ver con la interacción de Dios con el mundo y con el pueblo de Israel antes de la venida de Jesús. El Nuevo Testamento contiene los libros que tienen que ver con la irrupción de Dios en la historia por medio de Jesucristo, y el establecimiento de la iglesia cristiana y la misión cristiana. Hay treinta y nueve libros en nuestro[1] Antiguo Testamento en lenguaje moderno y veintisiete libros en nuestro Nuevo Testamento en lenguaje moderno.

Antiguo Testamento		
Génesis	2 Crónicas	Daniel
Éxodo	Esdras	Oseas
Levítico	Nehemías	Joel
Números	Ester	Amós
Deuteronomio	Job	Abdías
Josué	Salmos	Jonás
Jueces	Proverbios	Miqueas
Rut	Eclesiastés	Nahum
1 Samuel	Cantar de los Cantares	Habacuc
2 Samuel	Isaías	Sofonías
1 Reyes	Jeremías	Hageo
2 Reyes	Lamentaciones	Zacarías
1 Crónicas	Ezequiel	Malaquías

Nuevo Testamento		
Mateo	Efesios	Hebreos
Marcos	Filipenses	Santiago
Lucas	Colosenses	1 Pedro
Juan	1 Tesalonicenses	2 Pedro
Hechos	2 Tesalonicenses	1 Juan
Romanos	1 Timoteo	2 Juan
1 Corintios	2 Timoteo	3 Juan
2 Corintios	Tito	Judas
Gálatas	Filemón	Apocalipsis

1. Cuando me refiero a "nuestro", lo que quiero decir es "protestante", porque el Antiguo Testamento católicorromano incluye los libros apócrifos. Véase más adelante.

Se puede ver que la Biblia es un libro de "libros" (historia, profecía, poesía, proverbios, cartas y mucho más), de diversos autores humanos a lo largo de mil quinientos años. Es sorprendente que los sesenta y seis "libros" tan variados fueran reunidos en una sola Biblia (del griego *biblion*, que significa "libro") con un desarrollo histórico coherente desde la creación en el pasado hasta el advenimiento del reino de Dios a la tierra en el futuro.

Este conjunto de libros se denomina a veces el "canon" de las Escrituras. Saber esto podría ser importante para usted, porque libros enteros y muchos artículos se han escrito para discutir qué libros pertenecen en realidad al "canon", y sobre el proceso que finalmente determina qué libros estarían en el "canon" (el proceso de canonización). La palabra canon significaba originalmente (en su raíz griega, *kanón*) "vara recta" o "vara de medir", y entonces llega a significar una guía, un modelo o una prueba de la verdad o la belleza.

Podemos ver que esta palabra se usa de esta manera en el Nuevo Testamento: "Y a todos los que anden conforme a esta regla [*kanóni*], paz y misericordia sea a ellos, y al Israel de Dios" (Gá. 6:16). El primer uso de la palabra canon en referencia a los libros de la Biblia parece ser usada por el Concilio de Laodicea en el año 363 d.C.: "No hay salmos de autoría privada que puedan ser leídos en las iglesias, ni los libros no canónicos, sino solo los libros canónicos del Antiguo y del Nuevo Testamento".[2]

El canon del Antiguo Testamento

Hay varias cosas importantes que se deben conocer acerca de la formación del canon del Antiguo Testamento. La primera es que la lista de los treinta y nueve libros en nuestro Antiguo Testamento son los mismos libros que componen la Biblia judía, lo que ellos llaman el *Tanaj* (o también *Tanak*, una palabra construida con las primeras letras de tres agrupaciones de los treinta y nueve libros, *Torah*, *Neviim* y *Ketuvim*, que son las palabras hebreas para Ley, Profetas y Escritos).

La Biblia judía organiza de manera diferente a los treinta y nueve libros que se encuentran en nuestro Antiguo Testamento (que por supuesto el pueblo judío nunca llamaría un "Antiguo Testamento", ya que para la principal corriente del judaísmo, Jesús todavía no es reconocido como el Mesías y, por tanto, el Nuevo Testamento no es parte de su Biblia). En su *Tanaj* son veinticuatro libros, que incluyen todos nuestros treinta y nueve, y ninguno

2. Samuel Macauley Jackson, *The New Schaff-Herzog Encyclopedia of Religious Knowledge*, vol. 1 (New York: Funk and Wagnalls, 1908), p. 385.

más. La razón de que son veinticuatro en lugar de treinta y nueve libros es que la Biblia judía trata a varios libros como un solo libro, mientras que en la Biblia cristiana se cuentan como dos o más. Esta es la manera en que organizan los libros y el orden en el que ocurren:

- *Torah* (Ley): Génesis, Éxodo, Levítico, Números, Deuteronomio
- *Neviim* (Profetas): Josué, Jueces, Samuel (1 y 2), Reyes (1 y 2), Isaías, Jeremías, Ezequiel, Profetas Menores (agrupados en un solo libro, los que en la Biblia cristiana son doce: Oseas, Joel, Amós, Abdías, Jonás, Miqueas, Nahum, Habacuc, Sofonías, Hageo, Zacarías, Malaquías)
- *Ketuvim* (Escritos): Salmos, Job, Proverbios, Rut, Cantar de los Cantares, Eclesiastés, Lamentaciones, Ester, Daniel, Esdras-Nehemías (tratados como un solo libro), Crónicas (1 y 2)

Así, el canon de la Biblia judía (*Tanaj*) comienza con Génesis y termina con 2 Crónicas. La Biblia cristiana comienza con Génesis y termina con el profeta Malaquías. Los libros están ordenados de forma diferente. Este será un hecho importante cuando llegamos a preguntarnos qué Biblia usó Jesús.

¿Por qué el Antiguo Testamento cristiano tiene un orden diferente?

Curiosamente, la razón de que nuestra organización de los libros del Antiguo Testamento sea diferente a la de la Biblia hebrea judía es que la organización de la Biblia cristiana se basa en la traducción griega ampliamente utilizada de la Biblia hebrea. Esta traducción se llama la Septuaginta y se abrevia LXX (el numeral romano para el número setenta), porque la tradición dice que fue traducida al griego por setenta eruditos.

La razón de esto es interesante porque a pesar de que la organización de la Biblia cristiana se basa en la organización de la Septuaginta, nuestra Biblia no contiene todos los libros del Antiguo Testamento contenidos en la Septuaginta. En otras palabras, los primeros cristianos estaban dispuestos a utilizar la Septuaginta como traducción de ayuda, pero no estaban de acuerdo con ella en cuanto a todos los libros que están en el canon autoritativo de la Palabra de Dios. La iglesia cristiana creyó que la Biblia hebrea contenía los únicos libros autoritativos.

Además de los treinta y nueve libros que se encuentran en el Antiguo Testamento que tenemos hoy (y en la Biblia hebrea), otros libros judíos fueron escritos en el período entre el Antiguo y el Nuevo Testamento. Estos incluyen:

1 Esdras
2 Esdras
Tobías
Judit
Adiciones a Ester
Sabiduría de Salomón
Eclesiástico (o Sirac)
Baruc
Epístola de Jeremías
Oración de Azarías
Susana
Bel y el dragón
Oración de Manasés
1 Macabeos
2 Macabeos

Estos libros, como grupo, son llamados "apócrifos", que proviene del griego *apókrufos*, que significa "oculto", "secreto" u "oscuro". Ni en los tiempos de Jesús, ni en los nuestros, los judíos consideraron que los apócrifos tuvieran la autoridad de los libros canónicos. Por ejemplo, una de las voces más autorizadas en la comunidad judía, el Talmud de Babilonia (Yomah 9b), dice: "Después de que los últimos profetas Hageo, Zacarías y Malaquías habían muerto, el Espíritu Santo partió de Israel". El punto no es que el Espíritu estaba inactivo en el mundo, sino que su gran obra de inspiración a los autores de las Escrituras había cesado.

Del mismo modo, el libro judío de 1 Macabeos 4:45-46 (escrito alrededor de 100 a.C.) habló de la cesación de la profecía: "... demolieron el altar y colocaron las piedras en la colina del templo, en lugar apropiado, *hasta que viniera un profeta* que les indicara lo que debían hacer con ellas" (DHH). Y otra vez el autor se refiere a una gran angustia: "Fue un tiempo de grandes sufrimientos para Israel, como no se había visto *desde que desaparecieron los profetas*" (1 Macabeos 9:27, DHH).

Josefo, el historiador judío que nació alrededor del 37 d.C., escribió: "Además, desde el imperio de Artajerjes [al final de la era del Antiguo Testamento] hasta nuestra época, todos los sucesos se han puesto por escrito; pero no merecen tanta autoridad y fe como los libros mencionados anteriormente, pues *ya no hubo una sucesión exacta de profetas*" (Contra Apión 1:41, énfasis añadido). En otras palabras, él conoció la existencia de los escritos apócrifos y no los reconoció como canónicos. Del mismo modo, el místico judío Filón, quien murió en el año 50 d.C., conocía los apócrifos y no consideró a estos escritos con autoridad a la par que el canon hebreo.[3]

3. Roger Beckwith, *The Old Testament Canon of the New Testament Church* (Grand Rapids, MI: Eerdmans, 1985), 117; F. F. Bruce, *The Canon of Scripture* (Downers Grove, IL: InterVarsity, 1988), pp. 29-30. Publicado en español por Publicaciones Andamio con el título *El canon de la Escritura*.

Lo que esto significa es que mientras que los primeros cristianos adaptaron su ordenamiento de los libros del Antiguo Testamento al orden de la Septuaginta, la iglesia no siguió la Septuaginta al no incluir los libros apócrifos en el Antiguo Testamento cristiano.

El testimonio del Nuevo Testamento al canon del Antiguo Testamento

Cuando nos volvemos al testimonio del Nuevo Testamento sobre el canon del Antiguo Testamento, llama la atención que, según Roger Nicole, el Nuevo Testamento cita diversas partes del Antiguo Testamento como autoridad divina; más de 295 veces, pero ni una sola vez se cita ninguna declaración a partir de los libros apócrifos, o cualquier otro escrito, asignándoles autoridad divina.[4] Uno de los libros del Nuevo Testamento, Judas (14-15), cita el libro pseudoepigráfico de 1 Enoc 60:8 y 1:9, y Pablo cita a los autores paganos en Hechos 17:28 y Tito 1:12, pero en ninguno de estos casos son citados como Escrituras u otorgándoles autoridad divina.

Cuando el apóstol Pablo se refirió a la "Escritura", como inspirada por Dios, en 2 Timoteo 3:16 ("Toda la Escritura es inspirada por Dios"), se refería a los "escritos sagrados" en los que Timoteo había sido enseñado por su madre judía y su abuela:

> Pero persiste tú en lo que has aprendido y te persuadiste, sabiendo de quién has aprendido; y que desde la niñez has sabido las Sagradas Escrituras, las cuales te pueden hacer sabio para la salvación por la fe que es en Cristo Jesús (2 Ti. 3:14-15).

Las que habían enseñado a Timoteo desde su juventud eran su madre y su abuela: "...trayendo a la memoria la fe no fingida que hay en ti, la cual habitó primero en tu abuela Loida, y en tu madre Eunice, y estoy seguro que en ti también" (2 Ti. 1:5). Sabemos por Hechos 16:1 que la madre de Timoteo era judía. Por lo tanto, hay buenas razones para creer que había sido criado como un buen judío con el entendimiento de lo que es el canon hebreo (sin los apócrifos), que fue la palabra inspirada y autoritativa de Dios. Y como Pablo afirma en esta inspiración, en 2 Timoteo 3:16, no hace ningún intento de incluir los otros libros que los que se asume como parte de los "escritos sagrados" según su educación judía, igual que la de Timoteo.

---

4. Roger Nicole, "New Testament Use of the Old Testament," in *Revelation and the Bible*, ed. Carl Henry (London: Tyndale Press, 1959), pp. 137-141. Se hablará más acerca del Nuevo Testamento como testigo del Antiguo Testamento en el capítulo 6.

¿Cuál fue la Biblia de Jesús?

No hay ningún registro de alguna disputa entre Jesús y los líderes judíos de su época sobre cuáles libros eran parte de las Escrituras. Parece ser que asumieron que la Biblia de ellos era la Biblia de Él, quien hizo afirmaciones notables de su autoridad, como: "...la Escritura no puede ser quebrantada" (Jn. 10:35). Dadas las hostilidades entre las autoridades judías y Jesús, y dada la dependencia generalizada de Jesús hacia las Escrituras hebreas, es casi seguro que Jesús habría sido criticado por sus adversarios si él hubiera tomado la posición de que las Escrituras judías deberían complementarse con otros libros tales como los apócrifos. No hay evidencia alguna de que Jesús hiciera esto. No hay evidencia de que alguna vez fuera criticado por su comprensión del contenido del canon hebreo. Jesús y sus adversarios no estaban de acuerdo sobre el significado de las Escrituras hebreas, pero sí sobre su contenido.

Por eso, cuando Jesús se refirió a toda la Biblia hebrea, no nos sorprende que fuera a usar términos que reflejaban la división judía en Ley, Profetas y Escritos. Por ejemplo, en Lucas 24:44, dijo:

> Y les dijo: Estas son las palabras que os hablé, estando aún con vosotros: que era necesario que se cumpliese todo lo que está escrito de mí en la *ley de Moisés*, en los *profetas* y en los *salmos*.

Creo que Robert Stein tiene razón cuando dice que el uso de la palabra "salmos", en lugar de "Escritos", se debe al hecho de que los Salmos era el primero y más grande libro dentro de los Escritos, y probablemente llegó a representar a la totalidad de esta sección.[5] Después de haber mencionado las tres partes de las Escrituras hebreas, Lucas dice en el siguiente versículo: "Entonces les abrió el entendimiento, para que comprendiesen las Escrituras" (Lc. 24:45). En otras palabras, lo que Jesús acababa de nombrar: "ley de Moisés, los profetas y en los salmos", Lucas llama ahora "las Escrituras". Esta es una fuerte indicación de que la Biblia de Jesús no era la Septuaginta, con sus libros añadidos y su organización diferente, sino la Biblia hebrea, la estructura de la cual asumió.

La demostración más significativa de que la Biblia de Jesús contenía

---

5. R. H. Stein, *Luke* (Nashville: B&H, 1992), p. 620. Salmos "probablemente se refiere a la tercera sección mayor del Antiguo Testamento, llamada 'Escritos', la que contiene el resto de libros del Antiguo Testamento [después de los de la Ley y los Profetas]. El primer libro (en el arreglo hebreo) y el más largo en esta sección es Salmos".

solo los libros de la Biblia hebrea, sin incluir los libros apócrifos de la Septuaginta, es la asunción que compartía con su pueblo de que la Biblia comenzaba con Génesis y terminaba con 2 Crónicas (a diferencia de la Septuaginta). Podemos ver esto en Lucas 11:49-51:

> Por eso la sabiduría de Dios también dijo: Les enviaré profetas y apóstoles; y de ellos, a unos matarán y a otros perseguirán, para que se demande de esta generación la sangre de todos los profetas que se ha derramado desde la fundación del mundo, desde la sangre de Abel hasta la sangre de Zacarías, que murió entre el altar y el templo; sí, os digo que será demandada de esta generación.

En un primer momento, podemos estar desconcertados de por qué Jesús habló de la sangre de los profetas que va "desde... Abel hasta... Zacarías". Llamar a Abel un profeta puede ser explicado probablemente porque su sangre clamó proféticamente contra su asesinato: "Y él [Jehová] le dijo: ¿Qué has hecho? La voz de la sangre de tu hermano clama a mí desde la tierra" (Gn. 4:10).

Pero ¿qué pasa con Zacarías? Su lapidación se registra en 2 Crónicas 24:20-21 en el Antiguo Testamento:

> Entonces el Espíritu de Dios vino sobre Zacarías hijo del sacerdote Joiada; y puesto en pie, donde estaba más alto que el pueblo, les dijo: Así ha dicho Dios: ¿Por qué quebrantáis los mandamientos de Jehová? No os vendrá bien por ello; porque por haber dejado a Jehová, él también os abandonará. Pero ellos hicieron conspiración contra él, y por mandato del rey lo apedrearon hasta matarlo, en el patio de la casa de Jehová.

¿Por qué este Zacarías (que no es el profeta que escribió el libro del Antiguo Testamento que lleva el mismo nombre) es tratado como el último profeta en la línea de profetas martirizados? Cronológicamente, el último mártir en el Antiguo Testamento fue Urías hijo de Semaías, cuya muerte se describe en Jeremías 26:20-23, y que murió durante el reinado de Joaquín, quien reinó desde el 609 al 598 a.C. Eso fue alrededor de doscientos años después de la muerte del Zacarías, a quien Jesús se refiere aquí.

La razón es que 2 Crónicas, donde se describe el asesinato de Zacarías, fue el último libro del canon hebreo. Por eso, cuando Jesús dijo "desde la sangre de Abel hasta la sangre de Zacarías", se refería a todos los profetas desde el principio hasta el final de la Biblia, de las Escrituras hebreas. Esto significa que Jesús estaba usando la Biblia hebrea que, a diferencia de la Septuaginta, termina con Crónicas.

Uno de nuestros primeros testigos del canon del Antiguo Testamento

El punto que estoy tratando de resaltar es que la Biblia que Jesús considera que es su Biblia no incluyó los libros apócrifos, sino solo los libros que se encuentran en nuestro Antiguo Testamento hoy día.[6] Esta limitación en los libros que tienen autoridad suprema se confirma por la forma en que los autores del Nuevo Testamento citan los libros de la Biblia hebrea como las Escrituras, pero no citan los libros apócrifos de la misma manera. Para estar seguros en lo que decimos, los autores del Nuevo Testamento citaron de la Septuaginta, ya que estaban escribiendo en griego, y esta era la traducción griega utilizada de la Biblia hebrea. Sin embargo, a pesar de que la Septuaginta contiene los libros apócrifos, los escritores del Nuevo Testamento no citan estos libros como Escritura.

Uno de los primeros testigos del canon del Antiguo Testamento que tenemos en nuestra Biblia hoy en día es Melitón, obispo de Sardis, alrededor del año 170:

> Así, cuando visité el oriente y llegué al lugar donde esas cosas fueron proclamadas y hechas, conseguí una información precisa acerca de los libros del Antiguo Testamento que aquí te envío: Cinco libros de Moisés: *Génesis, Éxodo, Números, Levítico, Deuteronomio, Josué* [el hijo de Nun], *Jueces, Rut, Reyes* (cuatro libros), *Crónicas* (dos libros), *los Salmos de David, los Proverbios* (o Sabiduría) *de Salomón, Eclesiastés, Cantar de los Cantares, Job, los profetas: Isaías, Jeremías, los Doce* en un solo libro, *Daniel, Ezequiel, Esdras.*[7]

Ninguno de los libros apócrifos es mencionado por Melitón, y el único libro que falta de nuestro canon del Antiguo Testamento es Ester, que fue controvertido por algún tiempo y puede haber sido suprimido por razones políticas del momento, ya que habla de un levantamiento judío.

---

6. La Iglesia Católica Romana y algunas otras tradiciones cristianas incluyen los libros apócrifos que ellos consideran autoritativos.

7. Melitón. Lista encontrada en Eusebio: *Historia de la Iglesia*, 4.26 (Grand Rapids, Michigan: Editorial Portavoz, 1999), pp. 162-163.

Acogiendo la Biblia de Jesús

Nuestro propósito hasta ahora no ha sido responder a la pregunta de por qué Jesús creía que el Antiguo Testamento era la Palabra de Dios, o por qué nosotros deberíamos hacerlo. Nuestro propósito ha sido simplemente identificar cuál era la Biblia de Jesús. ¿Qué libros se incluyeron en ella? ¿Es esta Biblia igual al Antiguo Testamento que tenemos en nuestro idioma en las Biblias modernas hoy día?

Nuestra conclusión es que cuando decimos: "Creemos que la Biblia se compone de los sesenta y seis libros del Antiguo y Nuevo Testamento", queremos decir que treinta y nueve de los sesenta y seis libros corresponden al Antiguo Testamento que Jesús y los apóstoles contaron como autoritativos, y estos treinta y nueve libros son los mismos que los veinticuatro libros de la Biblia hebrea que Jesús conocía como las Escrituras autoritativas. Ahora nos dirigimos con una pregunta similar a la segunda parte de nuestra Biblia: "¿Qué libros conforman el canon del Nuevo Testamento?".

3

¿Qué libros componen el Nuevo Testamento?

Pero cuando venga el Espíritu de verdad, él os guiará a toda la verdad; porque no hablará por su propia cuenta, sino que hablará todo lo que oyere, y os hará saber las cosas que habrán de venir. Él me glorificará; porque tomará de lo mío, y os lo hará saber.

JUAN 16:13-14

Creemos que la Biblia, que consiste en los sesenta y seis libros del Antiguo y Nuevo Testamento, es la Palabra infalible de Dios, verbalmente inspirada por Dios y sin errores en los manuscritos originales.

Cuando Jesucristo vino al mundo, no existía el Nuevo Testamento. Él y todos sus apóstoles eran judíos. Todos creían en la Biblia hebrea como la Palabra de Dios. Nuestro Antiguo Testamento, en hebreo, era su Biblia. No había otros escritos inspirados en la mente de Jesús y sus primeros seguidores.

Esto es importante ya que consideraremos cómo llegó a formarse el Nuevo Testamento y cómo llegó a tener una autoridad igual a la del Antiguo Testamento. Jesús y los primeros cristianos eran personas de la Biblia. Es decir, que vivían y respiraban el aire de la autoridad bíblica. Ellos asumieron la existencia de un canon de los libros de la Biblia, la Biblia hebrea, que tenían autoridad absoluta sobre sus vidas. El concepto de un canon —un escrito, dado por Dios, una regla autoritativa— no era ajeno a ellos. Esto era asumido como parte de su cultura judía.

Desde nuestro ambiente relativamente secular, es difícil imaginar cómo estas Escrituras eran prominentes e incuestionables para los judíos del primer siglo. Tenga en cuenta cómo Jesús y los primeros cristianos hablaban de ellas:

> Y comenzando desde Moisés, y siguiendo por todos los profetas, [Jesús] les declaraba en todas las *Escrituras* lo que de él decían (Lc. 24:27).
>
> Escudriñad las *Escrituras*; porque a vosotros os parece que en ellas tenéis la vida eterna; y ellas son las que dan testimonio de mí (Jn. 5:39).
>
> Y Pablo, como acostumbraba, fue a ellos, y por tres días de reposo discutió con ellos, declarando y exponiendo por medio de las *Escrituras* (Hch. 17:2-3).
>
> Porque las cosas que se escribieron antes, para nuestra enseñanza se escribieron, a fin de que por la paciencia y la consolación de las *Escrituras*, tengamos esperanza (Ro. 15:4).

Lo que esto significa para el surgimiento del canon del Nuevo Testamento de las Escrituras es tanto positivo como negativo. Positivamente, el concepto de un pueblo gobernado por un canon de escritos autoritativos ya era prominente. Por lo tanto, no resultó extraño, para la iglesia primitiva, el crecimiento orgánico en suelo del judaísmo del siglo I para llegar a ser un pueblo gobernado por una autoridad canónica escrita. De hecho, habría sido extraño si no se rigieran por un libro así.

Pero, negativamente, la Biblia hebrea era considerada un canon cerrado, como ya hemos visto. Jamás se añadirían libros al Antiguo Testamento, no para ese día. Los profetas habían dejado de hablar con inspiración divina. Esto significaba que cualquier pretensión de tener libros de igual autoridad que el canon del Antiguo Testamento sería asombroso y controvertido.

Una nueva autoridad viene al mundo: la Palabra viva

Pero lo que cambió todo fue la singularidad de Jesucristo mismo. Dios no envió primero un nuevo libro al mundo. Él envió a su Hijo al mundo. Como un libro del Nuevo Testamento lo declara: "Dios, habiendo hablado muchas veces y de muchas maneras en otro tiempo a los padres por los profetas, en estos postreros días nos ha hablado por el Hijo" (He. 1:1-2). Lo que abrió el camino a un nuevo canon de escritos autoritativos no fue la llegada de un nuevo portavoz de Dios, que podría ser llamado apóstol, sino más bien la llegada de Dios mismo.

"En el principio era el Verbo, y el Verbo era con Dios, y el Verbo era Dios… Y aquel Verbo fue hecho carne, y habitó entre nosotros (y vimos su gloria, gloria como del unigénito del Padre), lleno de gracia y de verdad"

(Jn. 1:1, 14). No fue sorpresa que Jesús, el Hijo de Dios, fuera reconocido por sus seguidores con una autoridad igual y superior a las Escrituras del Antiguo Testamento. Esto es lo que Él reclamó para sí. La gloria de Dios encarnada crearía, y confirmaría en los corazones de su pueblo, la existencia de un nuevo canon de las Escrituras.

Las afirmaciones impactantes de Jesús sobre sí mismo crearon una nueva autoridad en el mundo, una autoridad igual y superior a la de la Biblia hebrea. Esto siempre ha sido la piedra de tropiezo para aquellos que no reconocen la naturaleza asombrosa de lo que sucedió con la venida de Jesús, que Dios mismo había entrado en el mundo como el Dios-hombre.

Todos los esfuerzos para convertir a Jesús en un ser no divino, notable, incluso un revolucionario maestro judío chocan vez tras vez con las asombrosas demandas que hizo sobre sí mismo, incluso en los lugares menos esperados por ellos. Por ejemplo, el Sermón del monte. Había un viejo liberalismo hace cien años (que tiene sus representantes en la actualidad) que amaba al Sermón del monte como la colección más radical de las enseñanzas éticas de Jesús. Aquí el viejo liberalismo esperaba deshacerse de los reclamos mitológicos de una persona sobrenatural, y en su lugar esperaba encontrar una simple religión de la paternidad de Dios, la hermandad del hombre y la ética del amor. Amaba las siguientes palabras de este famoso sermón:

> Bienaventurados los pacificadores, porque ellos serán llamados hijos de Dios (Mt. 5:9).
>
> Así que, todas las cosas que queráis que los hombres hagan con vosotros, así también haced vosotros con ellos (Mt. 7:12).
>
> No juzguéis, para que no seáis juzgados (Mt. 7:1).
>
> Amad a vuestros enemigos (Mt. 5:44).

Pero justo cuando pensaban que Jesús era similar al buen Moisés, a Confucio, a Mahatma, al maestro Mao, de repente, allí mismo, en el Sermón del monte, el magnífico y sobrenatural "yo" o "mi" o "mí" les pegó de frente en la cara:

> No todo el que me dice: Señor, Señor, entrará en el reino de los cielos, sino el que hace la voluntad de mi Padre que está en los cielos. Muchos me dirán en aquel día: Señor, Señor, ¿no profetizamos en tu nombre, y

> en tu nombre echamos fuera demonios, y en tu nombre hicimos muchos milagros? Y entonces les declararé: Nunca os conocí; apartaos de mí, hacedores de maldad (Mt. 7:21-23).

Esto es asombroso. Imagínese escuchar una charla con un maestro judío común y corriente como este. Él está diciendo: "En el juicio final, voy a ser al que van a dar cuentas. Yo estaré allí como el Juez y voy a decidir quién entra en el cielo y quién va al infierno". En otras palabras, este maestro del Sermón del monte dice que Él es el juez del universo. Esto simplemente es impresionante. Esta forma de hablar, finalmente conseguiría que maten a Jesús. Pero el resplandor de la gloria de Dios en tal autoridad también daría lugar al canon del Nuevo Testamento.

Volviendo al primer capítulo del Sermón del monte (Mt. 5:17), Jesús nos impacta con sus reivindicaciones. Creemos que va a decir: "No penséis que he venido para abrogar la ley o los profetas; no he venido para abrogar, sino para *confirmarlos*". Eso no es lo que dice. Él dice: "No he venido para abrogar, sino para *cumplir*".

La gloria de Dios, que demostró su realidad a los profetas del Antiguo Testamento, se cumplió en Jesús. Él era la luz de la gloria de Dios en el mundo. "Entonces Jesús les dijo: Aún por un poco está la luz entre vosotros; andad entre tanto que tenéis luz" (Jn. 12:35). Pero muchos no vieron su brillo como la luz de la gloria de Dios: "Pero a pesar de que había hecho tantas señales delante de ellos, no creían en él" (Jn. 12:37).

El apóstol Juan explicó esta ceguera citando al profeta Isaías: "Cegó los ojos de ellos, y endureció su corazón" (Jn. 12:40; Is. 6:10). Entonces Juan da esta sorprendente explicación: "Isaías dijo esto cuando vio su gloria [de Jesús], y habló acerca de él" (Jn. 12:41). En otras palabras, la luz del mundo, que caminaba entre ellos en la persona de Jesús, era la luz de la gloria de Dios revelada en Isaías 6. Esto es el corazón de lo que significó para Jesús decir: "He venido a cumplir". Y esta es la base de cómo los discípulos llegaron a saber que sus palabras son verdaderas.

Jesús no era solo un miembro más en la larga fila de sabios y profetas. Él es el final de la línea. En su propia persona y obra, se cumplieron la ley y los profetas. Por lo que, seis veces en Mateo 5, Jesús confrontó increíblemente las Escrituras y la tradición con sus palabras de suprema autoridad: "Pero yo os digo" (Mt. 5:22, 28, 32, 34, 39, 44).

Y justo cuando las Bienaventuranzas están sonando como las palabras de un guía espiritual humilde, sabio, Jesús nos dice que hemos sido bendecidos por haber sido insultados por *su* causa. ¡No *la de Dios*, sino *la de Él*! "Bienaventurados sois cuando por *mi* causa os vituperen y os persigan, y digan toda clase de mal contra vosotros, mintiendo" (Mt. 5:11). Y, lo que es más, él dice que podemos regocijarnos en ese día, porque estamos en la misma categoría con los profetas que fueron perseguidos por causa de *Dios*. Ser un seguidor de Jesús es ser recompensado con los profetas de Dios.

El punto es que la majestad divina de la persona de Jesús se teje inseparablemente en todas las capas de las enseñanzas de Jesús. No hay ningún retrato de Jesús en el Nuevo Testamento como un maestro de ética meramente humano. Solo existe el Señor de la gloria, el que cumple la historia, el Juez del universo.

Autoridad por encima de las Escrituras

En consecuencia, Jesús fue reconocido por la iglesia primitiva como quien tiene autoridad igual y superior a la de las Escrituras del Antiguo Testamento.

> Porque les enseñaba como quien tiene *autoridad*, y no como los escribas (Mt. 7:29).
>
> Oísteis que fue dicho: Ojo por ojo, y diente por diente. *Pero yo os digo*: No resistáis al que es malo; antes, a cualquiera que te hiera en la mejilla derecha, vuélvele también la otra (Mt. 5:38-39).
>
> El cielo y la tierra pasarán, pero *mis palabras no pasarán* (Mr. 13:31).
>
> Los hombres de Nínive se levantarán en el juicio con esta generación, y la condenarán; porque ellos se arrepintieron a la predicación de Jonás, y he aquí *más que Jonás en este lugar*. La reina del Sur se levantará en el juicio con esta generación, y la condenará; porque ella vino de los fines de la tierra para oír la sabiduría de Salomón, y he aquí *más que Salomón en este lugar* (Mt. 12:41-42).
>
> Jesús le dijo: Yo soy el camino, y *la verdad*, y la vida; nadie viene al Padre, sino por mí (Jn. 14:6).
>
> Y Jesús se acercó y les habló diciendo: *Toda potestad* me es dada en el cielo y en la tierra (Mt. 28:18).

El punto aquí es que la persona y la enseñanza de Jesús deben llevar inevitablemente a una expansión del canon de la iglesia primitiva. Un pueblo que durante siglos se ha acostumbrado a ser gobernado por una revelación escrita de Dios, la Biblia hebrea, se enfrenta ahora con el autor divino de ese mismo libro (cp. 1 P. 1:11), presente en forma humana, enseñando con autoridad absoluta. La gloria de Dios presentada en la Palabra de Dios en el Antiguo Testamento había entrado en el mundo. "(Y vimos su gloria, gloria como del unigénito del Padre), lleno de gracia y de verdad" (Jn. 1:14). Esta gloria creó y confirmó un nuevo canon. El Antiguo Testamento no dejó de ser la Palabra de Dios ("No penséis que he venido para abrogar la ley o los profetas", Mt. 5:17). Por el contrario, las nuevas revelaciones que vienen a través de Cristo serían preservadas como el gobierno del pueblo de Dios. El canon del Nuevo Testamento llegó a existir.

La preparación de Jesús para el canon del Nuevo Testamento

Jesús mismo señaló en esa dirección. Por sus palabras, preparó a la iglesia primitiva para que esperaran lo que Él estaba planeando: un canon autorizado de enseñanza con respecto a sí mismo y su Palabra para gobernar a su iglesia cuando Él se hubiera ido. Como dice John Frame: "Por craso que pueda parecer a los especuladores religiosos modernos, es evidente a partir de la historia bíblica que Dios tiene la intención de gobernar a su iglesia a través de un libro".[1] Pero Jesús no solo estaba planificando este libro; Él mismo proveería para este libro a través de la designación de portavoces autorizados llamados "apóstoles". Además, prometió que enviaría al Espíritu Santo para guiarlos. Estos portavoces escribirían los libros, por la guía del Espíritu, y se convertirían en el canon del Nuevo Testamento que regiría el pensamiento y el comportamiento de la iglesia hasta que Jesús venga por segunda vez a reinar de manera corporal en la tierra.

> Y cuando era de día, llamó a sus discípulos, y escogió a doce de ellos, a los cuales también llamó apóstoles: a Simón, a quien también llamó Pedro, a Andrés su hermano, Jacobo y Juan, Felipe y Bartolomé, Mateo, Tomás, Jacobo hijo de Alfeo, Simón llamado Zelote, Judas hermano de Jacobo, y Judas Iscariote, que llegó a ser el traidor (Lc. 6:13-16).

¿Por qué doce? Probablemente porque simbólicamente eran como las doce tribus de Israel. Solo ellos podrían ser el fundamento de un nuevo

1. John Frame, *Apologetics to the Glory of Christ: An Introduction* (Phillipsburg, NJ: P&R, 1994), p. 122.

Israel, todos aquellos que creen en el Mesías de Israel, Jesucristo. En el último libro del Nuevo Testamento, el libro de Apocalipsis, la iglesia es representada primero como una novia y luego como una ciudad que baja a la tierra. El muro de la ciudad tenía doce puertas y doce cimientos. Las puertas representan al nuevo Israel: "en las puertas, doce ángeles, y nombres inscritos, que son los de las doce tribus de los hijos de Israel" (Ap. 21:12).

También el fundamento representa a los apóstoles: "Y el muro de la ciudad tenía *doce cimientos*, y sobre ellos los *doce nombres* de los *doce apóstoles* del Cordero" (Ap. 21:14). Así entendió la iglesia primitiva lo que Jesús estaba haciendo cuando eligió a doce apóstoles: los apóstoles enseñarían a la iglesia, y su enseñanza se convertiría en el fundamento de la iglesia a perpetuidad. El apóstol Pablo lo expresó así: "Así que [gentiles] ya no sois extranjeros ni advenedizos, sino conciudadanos de los santos, y miembros de la familia de Dios, edificados sobre *el fundamento de los apóstoles y profetas*, siendo la principal piedra del ángulo Jesucristo mismo" (Ef. 2:19-20).

Cuando Judas, uno de los doce, resultó ser un traidor (que Jesús sabía desde el principio que sucedería, Jn. 6:64), los otros apóstoles sabían lo que debían hacer. Él debería ser reemplazado. Y los criterios debían ser los mismos que Jesús usó. De hecho, al final, el resucitado y ascendido Señor Jesús fue quien tomó la decisión. El líder de los once se levantó y dijo:

> Es necesario, pues, que de estos hombres que han estado juntos con nosotros todo el tiempo que el Señor Jesús entraba y salía entre nosotros, comenzando desde el bautismo de Juan hasta el día en que de entre nosotros fue recibido arriba, uno sea hecho testigo con nosotros, de su resurrección. Y señalaron a dos: a José, llamado Barsabás, que tenía por sobrenombre Justo, y a Matías. Y orando, dijeron: Tú, Señor, que conoces los corazones de todos, muestra cuál de estos dos has escogido, para que tome la parte de este ministerio y apostolado, de que cayó Judas por transgresión, para irse a su propio lugar. Y les echaron suertes, y la suerte cayó sobre Matías; y fue contado con los once apóstoles (Hch. 1:21-26).

Jesús promete el Espíritu de verdad

Jesús no solo tenía planeado que iba a haber portavoces autorizados para proporcionar enseñanza fundamental para la iglesia, sino que también prometió enviar al Espíritu Santo para guiarlos en lo que enseñaran. La noche antes de ser crucificado, Jesús dijo a los doce:

> Os he dicho estas cosas estando con vosotros. Mas el Consolador, el Espíritu Santo, a quien el Padre enviará en mi nombre, él os enseñará todas las cosas, y os recordará todo lo que yo os he dicho (Jn. 14:25-26).

Y

> Aún tengo muchas cosas que deciros, pero ahora no las podéis sobrellevar. Pero cuando venga el Espíritu de verdad, él os guiará a toda la verdad; porque no hablará por su propia cuenta, sino que hablará todo lo que oyere, y os hará saber las cosas que habrán de venir. Él me glorificará; porque tomará de lo mío, y os lo hará saber (Jn. 16:12-14).

La enseñanza terrenal de Jesús no era todo lo que tenía que decir a su iglesia: "Aún tengo muchas cosas que deciros". Su plan era completar su enseñanza fundamental para la iglesia (Ef. 2:20) a través del Espíritu Santo. "Cuando venga el Espíritu de verdad, él os guiará a toda la verdad". Lo que necesitaría la iglesia para saber acerca de la gloria de Cristo, que no se revela plenamente en su ministerio en la tierra, será completado por el ministerio del Espíritu. "Él me glorificará". La promesa de que el Espíritu Santo revelaría la gloria de Cristo nos alerta sobre la forma en que las Escrituras se confirmarían en la vida de la iglesia primitiva. La luz de esa gloria brillaría a través de la palabra inspirada en los corazones del pueblo de Dios, y verificaría el origen divino y el carácter de las Escrituras (2 Co. 4:4-6).

Pablo y los doce

El apóstol Pablo no era uno de los doce apóstoles originales. Pero escribió trece de los veintisiete libros que ahora conforman nuestro Nuevo Testamento. El lugar de su autoridad como fundamento en la iglesia primitiva, junto con los doce, fue totalmente establecido durante su vida. Pero no era indiscutible. ¿Cómo llegó entonces a tener esta autoridad apostólica?

Pablo fue llamado por Cristo resucitado para ser apóstol a los gentiles (no judíos). Pablo comenzó una de sus primeras cartas de esta manera: "Pablo, apóstol (no de hombres ni por hombre, sino por Jesucristo y por Dios el Padre que lo resucitó de los muertos)" (Gá. 1:1). Al principio, esto fue una sorpresa sospechosa para los doce. Pero después de una reunión Pablo informa:

> Antes por el contrario, como [Pedro, Jacobo y Juan] vieron que me había sido encomendado el evangelio de la incircuncisión, como a Pedro el de la circuncisión (pues el que actuó en Pedro para el apostolado de la circuncisión, actuó también en mí para con los gentiles), y reconociendo la gracia que me había sido dada, Jacobo, Cefas y Juan, que eran considerados como columnas, nos dieron a mí y a Bernabé la diestra en señal de compañerismo, para que nosotros fuésemos a los gentiles, y ellos a la circuncisión (Gá. 2:7-9).

Así que Pablo fue aceptado y confirmado por los doce como un verdadero apóstol del Señor Jesús resucitado. Pablo fue completamente sorprendido por Jesús resucitado al irrumpir en su vida en el camino a Damasco, mientras perseguía a los cristianos (Hch. 9:1-9). Él reconoció que el Cristo resucitado había aparecido "a Cefas, [otro nombre de Pedro] y después a los doce. Después apareció a más de quinientos hermanos a la vez, de los cuales muchos viven aún, y otros ya duermen. Después apareció a Jacobo; después a todos los apóstoles" (1 Co. 15:5-7). Y luego, siendo sobrepasado por la gracia, dice:

> y al último de todos, como a un abortivo, me apareció a mí. Porque yo soy el más pequeño de los apóstoles, que no soy digno de ser llamado apóstol, porque perseguí a la iglesia de Dios. Pero por la gracia de Dios soy lo que soy; y su gracia no ha sido en vano para conmigo, antes he trabajado más que todos ellos; pero no yo, sino la gracia de Dios conmigo (1 Co. 15:8-10).

Como apóstol, que tiene la misma autoridad que los doce, Pablo experimentó el cumplimiento de la promesa del Espíritu Santo de Jesús para guiar su enseñanza. Él habló en varias ocasiones de la autoridad que el Señor le había dado por el bien de las iglesias (2 Co. 10:8; 13:10), y afirmó que sus palabras tenían más autoridad que la de aquellos que decían hablar con los dones de profecía, pero no eran apóstoles: "Si alguno se cree profeta, o espiritual, reconozca que lo que os escribo son mandamientos del Señor. Mas el que ignora, ignore" (1 Co. 14:37-38).

Pablo como escritor de las Escrituras

Este es un reclamo espectacular de autoridad. ¿En qué estaba arraigado este reclamo? Se arraigaba en el hecho de que Pablo había visto la realidad histórica, a Jesucristo resucitado, y sabía que este Jesús, como el Señor del universo, lo había comisionado como apóstol y había enviado al Espíritu Santo de una manera especial para que cumpliera lo que Él había prometido cuando estaba en la tierra: "Mas el Consolador, el Espíritu Santo, a quien el Padre enviará en mi nombre, él os enseñará todas las cosas, y os recordará todo lo que yo os he dicho" (Jn. 14:26). Esto es lo que dijo sobre su propia enseñanza:

> Y nosotros no hemos recibido el espíritu del mundo, sino el Espíritu que proviene de Dios, para que sepamos lo que Dios nos ha concedido, lo cual también hablamos, no con palabras enseñadas por sabiduría humana, sino con las que enseña el Espíritu, acomodando lo espiritual a lo espiritual (1 Co. 2:12-13)

Esta es la afirmación de Pablo de ser inspirado por el Espíritu en cumplimiento de la promesa de Jesús.

Esa afirmación fue reconocida por los otros apóstoles. Pedro dijo en su segunda carta, "como también nuestro amado hermano Pablo, *según la sabiduría que le ha sido dada*, os ha escrito" (2 P. 3:15). Pablo dijo que su sabiduría al enseñar a la iglesia fue dada "por el Espíritu". Pedro dijo que "le había sido dada". Richard Bauckham comenta: "La apelación a la enseñanza de Pablo en sus cartas se ve reforzada por referencia al hecho de que el apóstol escribió bajo la inspiración divina".[2]

Un fundamento autoritativo para toda la historia

En otras palabras, como Jesús lo prometió, el Espíritu Santo había venido y guió a los apóstoles de Jesús a la verdad. Jesús no dejó a su pueblo sin la presencia de una expresión objetiva y real de su propia autoridad. Él estaba estableciendo la autoridad por inspiración del Espíritu Santo. Cristo resucitado seguía apacentando a sus ovejas a través de la boca de los apóstoles. Él proporcionaría un fundamento para la iglesia a través de sus escritos, de manera que surgiría un canon de escritos que tendría así la autoridad del Señor Jesús hasta que Él venga nuevamente.

La iglesia recién nacida y todas las generaciones venideras, serían capaces de reconocer esta autoridad, porque Jesús prometió que el Espíritu Santo, en estos escritos, le "glorificará" (Jn. 16:14). La misma gloria divina que convenció a sus primeros discípulos de que Él era la verdad (Jn. 1:14)

2. Richard J. Bauckham, *2 Peter, Jude*, vol. 50, Word Biblical Commentary, ed. David A. Hubbard, Glenn W. Barker, Ralph P. Martin (Dallas: Word, 1998), p. 329.

brillaría a través de sus nuevas Escrituras para convencer a la iglesia de que estas son las palabras de Dios.

Jesús no tuvo la intención, a través de la historia de la iglesia, de seguir enviando más y más portavoces con este tipo de autoridad. Por eso, la enseñanza apostólica es llamada el "fundamento" de la iglesia, no la estructura en desarrollo (Ef. 2:20). También por esto es que uno de los últimos libros del Nuevo Testamento se refiere a "la fe que ha sido *una vez dada a los santos*":

> Amados, por la gran solicitud que tenía de escribiros acerca de nuestra común salvación, me ha sido necesario escribiros exhortándoos que contendáis ardientemente por la fe que ha sido una vez dada a los santos (Jud. 3).

El testimonio apostólico acerca de Cristo en esa primera generación es entendido por Jesús para que sea un fundamento para toda la historia. Con la autoridad de Jesucristo mismo, los escritos de este grupo de portavoces apostólicos están junto a la Biblia hebrea como la instrucción verdadera y autorizada de Dios para su pueblo a través de toda la historia del mundo.

Y como dijo Jesús, este nuevo canon de los libros del Nuevo Testamento, no sería una contradicción o corrección del Antiguo Testamento, sino más bien el cumplimiento: "No penséis que he venido para abrogar la ley o los profetas; no he venido para abrogar, sino para cumplir" (Mt. 5:17). Sin duda, muchas instrucciones, reglas y prácticas religiosas, así como rituales del Antiguo Testamento ya no deben ser practicadas. Pero esto no se debe a que estas prácticas y reglas estaban equivocadas, sino porque eran temporales y señalaban la llegada del día en que Jesucristo las cumpliría y así terminarían. La venida de Cristo no las abolió, pero las hizo obsoletas (He. 8:13).

El nuevo pueblo de Dios, los seguidores del Mesías, el verdadero Israel, ya no es más un grupo étnico, político o geográficamente definido. El cristianismo no tiene un centro geográfico. No tiene ninguna identidad étnica única. No es un estado o nación política. No tiene un sistema de sacrificar animales, no tiene un tabernáculo, no hay sucesión de sacerdotes, no hay días de fiesta ordenados divinamente, no está más el requisito de la circuncisión o de alguna dieta particular. Todos estos patrones del Antiguo Testamento fueron temporales. Jesús los ha cumplido y ha terminado con ellos.

Las nuevas Escrituras

Esto es lo que los apóstoles fueron autorizados por Jesús para dejar en claro: ¿Quién es este Jesucristo? ¿Qué quiso lograr con su vida, muerte, resurrección y ascensión? ¿Qué está haciendo ahora en su reino universal como Señor? ¿Qué hará cuando venga otra vez? Y también, ¿cuál es la misión de su iglesia, el camino de salvación para el mundo y la forma en que su pueblo debe vivir hasta que Él venga? Esto es lo que enseña el Nuevo Testamento, y de este modo el Nuevo Testamento completa al Antiguo Testamento, sin anular su autoridad o contradecir su verdad. Es la palabra del Cristo resucitado, a través del Espíritu Santo, guiando a su pueblo en su comprensión de cómo la obra de Dios, grabada y celebrada en el Antiguo Testamento, debe ser completada en el resto de la historia del mundo.

Por lo tanto, ya en el Nuevo Testamento, los escritos de los apóstoles fueron tratados a la par con los escritos inspirados por Dios de las Escrituras del Antiguo Testamento. Por ejemplo, el apóstol Pedro vio los escritos de Pablo como parte de una ampliación del canon de las Escrituras junto con el Antiguo Testamento. Ya hemos visto que Pedro consideró los escritos de Pablo como inspirados por el Espíritu Santo. Ahora veremos que también los vio, en consecuencia, como las Escrituras, a la par con el canon del Antiguo Testamento. Pedro escribió:

> [Pablo ha escrito] casi en todas sus epístolas, hablando en ellas de estas cosas; entre las cuales hay algunas difíciles de entender, las cuales los indoctos e inconstantes tuercen, como también *las otras Escrituras*, para su propia perdición (2 P. 3:16).

Si digo: "Abraham Lincoln y los otros presidentes son dignos de un estudio serio", está claro que considero, en lo que a mí respecta, a Lincoln como uno de los presidentes. Del mismo modo que aquí, cuando Pedro se refiere a los escritos de Pablo y "las otras Escrituras", considera a los escritos de Pablo como Escritura. Richard Bauckham nuevamente comenta: "La inclusión de las cartas de Pablo en esta categoría, sin duda significa que son consideradas como inspiradas, escritos autorizados (como v. 15, en efecto lo dice), clasificados junto con el Antiguo Testamento y probablemente varios otros libros, entre otros escritos apostólicos".[3]

Por lo tanto, en la venida de Jesucristo, su nombramiento de apóstoles, su promesa del Espíritu Santo para guiarlos hacia la verdad y la conciencia de estos apóstoles de que este hecho en realidad estaba sucediendo, hay

3. Ibíd., p. 333.

una trayectoria integrada hacia el canon del Nuevo Testamento. Este canon proporcionaría el registro verdadero y fidedigno de la vida y las enseñanzas de Jesús, así como las enseñanzas fundamentales de sus voceros autorizados. Lo que le quedaba a la iglesia primitiva hacer era discernir qué escritos eran el cumplimiento de la promesa de Jesús a los apóstoles.

Discerniendo cuáles libros eran apostólicos

El aumento de las enseñanzas heréticas y la aparición de libros espurios que reclamaban para sí su origen apostólico estimularon el proceso de la canonización. ¿Cómo ocurrió esto? Por lo que hemos visto hasta ahora, no es de extrañar que la característica dominante de un escrito, en el establecimiento de su autoridad en la iglesia primitiva, era su vínculo con la autoridad de Jesús a través de su apostolicidad. ¿Qué significa la *apostolicidad*?

Todo el mundo está de acuerdo en que esto no significa simplemente "escrito por un apóstol", ya que el término se aplica también a libros como los Evangelios de Marcos y Lucas, que no fueron escritos por apóstoles, sino por personas en estrecha asociación con un apóstol (Lucas con Pablo y Marcos con Pedro). Pero apostolicidad, como una fuerza que obligó a la afirmación de la iglesia primitiva, probablemente significa más que "un escrito en estrecha asociación con un apóstol". Lo que los apóstoles poseían a través del Espíritu Santo desde que Cristo resucitó fue una sabiduría espiritual sobrenatural, tanto para comprender las cosas incomprensibles para el "hombre natural" como para enseñar con palabras lo "que enseña el Espíritu". Pablo escribe:

> Porque ¿quién de los hombres sabe las cosas del hombre, sino el espíritu del hombre que está en él? Así tampoco nadie conoció las cosas de Dios, sino el Espíritu de Dios. Y nosotros no hemos recibido el espíritu del mundo, sino el Espíritu que proviene de Dios, para que sepamos lo que Dios nos ha concedido, lo cual también hablamos, no con palabras enseñadas por sabiduría humana, sino con las que enseña el Espíritu, acomodando lo espiritual a lo espiritual (1 Co. 2:11-13).

Así que aquí estamos frente a una obra sobrenatural doble. Hay una *comprensión* de los pensamientos de Dios porque habían recibido el Espíritu de Dios, y hay una *enseñanza* "no con palabras enseñadas por sabiduría humana, sino con las que enseña el Espíritu". Jesús había prometido esta ayuda divina por el Espíritu (Jn. 14:25-26; 16:12-14). Era una extensión de sus capacidades únicas para conocer y hablar por Dios. Era una extensión del resplandor de la gloria patente de Cristo que estaba presente en su persona encarnada (Jn. 1:14) y comprometida a través de su Espíritu (Jn. 16:14).

Apostolicidad como una comunicación sobrenatural

Por lo tanto, la apostolicidad no es simplemente una conexión histórica con Jesús o sus enviados. Apostolicidad es la transmisión sobrenatural de una realidad naturalmente incomprensible, para las personas que disciernen espiritualmente ("los que son espirituales", 1 Co. 2:13), a través de la escritura que es "enseñada por el Espíritu". Esto significa que el reconocimiento por parte de la iglesia de la apostolicidad de los veintisiete libros del Nuevo Testamento no era un simple juicio histórico sobre quienes escribieron los libros, ni una mera preferencia de unos escritos sobre otros. Más bien, los juicios históricos y las preferencias colectivas fueron los resultados del encuentro sobrenatural entre la singular obra de Dios en los escritos ("no con palabras enseñadas por sabiduría humana") y los cristianos providencialmente discerniendo, dotados con el Espíritu Santo ("acomodando lo espiritual a lo espiritual").

Lo que esto significa es que la pregunta acerca de cómo los libros del canon cristiano llegaron allí es otra forma de preguntarse: *¿Cómo sabemos que esta es la Palabra de Dios?* Esto no es como si hubiera un proceso puramente histórico, o uno meramente eclesiástico selectivo de canonización, y más tarde una pregunta espiritual acerca de si estos libros son la Palabra de Dios. Más bien, el propio proceso de canonización se rige por la realidad espiritual y sobrenatural de los libros y por el discernimiento espiritual de la iglesia. La gloria de Dios manifestada en los libros no era impotente en este proceso, sino que trabajó históricamente en la formación del canon, ya que actuó personalmente en la iluminación del corazón.

El reciente libro de Michael Kruger *Canon Revisited: Establishing the Origins and Authority of the New Testament Books* [Revisión del canon: Establecimiento de los orígenes y la autoridad de los libros del Nuevo Testamento] se mueve en esa dirección. Él dice:

> Los apóstoles eran los portavoces de Cristo y se les dio la tarea de entregar y conservar este mensaje de redención, que originalmente se transmitía por vía oral pero finalmente se materializó en una forma más permanente, por escrito. Los libros del Nuevo Testamento no fueron considerados autorizados porque la iglesia declaró que sean así, o incluso porque fueron escritos directamente por un apóstol, sino porque

> se entiende que ellos son el depósito apostólico esencial. Por esta razón, Ridderbos acertadamente hace ver que "en su sentido redentor-histórico, el canon no es el producto de la iglesia, en lugar de ello, la iglesia debe ser el producto del canon".[4]

O, como el experto en el Nuevo Testamento F. F. Bruce dijo una generación antes:

> El canon del Nuevo Testamento no fue demarcado por el decreto arbitrario de cualquier concilio de la iglesia. Cuando por fin un concilio de la iglesia (el Sínodo de Hipona en el 393 d.C.) enumeró los 27 libros del Nuevo Testamento, no les confirió ninguna autoridad que no tenían antes, sino que simplemente registró su canonicidad.[5]

Esta lista de libros, con las relaciones apostólicas tradicionales, consiste en:

- Mateo: el apóstol
- Marcos: intérprete y asistente de Pedro (como Papías, obispo de Hierápolis, 60-140 d.C., escribió: "Marcos se convirtió en el intérprete de Pedro y escribió de manera exacta… todo lo que recordaba."[6])
- Lucas: estrecho colaborador y socio de Pablo (conocido por el libro de Hechos)
- Juan: el apóstol
- Trece epístolas de Pablo, el apóstol
- Hebreos: del círculo de Pablo (como lo vemos en Hebreos 13:22, donde el autor se refiere a "nuestro hermano Timoteo")
- Santiago: el hermano de Jesús, que estaba estrechamente asociado con los doce apóstoles originales (Gá. 1:19)
- 1 y 2 Pedro: el apóstol
- 1, 2 y 3 Juan: el apóstol
- Judas: hermano de Jesús y Santiago (Jud. 1; Mt. 13:55)

---

4. J. Kruger, *Canon Revisited* (Wheaton, IL: Crossway, 2012), 193-94, citando Herman N. Ridderbos, *Redemptive History and the New Testament Scripture* (Phillipsburg, Nueva Jersey: P & R, 1988), p. 25.

5. F. F. Bruce, *The Books and the Parchments* (Old Tappan, NJ: Revell, 1963), pp. 112-13. Otras listas parciales del canon emergente se conocen desde mucho antes de esta primera lista completa en el año 393.

6. Eusebio, *Historia Eclesiástica*, 3.39 (Grand Rapids, Michigan: Editorial Portavoz, 1999), p. 127.

- Apocalipsis: Juan el apóstol

Lealtad convincente

Cuando F. F. Bruce se refiere a "su canonicidad previamente establecida", la cuestión sigue siendo cómo esa autoridad obligó a la lealtad de los primeros cristianos. Lo que hemos argumentado es que esta pregunta y nuestra pregunta sobre el origen divino de la verdad y la autoridad de la Biblia son esencialmente la misma pregunta. Lo que esto significa para nuestro enfoque en este libro es que debemos llevar estos capítulos sobre el canon a su fin, y pasar a la pregunta más fundamental de cómo cualquiera de nosotros puede saber que estos libros son la Palabra de Dios. Nuestra pregunta es la misma pregunta que enfrentó la iglesia de cómo fue surgiendo el canon.

Lo que hemos visto es que los veintisiete libros que componen nuestro Nuevo Testamento crecieron orgánicamente a partir de la aparición de una nueva autoridad en el mundo.[7] Jesucristo no era simplemente un profeta postrero o un gran profeta. Él fue la presencia de Dios en la carne. Por lo tanto, Él confirmó, completó y estableció la base de la autoridad del Antiguo Testamento. De acuerdo con su propia autoridad se extendería sobre el nuevo pueblo de Dios que estaba formando.

Él planeó esto y por eso envió a su Espíritu, para asegurarse de que los apóstoles serían guiados a toda la verdad. Ellos hablarían con su autoridad por medio del Espíritu, y lo glorificarían. La manifestación de esta gloria a través de los escritos apostólicos inspirados confirmarían a la iglesia primitiva, tal como lo sigue haciendo al pueblo de Dios hoy día, que estos escritos son la Palabra de Dios.

Era inevitable que al abordar la pregunta *¿qué libros conforman el Nuevo Testamento?*, nos venga a la mente la pregunta *¿cómo sabemos que estos libros son la Palabra de Dios?* Por lo tanto, en cierto sentido, nos hemos adelantado a nosotros mismos. Esta pregunta será respondida con más detalle en los capítulos 8-17. Así que, si lo presentado le frustra, deje

7. Por supuesto, la idea misma de un canon limitado de veintisiete libros implica que había otros candidatos para que sean parte, pero no llegaron a serlo. Estos son de muchas clases. Una visión rápida se puede encontrar en http://en.wikipedia.org/wiki/New-Testament_apocrypha. Una manera de pensar acerca de los principales contendientes es el uso de las categorías previstas por Eusebio, un historiador de la iglesia, que murió hacia el año 340 (*Historia Eclesiástica*, 3.25.1-7). Cuando dio su lista de libros que la iglesia tomó seriamente, cayeron en cuatro categorías: (1) libros reconocidos, (2) libros en disputa, (3) libros rechazados (por ejemplo: Apocalipsis de Pedro, Epístola de Bernabé, Didajé, Evangelio de Hebreos) y (4) libros heréticos (por ejemplo, Evangelio de Pedro, Evangelio de Tomás, Evangelio de Matías, Hechos de Andrés, Hechos de Juan). Una discusión útil de esto se encuentra en Kruger, *Canon Revisited*, pp. 266-287.

que sea una ayuda, mejor que una frustración. La explicación más completa está por venir. Por ahora, era necesario señalar que las fuerzas espirituales, en el trabajo de confirmar el canon del Nuevo Testamento ante la iglesia, eran las mismas fuerzas espirituales que están trabajando en la confirmación de las Escrituras a los cristianos del día de hoy.

Hay dos pasos más que debemos considerar antes de poder centrarnos totalmente en cómo sabemos que estos libros son la Palabra de Dios. En primer lugar, en el siguiente capítulo, tenemos que hacernos la pregunta *¿Tenemos las mismas palabras que los autores del Nuevo Testamento escribieron, y que han sido conservadas fielmente para nosotros?* En segundo lugar, tendremos que preguntarnos, en los capítulos 5-7, lo que, de hecho, las Escrituras reclaman para sí mismas.

4

¿Tenemos las palabras originales que escribieron los autores de la Biblia?

> Y me dijo Jehová: Bien has visto; porque yo apresuro mi palabra para ponerla por obra.
>
> JEREMÍAS 1:12

> *...verbalmente inspirada por Dios, y sin errores en los manuscritos originales.*

Cuando confesamos nuestra creencia de que "la Palabra infalible de Dios [es] *verbalmente inspirada por Dios*", la palabra "verbalmente" significa que creemos que Dios guió a los autores de la Biblia en la selección de cada una de las *palabras* originales que se escribieron para comunicar su significado divino. Esto no es idéntico al dictado, ya que los autores bíblicos son quienes seleccionaron las palabras, bajo la guía de Dios. Aunque hay raras ocasiones en que Dios dicta las palabras exactas que el profeta debía decir, por lo general los autores bíblicos escriben con sus propios estilos y personalidades, guiados por Dios; "porque los profetas nunca hablaron por iniciativa humana; al contrario, eran hombres que hablaban de parte de Dios, dirigidos por el Espíritu Santo" (2 P. 1:21, DHH).

Esto tiene implicaciones para el tema de este capítulo: ¿Tenemos las palabras originales que los autores bíblicos escribieron? Si a Dios le preocupaba cada palabra del texto mientras guiaba a los autores para que las escribieran, entonces es un asunto crucial si es que tenemos acceso o no a estas palabras.

Por supuesto, la Biblia fue escrita originalmente en hebreo y griego. Así que, si estamos leyendo español, o algún otro idioma, no estamos leyendo el texto en el idioma original en que fue escrito por primera vez. Vamos a volver al asunto de la traducción exacta más adelante. Pero, por ahora, la pregunta se mantiene: ¿Tenemos acceso a las palabras originales en griego y hebreo que los autores bíblicos escribieron? El hecho de que creemos en la "inspiración verbal" hace que esta pregunta sea de máxima importancia.

Jesús pensó que las palabras importan

Las palabras importan. Jesús, según el Evangelio de Juan, lo deja claro. Por ejemplo, después de su resurrección, estaba con los apóstoles y Juan nos cuenta de este intercambio entre Jesús y Pedro:

> Cuando Pedro le vio [a Juan], dijo a Jesús: Señor, ¿y qué de éste? Jesús le dijo: Si quiero que él quede hasta que yo venga, ¿qué a ti? Sígueme tú. Este dicho se extendió entonces entre los hermanos, que aquel discípulo no moriría. Pero Jesús no le dijo que no moriría, sino: Si quiero que él quede hasta que yo venga, ¿qué a ti? (Jn. 21:21-23).

Fácilmente puedo imaginar a algunas personas hoy día diciendo que aquí Jesús está siendo demasiado exigente con sus palabras. Pedro le preguntó acerca de Juan, y Jesús respondió: "Si quiero que él quede hasta que yo venga, ¿qué a ti?". Él quiso decir: "Si quiero que él quede hasta mi segunda venida del cielo, no te preocupes por eso; sé un fiel discípulo tú mismo, sea que vivas o mueras".

Evidentemente, cuando se relataron estas palabras, alguien fue descuidado con el significado que Jesús les quería dar. Lo llevaron a decir: "¡Juan va a vivir hasta la segunda venida de Jesús!" Para corregir este rumor, Juan nos da las palabras exactas que Jesús usó. Dice, en efecto: "Escucha con atención cada palabra. Jesús no *dijo* lo que usted pensó que dijo. Él no usó palabras que llevan ese significado. Lo que dijo fue: 'Si quiero que él quede hasta que yo venga, ¿qué a ti?'".

El punto es que Jesús y Juan estaban firmes en sus palabras. Hablaban como si las palabras fueran importantes, no solo impresiones. No solo inferencias. Ellos estarían de acuerdo en que si alguien entiende mal lo que usted dice, el camino hacia la solución es volver a las mismas palabras que usted ha dicho. Todos nos sentimos de esta manera cuando se distorsiona lo que decimos. Reclamamos: "¡Yo no *dije* eso!". Y si ellos dijeran (como probablemente hicieron en este caso con Jesús): "Bueno, usted daba la impresión de que…"; usted diría: "Pero lo que *dije* fue…". Así de importantes son las palabras.

Una de las declaraciones más fuertes de la preocupación de Jesús por la preservación de sus propias palabras, así como las palabras del Antiguo Testamento, está en Mateo 5:17-18:

> No penséis que he venido para abrogar la ley o los profetas; no he venido para abrogar, sino para cumplir. Porque de cierto os digo que hasta que pasen el cielo y la tierra, ni una jota ni una tilde pasará de la ley, hasta que todo se haya cumplido.

Las palabras "jota" y "tilde" probablemente hacen referencia a la letra más pequeña del hebreo (*yod*) y a una especie de pequeño trazo que distingue algunas letras hebreas de otras. Así es cómo Jesús hace hincapié en la importancia de los detalles de las Escrituras, incluyendo las palabras originales. D. A. Carson comenta: "En cualquier caso Jesús confirma aquí la autoridad de las Escrituras del AT exactamente hacia el 'trazo más pequeño de una pluma'. El suyo es el punto de vista más alto posible del AT."[1]

Pedro se preocupó por las palabras

Pedro parece haber aprendido de Jesús sobre la importancia de usar las palabras correctas de un autor, así como del peligro de torcerlas, porque en su segunda carta (en un pasaje que ya hemos visto) advierte contra los que toman las palabras de Pablo y las distorsionan para que se adapten a su propio error:

> casi en todas sus epístolas [las de Pablo], hablando en ellas de estas cosas; entre las cuales hay algunas difíciles de entender, las cuales los indoctos e inconstantes tuercen, como también las otras Escrituras, para su propia perdición. Así que vosotros, oh amados, sabiéndolo de antemano, guardaos, no sea que arrastrados por el error de los inicuos, caigáis de vuestra firmeza (2 P. 3:16-17).

Si los inicuos tuercen las epístolas de Pablo dando significados que conducen a la destrucción, ¿cuál es el remedio? Parte de la solución es preservar y presentar las palabras originales que Pablo escribió. ¿Cómo alguna otra persona sería persuadida de que Pablo no enseñaba lo que los que tuercen las palabras dicen que enseñaba? La forma en que se persuadirían es

1. D. A. Carson, *Comentario bíblico del expositor: Mateo* (Miami, Florida: Editorial Vida, 2004), p. 163

mostrándoles las palabras que realmente Pablo escribió, de esta manera podrían ver el significado por sí mismos. Por lo tanto, Pedro nos dice cuán importante es contar con las palabras originales de los escritores bíblicos.

Pablo es cuidadoso con sus palabras

Pablo escribió al menos una de sus cartas, si no muchas o todas, mediante el uso de una especie de secretario, un amanuense, para que este tome su dictado. En Romanos 1:1 Pablo comienza de la manera en que inicia la mayoría de sus cartas, identificándose a sí mismo: "Pablo, siervo de Jesucristo, llamado a ser apóstol, apartado para el evangelio de Dios". Y en la carta se refiere a sí mismo alrededor de un centenar de veces. Nadie duda de que el apóstol Pablo escribiera esta carta. Pero, ¿cómo la escribió? En Romanos 16:22 leemos: "Yo Tercio, que escribo la epístola, os saludo en el Señor". Él es el asistente de Pablo que, evidentemente, estaba tomando dictado.

Pero hay buena evidencia de que Pablo era celoso para que sus lectores sepan que a pesar de que a veces usaba un asistente para escribir, las palabras eran las suyas. Una de las formas en la que se siente esta preocupación es mirar las veces que se menciona que él toma la pluma y nos lo dice, a fin de dar fe de la carta. Por ejemplo:

> La salutación es de mi propia mano, de Pablo, que es el signo en toda carta mía; así escribo (2 Ts. 3:17).
>
> Yo, Pablo, os escribo esta salutación de mi propia mano (1 Co. 16:21).
>
> La salutación de mi propia mano, de Pablo (Col. 4:18).
>
> Mirad con cuán grandes letras os escribo de mi propia mano (Gá. 6:11).
>
> Yo Pablo lo escribo de mi mano (Flm. 19).

La mayoría de los estudiosos creen que cuando Pablo dice: "La salutación de mi propia mano", quiere decir que no escribió toda la carta con su propia mano, sino a través de un secretario. En apoyo de esta idea está el hecho de que cuando se trata de su carta a Filemón, Pablo no limita su afirmación al saludo, sino dice: "Yo, Pablo, lo escribo de mi mano". La carta a Filemón tiene solo veinticinco versículos, y bien puede ser que Pablo escribió todo él mismo, ya que no menciona haber escrito el saludo. Las palabras de Gálatas 6:11 no se refieren al saludo tampoco ("Mirad con cuán grandes letras os escribo de mi propia mano"). Así que no podemos estar seguros de que él haya escrito todo por sí mismo.

¿Por qué Pablo se molestó en tomar la pluma y llamar la atención a que esto era su propia escritura (2 Ts. 3:17) y saludo? Sabemos que él estaba consciente de que había personas que lo falsificaban para tratar de difundir sus propios puntos de vista, reclamando la autoridad del Apóstol a través de cartas que él no escribió. Por ejemplo, escribió a los Tesalonicenses:

> Pero con respecto a la venida de nuestro Señor Jesucristo, y nuestra reunión con él, os rogamos, hermanos, que no os dejéis mover fácilmente de vuestro modo de pensar, ni os conturbéis, ni por espíritu, ni por palabra, ni por carta como si fuera nuestra, en el sentido de que el día del Señor está cerca (2 Ts. 2:1-2).

Entonces, una de las razones por las que Pablo escribió su nombre a mano, de manera distintiva al final de algunas de sus cartas, era para asegurarse de que sus cartas no fueran vistas como falsificaciones. En cualquier caso, estaba manifiestamente ansioso de que sus lectores tengan sus propias palabras, no las de otro. Estaba ansioso no solo de que sus lectores tengan sus palabras originales, sino que ellos *sepan* que las tienen. Esta es nuestra preocupación también. ¿Tenemos las palabras originales de las Escrituras, y sabemos que las tenemos?

La conexión entre esta preocupación y nuestra creencia en la inspiración *verbal* es hecha por el propio Pablo al menos en dos ocasiones, una en lo que se refiere al Antiguo Testamento y otra en lo que se refiere al Nuevo Testamento, es decir, en lo que respecta a sus propias cartas.

La inspiración divina de las palabras originales del Antiguo Testamento

En relación al Antiguo Testamento, Pablo vincula la inspiración divina con palabras, no solo a los profetas. La inspiración de Dios, su "espiración" de las Escrituras, no solo afecta al instrumento humano, sino también al producto humano. Los escritos son inspirados, no solo las personas. Esto es lo que Pablo dice a su discípulo más joven, Timoteo, respecto a esto:

> Pero persiste tú en lo que has aprendido y te persuadiste, sabiendo de quién has aprendido; y que desde la niñez has sabido las Sagradas *Escrituras* [*grámmata*], las cuales te pueden hacer sabio para la salvación por la fe que es en Cristo Jesús. Toda la Escritura [*grafé*] es inspirada por

> Dios, y útil para enseñar, para redargüir, para corregir, para instruir en justicia, a fin de que el hombre de Dios sea perfecto, enteramente preparado para toda buena obra (2 Ti. 3:14-17).

Primero, Pablo se refiere a las Sagradas *Escrituras*, que en la enseñanza que recibió Timoteo, como hemos visto, habría sido la Biblia hebrea (Hch. 16:1; 2 Ti. 1:5; 3:14). Entonces, él llama a estos textos "Escrituras", es decir, algo que ha sido "escrito". Luego dice que esta Escritura fue "inspirada por Dios" (*theópneustos*). Lo que se escribió, está inspirado. Esto no quiere decir que los escritores no eran inspirados. Sabemos que no es cierto, por lo que dijo Pedro en 2 Pedro 1:20-21:

> Pero ante todo tengan esto presente: que ninguna profecía de la *Escritura* [*grafé*] es algo que uno pueda interpretar según el propio parecer, porque los profetas nunca hablaron por iniciativa humana; al contrario, eran *hombres que hablaban de parte de Dios, dirigidos por el Espíritu Santo* (DHH).

Tomo el versículo 20 para indicar que ninguna profecía se puso en las Escrituras *meramente* de acuerdo a lo que un autor humano pensó que significaba. Por el contrario, Pedro aclara que una profecía "es" [*gínetai*, llega a ser], se convierte en parte de la Escritura, esto no sucede por una agencia *meramente* humana del esfuerzo del profeta para entender lo que Dios está revelando.[2] Más bien, como el versículo 21 deja claro, las revelaciones de Dios a los profetas que escribieron las Escrituras fueron protegidas contra la distorsión humana debido a que los profetas fueron "dirigidos por el Espíritu" (no por sus propios esfuerzos para entender), de modo que lo que era hablado y luego escrito, no fue una mera interpretación humana de la mente de Dios.

Pablo no estaría en desacuerdo con esto, que la inspiración de la *Escritura* pasó a través de "*hombres* que hablaban de parte de Dios, dirigidos por el Espíritu Santo". Pablo estaría listo y animado para afirmar esto, y entonces solo añadiría, que es lo que hace en 2 Timoteo 3:16, que la implicación de este proceso es que los *mismos escritos* son, entonces, inspirados por Dios, no solo los profetas que los escribieron. Ese fue el punto de la

---

2. Richard J. Bauckham presenta una extensa defensa de esta interpretación, *2 Peter, Jude*, vol. 50, Word Biblical Commentary, ed. David A. Hubbard, Glenn W. Barker, Ralph P. Martin (Dallas: Word, 1998), pp. 228-233.

obra de protección del Espíritu Santo, para asegurar "la palabra profética (*profetikón lógon*) más segura" (2 P. 1:19). El objetivo del proceso de inspiración era una "*palabra*" segura (2 P. 1:19), una "*Escritura*" (2 P. 1:20), unas Sagradas *Escrituras* (2 Ti. 3:15).

La inspiración divina de las palabras originales del Nuevo Testamento

El mismo cuidado sobre las palabras de Dios se manifiesta en la afirmación de Pablo de su propia inspiración por el Espíritu Santo.

> Y nosotros no hemos recibido el espíritu del mundo, sino el Espíritu que proviene de Dios, para que sepamos lo que Dios nos ha concedido, lo cual también hablamos, no con palabras [*lógois*] enseñadas por sabiduría humana, sino con las que enseña el Espíritu, acomodando lo espiritual a lo espiritual (1 Co. 2:12-13).

Pablo no pretende ser inspirado de la forma en que un poeta de hoy podría decir: "Anoche estaba inspirado para escribir un poema". El poeta quiere decir que tuvo una creatividad emocional y la energía que dio lugar a su esfuerzo poético. Pablo, en cambio, quiere decir que sus palabras eran gobernadas por el Espíritu de Dios: "no con *palabras* enseñadas por sabiduría humana, sino con las que enseña el Espíritu" (1 Co. 2:13). La meta de Dios es comunicarse con nosotros a través de palabras. Él se preocupa, por lo tanto, de que las palabras no sean mal elegidas para lograr su propósito. Entonces, el Espíritu Santo trabajó en y a través de los autores humanos para que las palabras sean realmente la manera de escribir de ellos, pero que expresen el significado de Dios con las palabras que Él mismo quiso que ellos usaran.

La voluntad divina en la voluntad humana

La importancia de la voluntad divina y la voluntad humana trabajando en conjunto no se limita a la redacción de las Escrituras; permea toda la vida humana. Por ejemplo, considere a José, uno de los doce hijos de Jacob, que fue vendido por sus hermanos como esclavo en Egipto. Cuando fue ascendido a gobernador en Egipto, dijo a sus hermanos: "Ustedes se propusieron hacerme mal, pero Dios dispuso todo para bien. Él me puso en este cargo para que yo pudiera salvar la vida de muchas personas" (Gn. 50:20, NTV). No dice: "Ustedes lo encaminaron a mal, pero Dios lo usó para bien", como si la intención y la acción de Dios se unieron *después* de que lo vendieron. No. Lo que dice es que ellos tenían una intención *en* su acción, y Dios tenía una intención en la acción de ellos. Las dos intenciones fueron reales y simultáneas.

Jonathan Edwards tiene una forma dramática de describir la interacción simultánea de la acción divina y la acción humana. Por ejemplo, en relación con nuestra santificación, dice:

> No somos meramente pasivos en la santificación, ni Dios hace algo y nosotros hacemos el resto, sino que Dios lo hace todo y nosotros hacemos todo. Dios produce todo y nosotros actuamos todo. Porque eso es lo que Él produce, nuestros propios actos. Dios es el propio autor y la fuente adecuada; nosotros solo somos los actores. Somos, en diferentes aspectos, totalmente pasivos y totalmente activos.[3]

En esta concurrencia de la actividad divina y la humana, nuestra actividad es realmente nuestra, teniendo todas las marcas de nuestra personalidad. Sinclair Ferguson señala cómo esto es cierto en la creación de las Escrituras inspiradas, de la siguiente manera:

> Sin lugar a dudas los autores humanos de las Escrituras eran conscientes de que estaban expresando sus propios pensamientos mientras estaban escribiendo. Pero, al mismo tiempo, ellos estaban bajo la dirección soberana del Espíritu. Los teólogos llaman a esta realidad de dos dimensiones "concurrencia".[4]

De esta manera, podemos entender que las palabras de las Escrituras son divinamente determinadas y, sin embargo, realmente de origen humano. En realidad, son las palabras de Dios y del hombre.

¿Tiene sentido afirmar la infalibilidad de los manuscritos que no tenemos?

Dado que las palabras de las Escrituras son tan importantes para Jesús y sus apóstoles, debemos preguntarnos, por lo tanto, si tenemos acceso a las palabras que los autores inspirados escribieron. Esta pregunta nos introduce en el campo denominado "crítica textual", que se refiere a los estudios bíblicos que se especializan en el análisis de los antiguos manuscritos de la Biblia

---

3. Jonathan Edwards, *Writings on the Trinity, Grace, and Faith*, vol. 21, *The Works of Jonathan Edwards*, ed. Sang Hyun Lee (New Haven, CT: Yale University Press, 2003), p. 251.

4. Sinclair Ferguson: *From the Mouth of God: Trusting, Reading, and Applying the Bible* (Edinburgh: Banner of Truth, 1982), p. 11.

para discernir cuán similares son los textos griegos y hebreos que nosotros usamos hoy día con los manuscritos originales.

Consideramos que este asunto es tan importante que se expresa en nuestra Afirmación de fe.[5] "Creemos que la Biblia es... verbalmente inspirada por Dios, y sin errores en los manuscritos originales".

Es cierto que no poseemos actualmente ninguno de los manuscritos originales que produjeron los autores bíblicos (los pergaminos originales sobre los cuales escribieron). ¿Qué implica esto para nuestro pensamiento acerca de la inerrancia de las Escrituras? Durante varias décadas, he oído a menudo decir a personas que se oponen a la frase "en los manuscritos originales" en nuestra afirmación: "No tenemos los originales, así que de qué sirve afirmar algo acerca de ellos; debemos hacer afirmaciones acerca de lo que tenemos, no de lo que no tenemos". En otras palabras, no importa lo que usted dice acerca de la inspiración y la inerrancia de los manuscritos que no tiene. ¿Es eso cierto? No lo creo. Considere la siguiente analogía.

Una ilustración de la importancia de los documentos originales que no existen

Supongamos que yo le escribí una carta (a la antigua usanza, en papel real) con instrucciones cuidadosas sobre cómo llegar a mi casa para una reunión importante. Y suponga que le pedí que compartiera esta información con otras personas que necesitan venir a la reunión. Entonces (¡imagínese viviendo en los años 90!), usted escanea la carta en un computador dos veces en dos días diferentes. A continuación, usted envía la carta escaneada a los que debían venir, en dos grupos de correos electrónicos.

Pero, desafortunadamente, en una versión de la carta escaneada, el escáner había leído mal la carta original y había convertido mi dirección de la calle "Fanny" a la calle "Parry". En la otra versión de la carta escaneada, la dirección era la correcta. La que tenía calle "Fanny" llegó con precisión. Entonces, supongamos que la carta original se perdió.

Las personas que reciben los mensajes de correo electrónico descubren que sus instrucciones sobre cómo llegar a mi casa no están iguales; por lo que van donde usted para preguntarle cuál es la correcta. Pero usted dice que ha perdido el original. ¿Alguien podría decir: "Oh, bueno, no importa si el original era correcto o no; solo tendremos que adivinar"?

---

5. Me estoy refiriendo nuevamente a la "Afirmación de fe" de *Bethlehem Baptist Church Elder*, la que no solo es de la iglesia, sino también de *Bethlehem College and Seminary* y de *desiringGod.org* que son administrados por la iglesia.

No, un poco de investigación se lleva a cabo, la crítica textual mencionada anteriormente. Por ejemplo, un genio de la informática en el grupo sugiere que se hagan algunas pruebas con el escáner. Sorprendentemente, se descubre en docenas de intentos que el escáner nunca convierte una P en una F, pero a menudo convierte una F a una P. Y nunca convierte una "rr" en "nn", pero a menudo convierte "nn" en "rr". Así se llega a la conclusión de que la carta original es casi seguro que decía calle "Fanny", que se convirtió en calle "Parry", y no a la inversa. Entonces, todos pueden llegar a la reunión importante.

Todos los que van a la reunión dependen de la creencia firme de que la carta original era correcta y que era fundamental hacer todos los esfuerzos para llegar a la redacción original, *a pesar de que la carta original ya no existía.* Del mismo modo, si el texto de las Escrituras en los *manuscritos originales* no se *asevera* como inerrante, habría poco incentivo para tratar de llegar lo más cerca posible, en nuestros estudios de crítica textual, a lo que forma la base de todas nuestras traducciones.

Los manuscritos originales tienen una realidad histórica objetiva

Hay un extraño cinismo que a menudo acompaña a la aseveración de que la afirmación de la inerrancia de los manuscritos originales en realidad no importa. Se expresa a veces con preguntas retóricas tales como: "¿No cree que la Biblia que está en su mano hoy día es inerrante?" Y así esta pregunta se adopta como un mejor punto de vista que el de la inerrancia.

La respuesta a la pregunta es: *Nuestras versiones en griego y hebreo y nuestras traducciones son inerrantes en la medida en que ellas reproduzcan fielmente el significado divino expresado por las palabras humanas inspiradas de los manuscritos originales.*

Esto representa un mejor punto de vista (es decir, más exacto) de la inerrancia que el afirmar que cada traducción es inerrante, y que la inerrancia de los manuscritos originales no importa. De vez en cuando, las traducciones difieren entre sí en asuntos que marcan la diferencia en cuestiones importantes de fe. Así que decir que todas ellas son inerrantes (a pesar de tales diferencias) es debilitar el significado de la inerrancia hasta el punto en el que pierde la realidad objetiva.

Por otro lado, decir que la inerrancia de los manuscritos originales importa eleva la realidad objetiva de la inerrancia. Es una realidad histórica. Dios realmente inspiró los escritos de la Biblia para que sus ideas sean llevadas inerrantemente en las palabras de los manuscritos originales. Esta realidad histórica es una norma objetiva a la que podemos acercarnos a través de la crítica textual. Sin esta convicción, las versiones y traducciones contemporáneas están a la deriva en el mar del subjetivismo sin ninguna norma objetiva para medir su fidelidad. Por lo tanto, la afirmación de la inerrancia de los manuscritos originales es el más alto y fiel punto de vista de la inerrancia. Esta es la razón por la que nuestra "Afirmación de fe" dice: "Creemos que la Biblia es... verbalmente inspirada por Dios, y sin errores *en los manuscritos originales*".

Controversia y consenso

En la última década, uno de los ataques más intencionales sobre las creencias cristianas ha llegado en este campo de la crítica textual. Algunos eruditos han argumentado que la Biblia, como la tenemos, no da un fundamento seguro para la fe cristiana histórica.[6] Se han escrito libros[7] en forma seria y responsable para responder a estos argumentos, y el debate continúa. No veo en el presente libro el espacio para el tipo de argumento histórico detallado que se requeriría si tuviéramos que responder a los argumentos en contra de la fiabilidad del texto que tenemos.

Por otra parte, estoy convencido de que al final ninguno de nosotros resuelve la cuestión de la autoridad bíblica de manera decisiva sobre la base de argumentos históricos. Si ese fuera el camino que Dios hubiera previsto para llegar a la certeza de la verdad, la gran mayoría de personas en el mundo sería excluida de los conocimientos que necesitan para vivir y morir como cristianos. Voy a discutir en los próximos capítulos cómo personas

---

6. Notablemente, es el erudito bíblico Bart Ehrman que ha hablado y escrito sobre su propia salida de la ortodoxia cristiana, y ha argumentado que la Biblia, como la tenemos, no nos da un fundamento seguro para la fe cristiana histórica. Bart D. Ehrman, *The Orthodox Corruption of Scripture: The Effect of Early Christological Controversies on the Text of the New Testament* (1993; repr. Oxford, UK: Oxford University Press, 2011); Bart D. Ehrman, *Misquoting Jesus: The Story Behind Who Changed the Bible and Why* (New York: HarperOne, 2007).

7. Timothy Paul Jones, *Misquoting Truth: A Guide to the Fallacies of Bart Ehrman's "Misquoting Jesus"* (Downers Grove, IL: InterVarsity, 2007); J. Ed Komoszewski, M. James Sawyer, and Daniel B. Wallace, *Reinventing Jesus: What the DaVinci Code and Other Novel Speculations Don't Tell You* (Grand Rapids, MI: Kregel, 2006); Daniel B. Wallace, *Revisiting the Corruption of the New Testament: Manuscript, Patristic, and Apocryphal Evidence* (Grand Rapids, MI: Kregel, 2011); Daniel B. Wallace, "The Reliability of the New Testament Manuscripts," en *Understanding Scripture: An Overview of the Bible's Origin, Reliability, and Meaning*, ed. Wayne Grudem, C. John Collins, Thomas R. Schreiner (Wheaton, IL: Crossway, 2012); Robert B. Stewart, ed., *The Reliability of the New Testament: Bart Ehrman and Daniel Wallace in Dialogue* (Minneapolis, MN: Fortress, 2011); Craig Evans, *Fabricating Jesus: How Modern Scholars Distort the Gospels* (Downers Grove, IL: InterVarsity, 2008); Craig Blomberg, *Can We Still Believe the Bible?: An Evangelical Engagement with Contemporary Issues* (Grand Rapids, MI: Brazos, 2014); Michael Bird, ed., *How God Became Jesus: The Real Origins of Belief in Jesus' Divine Nature: A Response to Bart D. Ehrman* (Grand Rapids, MI: Zondervan, 2014).

ordinarias, con pocas posibilidades de seguir complejos y oscuros argumentos históricos, pueden percibir si las Escrituras cristianas son la Palabra de Dios. Podemos alegrarnos de que Dios siempre levanta a los eruditos cristianos para interactuar con eruditos que se oponen a la fe cristiana. Pero es un error pensar que todos los creyentes tienen que seguir estos debates con el fin de tener una fe acreditada en las Escrituras.

Una historia personal de mis estudios doctorales

Mi propósito aquí es describir el consenso histórico de estudiosos de la Biblia concerniente al acceso que tenemos a los escritos originales de la Biblia. Una anécdota personal capta las convicciones de muchos estudiosos de la Biblia en la línea principal sobre la fiabilidad de los textos griegos y hebreos que utilizamos hoy día. Cuando estaba haciendo mis estudios de doctorado en Alemania, mi tema fue el mandamiento de Jesús de amar a nuestros enemigos. Yo era un estudiante del nuevo programa de doctorado de la Universidad de Múnich. Cuando llevaba alrededor de nueve meses en mis estudios, me llegó el turno de presentar un documento a mi *Doktorvater* [supervisor de estudios doctorales], Leonhard Goppelt, y a la media docena de estudiantes de doctorado que se reunían en su casa cada mes, más o menos.

Decidí presentar mi primer trabajo sobre las cuestiones de crítica textual en Mateo 5:43-48, que es uno de los pasajes más importantes relacionadas con el mandamiento de Jesús de amar al enemigo. Traté de no asumir nada para demostrar, de la manera más rigurosa y detenida que pude, que tenemos acceso al texto que Mateo escribió originalmente en ese párrafo en griego.

Cuando había terminado la presentación de mi detallado trabajo (y, sin duda, aburrido), que asumí que sería un capítulo al principio de mi disertación, el Dr. Goppelt me dio las gracias por el trabajo que había hecho, y luego dijo tan suavemente como pudo: "Señor Piper", que pronunció Peeper,[8] "esto no va a ser necesario con el resto de los textos que tratará. Usted puede simplemente tener su punto de partida desde la edición crítica establecida del texto griego. Se nos asegura que la crítica textual nos ha proporcionado un texto fiable". Eso era y es, la opinión general de la línea principal de los eruditos bíblicos. No es una perspectiva conservadora o evangélica únicamente.

Así que permítanme esbozar aquí por qué este tipo de confianza es típico entre eruditos históricos, incluso entre aquellos que no son conservadores, o incluso cristianos.

---

8. En el original inglés se leería: "Señor Paiper", que él pronunciaba Piper.

Informe general acerca de la crítica textual

El primer Nuevo Testamento griego impreso fue publicado en 1516 por Erasmo. Antes de eso, todo fue copiado a mano. Tenemos nuestra Biblia por el amor y la meticulosa atención prestada por innumerables monjes y estudiosos de los primeros quince siglos de la era cristiana. El desafío de conseguir de nuevo los manuscritos originales que los autores bíblicos escribieron es el reto de trabajar con estos documentos copiados a mano. Por eso se les llama *manuscritos*. Antes de 1516 todos ellos fueron escritos a *mano*. Me centraré en el Nuevo Testamento con fines ilustrativos.

¿Cuántos manuscritos griegos de los textos del Nuevo Testamento poseemos hoy día? Sobre 5.800. Las siguientes estadísticas fueron tomadas por el *Institut für Neutestamentliche Textforschung* [Instituto para la investigación del texto del Nuevo Testamento], Münster, Alemania, como era en el 2011. Que yo sepa, no han ocurrido descubrimientos de más manuscritos desde entonces.

322	Textos unciales (escritos en letras mayúsculas)
2.907	Textos en minúsculas
2.445	Porciones de leccionarios (porciones de textos bíblicos contenidos en lecturas litúrgicas)
127	Papiros (manuscritos escritos sobre papiro)
5.801	Total

Es una maravilla de nuestros días que muchos de estos manuscritos se pueden ver en línea en el Centro para el estudio de manuscritos del Nuevo Testamento.[9]

Para obtener una perspectiva sobre el asombroso número de fragmentos de manuscritos que tenemos, ayuda a comparar la cantidad de nuestros fragmentos con otros documentos históricos que existen. Daniel Wallace, quien es considerado como "el crítico textual activo más importante entre los cristianos evangélicos"[10], describió la situación en 2012 así:

> Estudiosos del Nuevo Testamento poseen una gran cantidad de información en comparación con la que poseen los estudiosos de los clásicos griegos y latinos. El promedio de porciones literarias de los autores clá-

9. http:// www.csntm.org/manuscript; consultado el 27-3-2015.

10. http://www.thegospelcoalition.org/blogs/justintaylor/2012/03/21/an-interview-with-daniel-b-wallace-on-the-new-testament-manuscripts/; consultado el 19-2-2015.

> sicos no llega a más de veinte copias. La información que tenemos para los manuscritos del Nuevo Testamento es 1.000 veces más que para el promedio de autores grecorromanos. No solo esto, sino que los manuscritos existentes del promedio de los autores clásicos son copias de 500 años después de la época en que se escribieron. Para el Nuevo Testamento, estamos hablando de tan solo décadas para las copias que poseemos.[11]

Por ejemplo:

> *Guerra de las Galias* de César (compuesta entre el 58 y el 50 a.C.): Hay cerca de diez manuscritos disponibles, y el más antiguo es de novecientos años después del evento.
>
> Partes de la *Historia Romana* de Livio (compuesta entre el 59 a.C. y el 17 d.C.): Se conservan en unos veinte manuscritos, de los cuales solo uno, que contiene solo fragmentos, data del siglo IV.
>
> *Historias* y *Anales* del historiador romano Tácito, (compuestos alrededor de 100 d.C.): Estos se conservan (parcialmente) solo en dos manuscritos, uno del siglo IX y uno del siglo XI.
>
> La *Historia* de Tucídides (quien vivió entre 460-400 a.C.): La conocemos solo a partir de ocho manuscritos, los primeros pertenecen al 900 d.C., y algunos fragmentos de papiro desde el comienzo de la era cristiana.

De manera significativa, los historiadores nunca han perdido la esperanza de tener un conocimiento fiable de estos escritores importantes. F. F. Bruce dice:

> Sin embargo, ningún erudito de los clásicos estaría dispuesto a escuchar una teoría que argumentara la necesidad de colocar en tela de juicio la autenticidad de Herodoto o Tucídides por el hecho de que los manuscritos más antiguos que poseemos se distancien más de 1.300 años de los documentos originales.[12]

Ningún otro libro antiguo se acerca a esta riqueza de diversidad de conservación como la que tenemos para el Nuevo Testamento. No solo es

11. Ibíd.
12. F. F. Bruce, *The New Testament Documents: Are They Reliable?*, 6th ed. (Grand Rapids, MI: Eerdmans, 1981), p. 11. Publicado en español por Editorial Caribe, con el título *¿Son fidedignos los documentos del Nuevo Testamento?*

notable el número de manuscritos, sino también la antigüedad. El fragmento más antiguo que tenemos, por ejemplo, es un papiro que viene desde aproximadamente el año 130 d.C. y contiene el pasaje de Juan 18:31-33, 37ss. Uno de los manuscritos más antiguos de todo el Nuevo Testamento proviene de alrededor del año 350 d.C. Se llama *Códice Sinaítico* porque se descubrió en un monasterio en el Monte Sinaí.

El gran número de manuscritos del Nuevo Testamento tiene dos resultados complementarios. En primer lugar, hay *muchas variaciones* en la redacción entre ellos, porque todos ellos fueron copiados a mano y sometidos a errores humanos. En segundo lugar, las *variaciones tienden a ser autocorrecciones* debido a la enorme cantidad de manuscritos que tenemos para comparar. Una vez más, F. F. Bruce comenta:

> Afortunadamente, si bien el gran número de manuscritos aumenta el número de errores cometidos por los copistas, también aumentan los medios, en proporción, para corregirlos, de modo que el margen de duda que queda como saldo del proceso que recaba el fraseo original con exactitud, no es tan abultado como podría imaginarse. En realidad, es notablemente pequeño.[13]

¿Tenemos acceso a lo que fue escrito originalmente?

Debemos averiguar lo que esto significa para nuestra pregunta: *¿Tenemos acceso hoy a las palabras que los escritores bíblicos escribieron?* Recordando que escribieron en griego y en hebreo, no en español, la respuesta es sí, lo tenemos en todos los sentidos, lo que hace una diferencia en la veracidad y en la autoridad de la Biblia. A continuación, se presentan varias declaraciones sumarias de los eruditos en este sentido.

Paul Wegner, en la *Student's Guide to Textual Criticism of the Bible* [Guía del estudiante para la crítica textual de la Biblia], escribe:

> Es importante mantener en perspectiva el hecho de que solo una muy pequeña parte del texto es cuestionada, aproximadamente el diez por ciento del Antiguo Testamento y el siete por ciento del Nuevo Testamento. De estos, la mayoría de las variantes hacen poca diferencia en el significado de cualquier pasaje, como Douglas Stuart explica: "Es justo decir que los versículos, capítulos y libros de la Biblia se pueden leer

13. Ibíd., p. 14.

> iguales en gran medida, y dejan la misma impresión con el lector, incluso si se aprobaran prácticamente todas las posibles lecturas alternativas a lo que ahora sirve como base para las traducciones inglesas [españolas] actuales".[14]

Daniel Wallace ha debatido con Bart Ehrman e informa de su persuasión reafirmado:

> Desde el año 1700, con Johann Albrecht Bengel quien estudió las variantes textuales significativas y posibles, los estudiosos han adoptado lo que se llama "la ortodoxia de las variantes". Desde hace más de dos siglos, la mayoría de los estudiosos de la Biblia han declarado que ninguna afirmación esencial [de la doctrina cristiana] se ha visto afectada por las variantes. Incluso Ehrman ha admitido este punto en los tres debates que he tenido con él.[15]

Del mismo modo, D. A. Carson resume la situación de esta manera: "Lo que está en juego es una pureza del texto de tal naturaleza sustancial que nada de lo que creemos que es doctrinalmente verdad, y nada de lo que se nos manda a hacer, está de alguna manera en peligro por las variantes".[16]

La contrademanda musulmana

Lo que esto implica, entre otras muchas cosas, es que no hay evidencia histórica en lo absoluto para un Jesús diferente, o un cristianismo diferente que el que tenemos en el Nuevo Testamento que todos usamos. Usted puede creer o decir que todo fue fabricado de alguna manera, pero no puede presentar evidencia de un Jesús diferente, o una fe diferente a la que se encuentra en el Nuevo Testamento. No existe.

Esto es relevante en respuesta al Islam. Una de las reivindicaciones populares del Islam es que a pesar de que Alá le dio un libro a Jesús, ese libro está perdido, y todos los demás registros (cristianos) de quién era Jesús y lo que

14. Paul Wegner, *A Student's Guide to Textual Criticism of the Bible* (Downers Grove, IL: IVP Academic, 2006), p. 298, citando a Douglas Stuart, "Inerrancy and Textual Criticism", en *Inerrancy and Common Sense*, ed. Roger R. Nicole y J. Ramsey Michaels (Grand Rapids, MI: Baker, 1980), p. 98.

15. "An Interview with Daniel B. Wallace on the New Testament Manuscripts", http://www.thegospelcoalition.org/blogs/justintaylor/2012/03/21/an-interview-with-daniel-b-wallace-on-the-new-testament-manuscripts/; consultado el 19 de febrero del 2015.

16. D. A. Carson, *The King James Version Debate* (Grand Rapids, MI: Baker, 1979), p. 56.

Él hizo son corrupciones de las fuentes originales. Como una página web musulmana dice: "Las enseñanzas originales simplemente se perdieron de esta tierra. Solo el Glorioso Corán es la palabra original de Alá Todopoderoso. Nada más se destaca. Todos los otros libros contienen corrupciones y mentiras".[17]

Esta afirmación es esencial para el Islam porque el punto de vista islámico acerca de Jesús es radicalmente diferente del punto de vista presentado en el Nuevo Testamento:

> El Islam afirma que Jesús nació de una virgen, que vivió una vida sin pecado, que realizó grandes milagros y que vendrá otra vez al final de la historia. Incluso lo llama una palabra de Dios. Sin embargo, niega explícitamente la deidad de Cristo y rechaza el título "Hijo de Dios" como una blasfemia. También (de acuerdo con la opinión mayoritaria) niega que murió en la cruz, argumentando que el rostro de Jesús se parecía a otra persona, que luego fue crucificada, y que Jesús fue llevado al cielo sin probar la muerte. El Islam niega explícitamente la posibilidad de la redención sustitutiva".[18]

Entonces el Corán, Sura 4:156-157, dice:

> Dicen [los judíos]: hemos condenado a muerte al Mesías, a Jesús, hijo de María, el enviado de Dios. No, no lo han matado; un hombre que se parecía fue puesto en su lugar, y los que disputaban sobre esto han estado ellos mismos en la duda. No lo sabían a ciencia cierta, no hacían más que seguir una opinión. No lo han matado realmente. Dios lo ha elevado, y Dios es poderoso y prudente.[19]

Los musulmanes afirman que la razón por la que el Nuevo Testamento presenta a un Jesús sobrenatural que era el Hijo de Dios, y que fue crucificado y resucitó de los muertos es que los cristianos cambiaron y

---

17. http://www.answering-christianity.com/injil_and_gospels_according_to_islam.htm; consultado el 20 de febrero del 2015.

18. Zane Pratt, "Ten Things Every Christian Should Know about Islam", consultado el 20 de febrero del 2015, http://www.thegospelcoalition.org/article/10-things-every-christian-should-know -about-islam /print/.

19. Citado en Evertt W. Huffard, "Culturally Relevant Themes about Christ", en *Muslims and Christians on the Emmaus Road*, ed. J. Dudley Woodberry (Monrovia, CA: MARC, 1989), p. 165. Cita directa de *El Corán* (Madrid, España: Editorial ALBA, 2002), p. 75.

distorsionaron los escritos originales. Sin embargo, no hay evidencia de la existencia de estos escritos, lo que significa que el reclamo musulmán es una *inferencia* basada en la visión de Mahoma acerca de Jesús. Es crucial darse cuenta de esto. La afirmación de que Jesús no murió, y que el cristianismo está equivocado, por tanto, en su esencia, es un reclamo de fe, basado en un maestro del siglo VII, Mahoma. No hay manuscritos antiguos del Nuevo Testamento que apoyen la visión musulmana de que los cristianos corrompieron los primeros testimonios. Todos los manuscritos que hablan acerca del final de la vida de Jesús retratan a Jesús como crucificado, muerto, sepultado y resucitado. No hay evidencia histórica en absoluto para un Jesucristo no crucificado.

Tenemos la Palabra de Dios

El énfasis en este capítulo no ha sido demostrar la verdad de las Escrituras cristianas, sino más bien mostrar que las Escrituras hebreas y griegas que tenemos hoy son esencialmente las mismas que las escritas por los autores originales. En los capítulos 8-17 vamos a abordar la cuestión de cómo sabemos que son ciertas.

Por ahora, vale la pena escuchar la conclusión de uno de los grandes de la crítica textual, Sir Frederic G. Kenyon:

> Es tranquilizador, al final, encontrar que el resultado general de todos estos descubrimientos y todo este estudio es fortalecer la prueba de la autenticidad de las Escrituras, y estamos convencidos de que tenemos en nuestras manos, en la integridad sustancial, la verdadera Palabra de Dios.[20]

Dado que los textos griegos y hebreos, en los que se basan nuestras traducciones modernas hoy día, son esencialmente los mismos que los que escribieron los autores inspirados, podemos dedicarnos a nuestras dos últimas tareas. En primer lugar: ¿Qué reclaman estas Escrituras para sí mismas? ¿Es lo que realmente dicen ser, la Palabra infalible de Dios (capítulos 5-7)? Y, en segundo lugar: ¿Cómo podemos saber si esa afirmación es cierta (capítulos 8-17)?

---

20. Frederic G. Kenyon, *The Story of the Bible*, 2nd ed. (Grand Rapids, MI: Eerdmans, 1967), p. 113.

PARTE 3

¿Qué afirman las Escrituras cristianas acerca de sí mismas?

"...no con palabras enseñadas por sabiduría humana, sino con las que enseña el Espíritu"

5

El Antiguo Testamento

> Las palabras de Jehová son palabras limpias, como plata refinada en horno de tierra, purificada siete veces.
>
> SALMOS 12:6

¿Es la Biblia la confiable Palabra de Dios, inspirada por Dios, verdadera y libre de error? Si vamos a buscar una respuesta a esta pregunta, entonces sería aconsejable consultar con la Biblia, en primer lugar, para ver lo que afirma de sí misma. De hecho, nosotros no somos los que iniciamos esta interacción con la Biblia; ya estaba allí primero. La Biblia misma formula afirmaciones para sí misma y hace declaraciones sobre nosotros, antes de que nosotros hayamos decidido comprometernos con las Escrituras.

La Palabra de Dios no espera a que le demos permiso para ser Palabra de Dios. Si es Palabra de Dios, es la Palabra de Dios con o sin nosotros. Si somos incapaces de reconocer que Dios es quien está hablando, eso no es una excusa. Somos responsables desde el principio. Por lo tanto, es apropiado, en más de un sentido, que escuchemos a la Biblia con respecto a sí misma, aún antes de que formulemos la pregunta acerca de la verdad.

Los hilos y el tapiz

Para que quede claro, mi acercamiento a la verdad de las Escrituras no es que estamos convencidos de que la Biblia es verdadera simplemente porque lo dice así. Al decir esto, no estoy negando que si Dios dice que su Palabra es verdad, esto es una muy buena razón para creer. Nadie está en mejor posición para conocer que la Palabra de Dios es realidad que el mismo Dios. Más bien, lo que voy a discutir en los capítulos 8-17 es que las Escrituras nos proveen de un buen fundamento para nuestra confianza en su verdad, mucho más que ser simples reivindicaciones por ser la verdad.

Voy a sostener que esas afirmaciones acerca de la verdad son como los hilos de un tapiz cuya gloria divina es su autoautenticación. O, para cambiar la imagen, las pretensiones de ser la verdad de las Escrituras son las diferentes caras en el diamante del significado de la luminosa Escritura; lo que revela su gloria divina es similar a la forma en que el Jesús humano revela su gloria divina. Así voy a argumentar en los capítulos 8-17. Pero las pretensiones de la verdad de las Escrituras son en verdad bellos e importantes hilos del tapiz de su significado. Por lo tanto, los capítulos 5-7 se dedican a ver estos hilos de la manera más clara posible. Puede ser, de hecho es mi oración, que al leer el testimonio de la Biblia, de su grandeza única y gloriosa, el lector verá no solamente una afirmación divina, sino una realidad divina.

Ya hemos tenido algunos destellos del punto de vista de Jesús del Antiguo Testamento (Mt. 5:17-18), y su plan para el Nuevo Testamento (Jn. 14:24-26; 16:12-14). Hemos visto la visión de Pablo acerca del Antiguo Testamento (2 Ti. 3:15-17) y su propia inspiración apostólica (1 Co. 2:13). También hemos visto la visión de Pedro sobre los escritos de Pablo (2 P. 3:16). Pero esos eran solo destellos. Esto es, para cambiar la metáfora una vez más, un vasto panorama de la propia presentación de la veracidad y autoridad divina de la Biblia. No seremos capaces de adaptarnos a la medida de este panorama dentro de la lente de este capítulo o este libro. Es demasiado vasto.[1] Así que en los capítulos 5-7, simplemente voy a abrir la lente un poco más ampliamente para que tengamos una mejor idea de la magnitud de las reivindicaciones, la fuerza y naturaleza de lo que estamos llamados a creer, y lo que se está siendo desplegado para ver ante nuestros ojos.

Los escritores del Antiguo Testamento están inmersos en el drama, no fuera de él

El Antiguo Testamento nunca comenta sobre el Antiguo Testamento como una colección de escritos. Los autores eran conscientes de que Dios hablaba a través de ellos (como veremos más adelante), pero nunca se pusieron fuera del Antiguo Testamento y comentaron desde fuera de su conjunto. Pero Jesús sí lo hizo. Lo mismo ocurre con el apóstol Pablo. Todos los escritores del Nuevo Testamento tratan el Antiguo Testamento como el depósito de autoridad de la palabra de Dios. Pero los escritores del Antiguo Testamento

1. Una de las más impresionantes representaciones de la belleza y la inmensidad del propio punto de vista de la Biblia es la de Wayne Grudem, "Scripture's Self-Attestation and the Problem of Formulating a Doctrine of Scripture", en *Scripture and Truth*, eds. D. A. Carson y John D. Woodbridge (Grand Rapids, MI: Zondervan, 1983), pp. 19-59.

en sí eran actores en el escenario del drama del Antiguo Testamento que Dios estaba componiendo y dirigiendo. Ellos nunca se pusieron fuera del drama ni comentaron acerca de su autoridad como un canon completo de las Escrituras.

Así que cuando nos preguntamos cómo los escritores del Antiguo Testamento dieron testimonio de su verdad y autoridad, la respuesta no es que afirmaron la veracidad del Antiguo Testamento, de la manera en que Jesús lo hace (Mt. 5:17-18; Jn. 10:35). Jesús sabía que era una colección completa de libros que ya estaban funcionando para el pueblo judío como la expresión unificada de la Palabra de Dios. Sin embargo, los autores del Antiguo Testamento estaban todavía en medio del proceso de completar el Antiguo Testamento.

Por lo tanto, lo que oímos de ellos son expresiones no sobre el Antiguo Testamento como un todo, sino más bien sobre la manera en que Dios se revela a sí mismo a ellos y a otros a través de ellos. El impacto que estas expresiones tenían era hacer que Israel se diera cuenta de que el Creador del universo les estaba hablando a través de las palabras de los hombres. En la iglesia cristiana lo damos por hecho hasta tal punto que podemos dejar de sorprendernos por cuán extraordinario esto realmente es.

Dios es tan grande que Él hace que las galaxias existan y llama a los miles de millones de estrellas por su nombre (Is. 40:26). Piense en esto: por su nombre, miles de millones de nombres, y Él no está estresado o cansado por esto (Is. 40:28). Este Dios tan superior (¡infinitamente!) es capaz de hablar con los seres humanos. Lo que queremos ver, al leer, es la forma en que lo hizo. Entonces podemos retroceder y preguntar cómo se llevó a cabo todo esto en el Antiguo Testamento.

Así que considere conmigo algunas de las formas en que el Antiguo Testamento da testimonio de la asombrosa disposición de Dios para hablar en el lenguaje humano.

Dios habla en lenguaje humano

En primer lugar, lo que hay que observar básicamente es que, a través del Antiguo Testamento, desde Adán y Eva (Gn. 2:16) a Malaquías (quien, en cuatro cortos capítulos, usa la frase: "así ha dicho/dice/dijo Jehová de los ejércitos" veintiuna veces), Dios habla en lenguaje humano directamente a los seres humanos. "Jehová había dicho a Abram: Vete de tu tierra y de tu parentela, y de la casa de tu padre, a la tierra que te mostraré" (Gn. 12:1). "Y habló Dios todas estas palabras, diciendo: Yo soy Jehová tu Dios, que te saqué de la tierra de Egipto, de casa de servidumbre" (Éx. 20:1-2). "Después oí la voz del Señor, que decía: ¿A quién enviaré, y quién irá por nosotros?" (Is. 6:8).

Cómo habla realmente Dios a los hombres nunca se explica. Es dudoso que exista una "explicación" que un ser humano pueda dar. Uno de los socios de esta comunicación, es decir Dios, es de tal naturaleza sobrenatural que excede nuestra capacidad de entenderlo a Él o sus caminos (Is. 55:8; Ro. 11:33-34) completamente. Este misterio ha causado que muchas personas sean escépticas de que lo que el Antiguo Testamento describe realmente sea posible. Eruditos escépticos que desean aferrarse a algún tipo de autoridad de la Biblia han reducido al mínimo este tipo de transacciones verbales entre Dios y el hombre, y ponen todo el énfasis en la comunicación de Dios a través de eventos en lugar de palabras divinas. Esta resistencia a las reivindicaciones claras y penetrantes del Antiguo Testamento causó que James Barr, que no era evangélico, objetara:

> la comunicación verbal directa entre Dios y los hombres particulares en determinadas ocasiones... es, creo, un hecho ineludible de la Biblia y del Antiguo Testamento en particular. Dios puede hablar mensajes verbales específicos que Él quiere, al hombre que Él quiera... Si persistimos en decir que la comunicación directa y específica debe asumirse en la revelación a través de eventos en la historia y a esto último se toma como la interpretación afín, voy a decir que estamos abandonando la propia representación de la Biblia, por otra cuestión en tono de disculpa que es más cómodo.[2]

Dios habla a la gente a través de personas

A lo largo de la Biblia, Dios no solo habla directamente a los seres humanos; también encarga a algunas de esas personas para que hablen a los demás sobre lo que Él ha dicho. De hecho, se trata claramente de la manera más normal de Dios para hacer que su palabra sea conocida en el mundo. El Antiguo Testamento no es un registro del trato de Dios a cada individuo como un receptor de la comunicación directa, divina y sin que otras personas estén involucradas. La forma típica de Dios para comunicarse con la mayoría de personas es a través de otras personas, sus voceros elegidos.

Así, por ejemplo, Dios le dijo al profeta Natán: "Ve y di a mi siervo

---

2. James Barr, *The Interpretation of Scripture II: Revelation through History in the Old Testament and in Modern Theology, Interpretation* 187 (1963): pp. 201-202.

David: Así ha dicho Jehová: ¿Tú me has de edificar casa en que yo more?" (2 S. 7:5). Y Dios vino a Isaías y le dijo: "Ve y dile a Ezequías que así dice el SEÑOR, Dios de su antepasado David: 'He escuchado tu oración y he visto tus lágrimas; voy a darte quince años más de vida'" (Is. 38:5, NVI). Y dice a Jeremías: "Ve y dile a toda la gente de Judá y Jerusalén: ¿No pueden aprender esta lección, y obedecer mis palabras?" (Jer. 35:13, NVI). En todos estos casos, que son típicos, Dios no tiene la intención de comunicarse directamente con David, Ezequías y los hombres de Judá sin un profeta. Lo que quiera decirles a ellos lo hablará a través de un profeta.

Por lo tanto, nos encontramos con la afirmación de que Dios habló "por medio de" su profeta: "Así exterminó Zimri a toda la casa de Baasa, conforme a la palabra que Jehová había proferido contra Baasa por medio del profeta Jehú" (1 R. 16:12). Pero esta declaración explícita de que las palabras de Dios están pasando "por medio de" el profeta no disminuye la esperanza de que ellas son las mismas palabras de Dios. Cuando las palabras de Dios vienen por medio del profeta, siguen siendo las palabras de Dios: "Les hablarás, pues, mis palabras, escuchen o dejen de escuchar; porque son muy rebeldes" (Ez. 2:7). Son las palabras de Dios, porque Dios supervisa el habla del profeta para que su boca sea como la boca de Dios: "Ahora pues, ve, y yo estaré con tu boca, y te enseñaré lo que hayas de hablar" (Éx. 4:12).

La gran profecía del profeta ideal que finalmente vino en la persona de Jesucristo expresa esto con más fuerza:

> Profeta les levantaré de en medio de sus hermanos, como tú; y *pondré mis palabras en su boca*, y él les hablará todo lo que yo le mandare. Mas a cualquiera que no oyere mis palabras que él hablare en mi nombre, yo le pediré cuenta. El profeta que tuviere la presunción de hablar palabra en mi nombre, a quien yo no le haya mandado hablar, o que hablare en nombre de dioses ajenos, el tal profeta morirá (Dt. 18:18-20; cp. Hch. 3:22-23).

A menudo, en los libros proféticos, esta estrecha identificación entre las palabras de Dios y las palabras del profeta significan que el profeta habla en primera persona del singular ("Yo") como si Dios mismo estuviera hablando allí: "Yo soy Jehová, y ninguno más hay; no hay Dios fuera de mí" (Is. 45:5).

No es de sorprenderse, por lo tanto, que la confianza en las palabras de los profetas, cuando están hablando de Dios, sea considerada como confiar en Dios mismo. "Mientras ellos [los levitas] salían, Josafat, estando en pie, dijo: Oídme, Judá y moradores de Jerusalén. Creed en Jehová vuestro Dios, y estaréis seguros; *creed a sus profetas, y seréis prosperados*" (2 Cr. 20:20). Una consecuencia de esto es que Dios estaba trabajando para asegurar la exactitud de las palabras de sus profetas de manera que lo que las personas entendían de ellos podría tener la veracidad como si Dios mismo les estuviera hablando directamente.

Dando un paso atrás para mirar a todo el Antiguo Testamento, esta sorprendente realidad de la voz divina a través de los seres humanos se ve autorizada por la realidad dominante de lo que es. En la Reina-Valera de 1960, la frase "así ha dicho Jehová" o "Jehová ha dicho" aparece 334 veces. Y la frase "dice Jehová" o "Jehová dice" ocurre 403 veces. Estos usos tan frecuentes realmente deben darnos aliento. Este libro, el Antiguo Testamento, está saturado con la afirmación explícita de que nuestro Creador, Sustentador y Redentor está en realidad hablando de una manera inteligible al mundo que Él ha creado.

En un sentido, la comunicación inteligible de Dios con nosotros a través de otros seres humanos parece evidente, y en otro sentido, parece increíble. Parece obvio, porque Él es Dios y puede hacer lo que le plazca. Si se quiere comunicar con palabras humanas, lo hará. Pero, por otro lado, no es, después de todo, una diferencia cualitativa infinita entre Dios y la criatura de Dios. Si alguna vez hubo una gran diferencia "cultural" entre un traductor y un pueblo receptor, esto es, una diferencia infinita. ¿Cómo puede el Creador eterno e infinito hacerse inteligible para las mentes y corazones que son de un orden infinitamente diferente? Esto es tan misterioso como lo es la venida del mismo Dios al mundo en la persona de Jesucristo. Ambos son insondables. Y ambos son reales. Y cuando tomamos la Biblia divina-humana en nuestras manos, debemos sentir un asombro similar a lo que podríamos sentir cuando tocamos la piel del Dios-hombre resucitado, Jesucristo.

Dios tiene el propósito de que su revelación sea escrita

Entonces nos damos cuenta de que Dios quiere que haya una forma escrita de esta revelación divina. Él le dice a Moisés: "Escribe esto para memoria en un libro, y di a Josué" (Éx. 17:14). Y de nuevo "Escribe tú estas palabras; porque conforme a estas palabras he hecho pacto contigo y con Israel" (Éx. 34:27). "Y Moisés escribió todas las palabras de Jehová" (Éx.

24:4; cp. Dt. 27:3). En el resto del Antiguo Testamento, hay docenas de referencias a la ley escrita de Moisés (1 R. 2:3; 1 Cr. 16:40; Esd. 3:2; Neh. 8:14; Dn. 9:13).

Y Dios no solo instruyó a Moisés para que escribiera la revelación que había recibido, sino que les dio instrucciones a los profetas para que hicieran lo mismo. A Jeremías Dios le dice: "Palabra de Jehová que vino a Jeremías, diciendo: Así habló Jehová Dios de Israel, diciendo: Escríbete en un libro todas las palabras que te he hablado" (Jer. 30:1-2). Estas palabras vinieron a Jeremías de parte del Señor: "Toma un rollo de libro, y escribe en él todas las palabras que te he hablado contra Israel y contra Judá, y contra todas las naciones, desde el día que comencé a hablarte, desde los días de Josías hasta hoy" (Jer. 36:2). Y del mismo modo Dios le dijo a Habacuc: "Escribe la visión, y declárala en tablas, para que corra el que leyere en ella" (Hab. 2:2).

Por lo tanto, los libros proféticos comienzan regularmente con la indicación de que el libro escrito es una composición de las revelaciones del profeta de Dios.

> Las palabras de Jeremías hijo de Hilcías, de los sacerdotes que estuvieron en Anatot, en tierra de Benjamín. *Palabra de Jehová* que le vino en los días de Josías hijo de Amón, rey de Judá, en el año decimotercero de su reinado (Jer. 1:1-2).

> Aconteció en el año treinta, en el mes cuarto, a los cinco días del mes, que estando yo en medio de los cautivos junto al río Quebar, los cielos se abrieron, y vi visiones de Dios. En el quinto año de la deportación del rey Joaquín, a los cinco días del mes, *vino palabra de Jehová al sacerdote Ezequiel* (Ez. 1:1-3).

> *Palabra de Jehová que vino a Oseas* hijo de Beeri, en días de Uzías, Jotam, Acaz y Ezequías, reyes de Judá, y en días de Jeroboam hijo de Joás, rey de Israel (Os: 1:1).

> *Palabra de Jehová que vino a Miqueas* de Moreset en días de Jotam, Acaz y Ezequías, reyes de Judá; lo que vio sobre Samaria y Jerusalén (Mi. 1:1).

> *Palabra de Jehová que vino a Sofonías* hijo de Cusi, hijo de Gedalías, hijo de Amarías, hijo de Ezequías, en días de Josías hijo de Amón, rey de Judá (Sof. 1:1).

La suma de tu palabra es verdad

Lo que se desprende de este estudio de autocertificación del Antiguo Testamento es una cultura en Israel que se sabe confrontada por Dios por medio de su palabra totalmente autoritativa, que no llega directamente a cada individuo, sino que lo hace a través de personas elegidas por Dios y que han sido habilitadas para hablar su palabra fiable, incluso en su forma escrita. La aparición de una colección de tales escritos, el canon de la Biblia hebrea, por lo tanto, es exactamente lo que cabría esperar.

Y como esta colección de escritos emerge, debería ser manejada con un cuidado extraordinario, porque no solo los escritos dicen ser la palabra de Dios, sino que también hacen una explícita y clara implicación de este hecho, es decir, su completa veracidad.

> Dios no es hombre, para que mienta,
> Ni hijo de hombre para que se arrepienta.
> Él dijo, ¿y no hará?
> Habló, ¿y no lo ejecutará? (Nm. 23:19).

> Además, el que es la Gloria de Israel no mentirá, ni se arrepentirá, porque no es hombre para que se arrepienta (1 S. 15:29).

> Las palabras de Jehová son palabras limpias,
> Como plata refinada en horno de tierra,
> Purificada siete veces (Sal. 12:6).

> La suma de tu palabra es verdad,
> Y eterno es todo juicio de tu justicia (Sal. 119:160).

> Para siempre, oh Jehová,
> Permanece tu palabra en los cielos.
> De generación en generación es tu fidelidad (Sal. 119:89-90).

> Toda palabra de Dios es limpia;
> Él es escudo a los que en él esperan.
> No añadas a sus palabras, para que no te reprenda,
> Y seas hallado mentiroso (Pr. 30:5-6).

Nuestras expectativas son altas

Los autores del Antiguo Testamento no hacen comentarios sobre el canon del Antiguo Testamento en su conjunto. Ellos están inmersos en el drama, no lo ven desde fuera. Pero ellos hacen afirmaciones sorprendentes acerca de que Dios habla directamente a los hombres a través de hombres. Hay una afirmación acerca de que Dios quiere que su revelación sea escrita. Y hay demandas de la veracidad de Dios sin reservas. Todo esto significa que nuestras expectativas son altas, ya que volvemos a Jesús, quien decía ser el cumplimiento del Antiguo Testamento, y nos preguntamos: *¿Cuál fue su aprecio a estos escritos?*

6

El aprecio de Jesús por el Antiguo Testamento

> No penséis que he venido para abrogar la ley o los profetas; no he venido para abrogar, sino para cumplir. Porque de cierto os digo que hasta que pasen el cielo y la tierra, ni una jota ni una tilde pasará de la ley, hasta que todo se haya cumplido.
>
> MATEO 5:17-18

En cierto sentido, Jesús era parte del drama, y en cierto sentido, Él podía ver desde fuera. ¿Cómo es eso? El drama de la interacción de Dios con el mundo continúa después del Antiguo Testamento, y continúa en la actualidad. Dios está trabajando sosteniendo al mundo, gobernándolo, salvándolo y guiándolo hacia el momento en que Jesús vendrá otra vez a establecer su reino de adoración, justicia y paz. Pero dentro de este drama de la actividad de Dios en el mundo, Jesús fue enviado para hablar la palabra inquebrantable de Dios a su pueblo en persona y, luego, por medio de su Espíritu, a través de los documentos apostólicos, las Escrituras del Nuevo Testamento.

Para estar seguros, Dios mora en todos los cristianos a través de su Espíritu (Ro. 8:9), y tiene una relación personal con cada uno. Ellos le hablan como a un Padre amoroso, y Él se da a conocer personalmente, por medio de su Palabra. Esto es una vivencia preciosa de una comunión personal (Jn. 14:18-23; Gá. 2:20). Pero ni en los tiempos del Antiguo Testamento, ni en los del Nuevo Testamento, ni hoy, hizo Dios o hace entrega de su palabra infalible de una forma directa a todos sus hijos. Ese tipo de comunicación infalible ha sido reservada para su libro, las Escrituras, los escritos inspirados.

Nosotros no recibimos un tipo de revelación directa y personal como la que Dios ha dado a través de sus apóstoles y profetas en la Biblia. Cuando el apóstol Pablo se enfrentó a los de la iglesia de Corinto que decían recibir revelaciones de parte de Dios, él no lo negó, pero lo subordinó a su propia palabra apostólica: "Si alguno se cree profeta, o espiritual, reconozca que lo que os escribo son mandamientos del Señor. Mas el que ignora, ignore" (1 Co. 14:37-38).

Dios nos puede llevar a ver y a conocer las cosas, pero todas nuestras experiencias reveladoras con Él están subordinadas a las Escrituras. Por lo tanto, nosotros no somos infalibles. Dios sí lo es y su Palabra inspirada lo es. Podemos experimentar el poder y la dimensión personal de la Palabra de Dios cuando el Espíritu Santo hace que sea real y personal para nosotros (Ro. 5:5). Pero Dios ha unido su palabra infalible a los escritos, las Escrituras.

Por lo tanto, existe la sensación de que Jesús y nosotros estamos dentro del drama de la historia de la redención, y en un sentido podemos verla en su totalidad a través de la Palabra de Dios. Estamos dentro de la historia, y podemos leer la historia. El registro escrito de cómo Dios trata con la creación es nuestra única guía autoritativa para la comprensión de la historia en la que nos encontramos. Solamente Dios ve todas las cosas y las ve perfectamente. Él ha inspirado un libro que nos presenta el único registro infalible de la naturaleza, la voluntad y el plan de Dios.

Por lo tanto, cuando Jesús viene al mundo, viene como una parte de la historia de la redención que se está desarrollando. De hecho, viene a constituirse en la piedra angular de la historia de la redención (Mt. 5:17), el cumplimiento de lo que el Antiguo Testamento estaba apuntando (Ro. 10:4; cp. Lc. 24:27). Pero aquí está el asunto fundamental en relación con el Antiguo Testamento. Cuando Jesús viene, encuentra que el Antiguo Testamento está completo y cerrado. Él no escribe el último capítulo del canon del Antiguo Testamento, ya que el canon está cerrado. Pero el drama continúa. El acto primario de la historia bíblica se ha completado, fijado y escrito. Aunque Jesús estaba activo en el Antiguo Testamento (cp. Jn. 12:41), ahora se encuentra con el Antiguo Testamento desde el exterior. Este es un libro. Y Él lo está leyendo, a pesar de que Él fue quien estuvo actuando para formar el libro. Como dijo el apóstol Pedro:

> Los profetas que profetizaron de la gracia destinada a vosotros, inquirieron y diligentemente indagaron acerca de esta salvación, escudriñando qué persona y qué tiempo indicaba el *Espíritu de Cristo que estaba en ellos, el cual anunciaba de antemano los sufrimientos de Cristo*, y las glorias que vendrían tras ellos (1 P. 1:10-11).

Él había estado escribiendo la historia. Ahora Él la está leyendo. La cuestión que nos ocupa al momento es: *¿Cuál fue su aprecio por este libro, por estas Escrituras hebreas, lo que llamamos el Antiguo Testamento?*

Jesús y los Salmos

En una palabra, el aprecio y la confianza de Jesús hacia el Antiguo Testamento eran perfectos. Para Él era un libro que en la plenitud de su ámbito de aplicación debía ser cumplido y en las minucias de sus detalles no se podía romper. Esto es lo que él enseñaba.

Con respecto a la inspiración, Jesús habló de los Salmos como la voz de los hombres que fueron guiados por el Espíritu Santo:

> Enseñando Jesús en el templo, decía: ¿Cómo dicen los escribas que el Cristo es hijo de David? Porque el mismo *David dijo por el Espíritu Santo*:
>
> Dijo el Señor a mi Señor:
> Siéntate a mi diestra,
> hasta que ponga tus enemigos por estrado de tus pies.
>
> David mismo le llama Señor; ¿cómo, pues, es su hijo? (Mr. 12:35-37).

La palabra "por" ("el mismo David dijo *por* el Espíritu Santo") puede significar una posición (en) o instrumento (por). Usted puede servir "en" un hogar de ancianos, y puede servir "por" la fortaleza que Dios da. Este segundo uso es lo que Jesús quiere decir: David habló "por" la orientación y el control del Espíritu Santo. Esto es lo que David había dicho acerca de sus propias canciones: "El Espíritu de Jehová ha hablado por mí, y su palabra ha estado en mi lengua" (2 S. 23:2).

Esta también fue la comprensión de los apóstoles sobre la inspiración de David. Pedro dijo en el día de Pentecostés, cincuenta días después de la resurrección de Jesús: "Varones hermanos, era necesario que se cumpliese la Escritura en que *el Espíritu Santo habló antes por boca de David* acerca de Judas" (Hch. 1:16; Sal. 69:25; cp. Hch 4:25; He. 3:7; 10:15). De hecho, esta es precisamente la manera en que Pedro describe la inspiración de *toda* profecía, es decir: "eran hombres que hablaban de parte de Dios, dirigidos por el Espíritu Santo" (2 P. 1:21, DHH).

Dios dijo lo que Moisés dijo

Hay una muy buena razón para creer que Jesús pensaba que todo el Antiguo Testamento tenía este tipo de conexión entre los autores humanos y la labor de guía del Espíritu de Dios. Cuando Jesús estaba tratando con el tema del divorcio, basó su opinión sobre las palabras de Moisés en la historia de la creación de Génesis 2. Las palabras de Jesús son una clara evidencia de que vio estas palabras de Moisés como palabras de Dios:

> Entonces vinieron a él los fariseos, tentándole y diciéndole: ¿Es lícito al hombre repudiar a su mujer por cualquier causa? Él, respondiendo, les dijo: ¿No habéis leído que *el que los hizo al principio, varón y hembra los hizo, y dijo*: Por esto el hombre dejará padre y madre, y se unirá a su mujer, y los dos serán una sola carne? Así que no son ya más dos, sino una sola carne; por tanto, lo que Dios juntó, no lo separe el hombre (Mt. 19:3-6).

Mi punto aquí es un poco detallado, pero mire con cuidado. ¿Quién dijo: "Por esto el hombre dejará padre y madre"? La respuesta: "El que los hizo… dijo…". Es decir, Dios dijo. Pero en Génesis 2:24, Dios no es citado. El versículo que Jesús cita (Gn. 2:24) es simplemente una parte de la narrativa que Moisés escribió ("Por esto el hombre dejará padre y madre, y se unirá a su mujer, y los dos serán una sola carne").

Lo que esto significa es que Jesús vio la narrativa de Moisés como si fuera dicha por Dios mismo. Él no creyó que tengamos la palabra de Dios solo en aquellos lugares donde Moisés cita la voz de Dios. Todo la Escritura que Moisés escribió era la voz de Dios. Esto confirma lo que hemos visto anteriormente, que Dios ha destinado a la *voz* de sus profetas para que sea *escrita* con la misma autoridad que tenía en el momento de la predicación profética. Jesús nos confirma que esto es lo que las Escrituras del Antiguo Testamento son.

Las Escrituras no pueden ser quebrantadas

La inferencia que Jesús sacó de este tipo de inspiración de las Escrituras fue que ninguna parte puede ser quebrantada. Esta es una afirmación profunda. Jesús acababa de decir a los judíos: "Yo y el Padre uno somos". Ellos tomaron piedras para matarlo (Jn. 10:30-31). Aquí está la acusación de ellos y la manera en que Jesús se defendió (ya que su hora aún no había llegado):

> Le respondieron los judíos, diciendo: Por buena obra no te apedreamos, sino por la blasfemia; porque tú, siendo hombre, te haces Dios. Jesús les respondió: ¿No está escrito en vuestra ley: Yo dije, dioses sois? Si llamó

> dioses a aquellos a quienes vino la palabra de Dios (*y la Escritura no puede ser quebrantada*), ¿al que el Padre santificó y envió al mundo, vosotros decís: Tú blasfemas, porque dije: Hijo de Dios soy? (Jn. 10:33-36)

Nuestra preocupación aquí no es con la extrañeza de la referencia a los "dioses".[1] Nuestra preocupación es con la inserción incidental de las palabras "y la Escritura no puede ser quebrantada". Es la forma de decir de Jesús: "Sí, esto es una pequeña, aparentemente casual, tal vez incluso oscura, referencia de Salmos 82:6 (Yo dije: Vosotros sois dioses, y todos vosotros hijos del Altísimo), pero mi punto de vista, que asumo es el mismo de ustedes, es que ni siquiera las pequeñas partes de las Escrituras pueden estar equivocadas". Recuerde, esta fue también la implicación de las palabras de Jesús: "ni una jota ni una tilde pasará de la ley, hasta que todo se haya cumplido (Mt. 5:18).

Así que lo que hemos visto hasta el momento es que Jesús creía que el Espíritu Santo estaba trabajando en la guía a los autores de las Escrituras, y que esto incluía no solo las partes donde Dios se cita directamente, sino también en la narrativa y las piezas poéticas; lo que implica que en la mente de Jesús, estas Escrituras, por tanto, no pueden ser quebrantadas y no pueden estar equivocadas.

¿Les guiarán las Escrituras a errar?

Esta impecabilidad de las Escrituras del Antiguo Testamento es la razón por la que conocerlas nos guarda del error, es decir, conociéndolas correctamente nos guardará de incurrir en error en el tema que están abordando. Jesús realza este punto en Marcos 12, donde los saduceos tratan de dar a la doctrina de la resurrección una faceta absurda. Llegaron a Jesús de esta manera:

> Maestro, Moisés nos escribió que si el hermano de alguno muriere y dejare esposa, pero no dejare hijos, que su hermano se case con ella, y levante descendencia a su hermano. Hubo siete hermanos; el primero tomó esposa, y murió sin dejar descendencia. Y el segundo se casó con ella, y murió, y tampoco dejó descendencia; y el tercero, de la misma manera. Y así los siete, y no dejaron descendencia; y después de todos murió también la

1. Si está interesado en la referencia a los "dioses", traté este tema en un mensaje en el 2011. El manuscrito junto con el audio y el video, están disponibles en http://www.desiringgod.org/sermons/i-and-the-father-are-one.

> mujer. En la resurrección, pues, cuando resuciten, ¿de cuál de ellos será ella mujer, ya que los siete la tuvieron por mujer? (Mr. 12:19-23)

Jesús les responde: "¿No erráis por esto, porque ignoráis las Escrituras, y el poder de Dios?" (Mr. 12:24). Es decir, se equivocan, porque no saben las Escrituras. Si las conocieran, y al poder del Dios que las enseña, así como las implicaciones que llevan a la resurrección del cuerpo, habrían sido protegidos del error en este asunto.

Jesús nos ayuda a ver por qué importa la doctrina de la inerrancia de la Escritura. No es simplemente porque queremos afirmar que los documentos no yerran sino, más importante aún, que entonces *nosotros* no erramos. Al preservar la *Biblia* del error, Dios *nos* está amando. Las Escrituras están destinadas a proteger a las personas. La verdad conduce a la libertad (Jn. 8:32), ya que el error lleva a la cautividad (2 Ti. 2:25-26). La verdad salva (2 Ts. 2:10), la mentira engaña (2 Ts. 2:11). La verdad guía (Sal. 43:3; Ef. 5:9), el fraude engaña (Pr. 12:17; 2 Co. 11:13). La verdad da vida (1 Jn. 5:20), el error trae muerte (2 S. 6:7). Por lo tanto, Dios se preocupa no solo por su propia gloria al ser un Dios de verdad (Ro. 3:7), se preocupa también por *nosotros* al guardar su palabra de error.

Jesús derrota al diablo con la Palabra

Cuando el perfecto Dios-*hombre* lucha contra las tentaciones de Satanás en el desierto, Jesús usa la Palabra escrita de Dios de la manera en la que nosotros deberíamos hacerlo. Nos deja un ejemplo. Derrota a sus adversarios por medio de la verdad y el poder de la Palabra de Dios. Esto es sorprendente porque Jesús es Dios y podría tener, como lo hizo a menudo, el poder de controlar a Satanás con una palabra *suya*. Pero en este caso, Jesús nos modela el tipo de confianza humana que debemos tener en la palabra del Padre.

Cuando Satanás lo tienta en el desierto, Jesús lo derrota en todos los casos citando las Escrituras. Lo hace a pesar de que es el Hijo de Dios, que es el punto clave de la tentación ("Si eres Hijo de Dios..."). Como Hijo de Dios, tiene el poder en sí mismo para ordenarle a Satanás que salga, de la misma manera que ordenó salir a dos mil demonios en el relato de Marcos 5:12-13. Pero en lugar de utilizar este poder, nos deja un ejemplo. Miremos la palabra "escrita":

> Y vino a él el tentador, y le dijo: Si eres Hijo de Dios, di que estas piedras se conviertan en pan. Él respondió y dijo: *Escrito está*: No sólo de

> pan vivirá el hombre, sino de toda palabra que sale de la boca de Dios. Entonces el diablo le llevó a la santa ciudad, y le puso sobre el pináculo del templo, y le dijo: Si eres Hijo de Dios, échate abajo; porque escrito está: A sus ángeles mandará acerca de ti, y, en sus manos te sostendrán, para que no tropieces con tu pie en piedra (Mt. 4:3-6).

Y Jesús respondió, con un uso acertado, ante el mal uso de las Escrituras por parte del diablo:

> Jesús le dijo: *Escrito está* también: No tentarás al Señor tu Dios (Mt. 4:7).
>
> Otra vez le llevó el diablo a un monte muy alto, y le mostró todos los reinos del mundo y la gloria de ellos, y le dijo: Todo esto te daré, si postrado me adorares. Entonces Jesús le dijo: Vete, Satanás, porque *escrito está*: Al Señor tu Dios adorarás, y a él sólo servirás (Mt. 4:8-10).

En todos los casos, Jesús venció a su adversario, un poderoso adversario sobrenatural, citando lo que *está escrito*, las Escrituras del Antiguo Testamento. ¿El resultado? "El diablo entonces le dejó; y he aquí vinieron ángeles y le servían" (Mt. 4:11).

Jesús hizo lo mismo con sus adversarios humanos. Cuando vio la manera en que el comportamiento de los escribas y fariseos no encajaba con sus enseñanzas de la ley mosaica, su manera de responder no fue criticar la ley de Moisés, sino la inconsistencia de los maestros. Afirma explícitamente que el problema no era la ley: "En la cátedra *de Moisés* se sientan los escribas y los fariseos. Así que, todo lo que os digan que guardéis, guardadlo y hacedlo; mas no hagáis conforme a sus obras, porque dicen, y no hacen" (Mt. 23:2-3). En otras palabras, aun si la Palabra de Dios viene incluso a través de los canales de los maestros hipócritas (como los fariseos), todavía sigue siendo Palabra de Dios, que no recibe su autoridad de los seres humanos que la imparten, sino de Dios, que la inspiró.

El aprecio de Jesús por el Antiguo Testamento como una prueba de fuego de la visión espiritual

Por lo menos en dos ocasiones, Jesús llamó la atención sobre la naturaleza peculiar del Antiguo Testamento, como una especie de prueba de fuego para la apertura de una persona a cierta verdad. En otras palabras, Jesús demostró que si usted no cree a la palabra de Dios en el Antiguo Testamento, hay una especie de ceguera que probablemente le impide ver la verdad sobre el infierno y sobre Jesús. La implicación de estos dos pasajes parece ser que el Antiguo Testamento no es un libro común, sino que tiene una especial inspiración y autoridad que lo hace diferente en el efecto que tiene en cómo usted ve cierta verdad.

El rico y Lázaro

La primera ocasión es la historia del hombre rico y Lázaro, el hombre pobre que estaba a su puerta. Los dos hombres mueren y van a diferentes lugares:

> Aconteció que murió el mendigo, y fue llevado por los ángeles al seno de Abraham; y murió también el rico, y fue sepultado. Y en el Hades alzó sus ojos, estando en tormentos, y vio de lejos a Abraham, y a Lázaro en su seno. Entonces él, dando voces, dijo: Padre Abraham, ten misericordia de mí, y envía a Lázaro para que moje la punta de su dedo en agua, y refresque mi lengua; porque estoy atormentado en esta llama. Pero Abraham le dijo: Hijo, acuérdate que recibiste tus bienes en tu vida, y Lázaro también males; pero ahora éste es consolado aquí, y tú atormentado. Además de todo esto, una gran sima está puesta entre nosotros y vosotros, de manera que los que quisieren pasar de aquí a vosotros, no pueden, ni de allá pasar acá. Entonces le dijo: Te ruego, pues, padre, que le envíes a la casa de mi padre, porque tengo cinco hermanos, para que les testifique, a fin de que no vengan ellos también a este lugar de tormento (Lc. 16:22-28).

Ante este pedido Abraham dice: "A Moisés y a los profetas tienen; óiganlos" (v. 29). En otras palabras, Dios ya les ha dado una revelación a los hermanos del rico, y con eso es suficiente. Pero el punto aquí es que es *más* que suficiente.

El hombre rico reclama que las Escrituras no son suficientes: "No, padre Abraham; pero si alguno fuere a ellos de entre los muertos, se arrepentirán" (v. 30). En otras palabras, lo que ellos necesitan es un milagro externo para despertarlos. La voz de Dios no es suficiente; debe haber algo más sensacional.

Entonces Abraham le responde algo realmente sorprendente: "Si no oyen a Moisés y a los profetas, tampoco se persuadirán aunque alguno se levantare de los muertos" (v. 31). Esto es notable por dos razones: Una es que instintivamente asumimos que el ver levantarse a alguien de entre los muertos sería más convincente que la lectura de las Escrituras. Entonces, ¿por qué Abraham diría lo que dijo?

¿Por qué la resurrección no convencería?

La otra razón, por la que las palabras de Abraham son notables, es que señales y maravillas (como resurrecciones, curaciones y exorcismos) fueron vistos positivamente por los apóstoles como testigos de la verdad de su mensaje, y Dios las utilizó para dar testimonio de la verdad de su palabra. Por ejemplo, Bernabé y Pablo en Iconio fueron "hablando con denuedo, confiados en el Señor, el cual daba testimonio a la palabra de su gracia, concediendo que se hiciesen por las manos de ellos señales y prodigios" (Hch. 14:3). Y Hebreos 2:3-4 nos recuerda que la salvación "habiendo sido anunciada primeramente por el Señor, nos fue confirmada por los que oyeron, *testificando Dios juntamente con ellos, con señales y prodigios y diversos milagros* y repartimientos del Espíritu Santo según su voluntad". Así que los milagros tienen valor en el proceso de convencer a la gente de la verdad de la Palabra de Dios.

El efecto de una resurrección realizada por las manos de los apóstoles se puede ver en Hechos 9:36-42. Una discípula llamada Tabita había muerto. Sus amigos le rogaron a Pedro que viniera y orara por ella. Él lo hace, y Dios la levanta de entre los muertos. ¿Cuál fue el efecto?: "llamando a los santos y a las viudas, la presentó viva. Esto fue notorio en toda Jope, y muchos creyeron en el Señor" (Hch. 9:41-42).

Entonces, ¿qué quiso decir Abraham cuando dijo al hombre rico: "Si no oyen a Moisés y a los profetas, tampoco se persuadirán aunque alguno se levantare de los muertos"? (Lc. 16:31).

Lo primero que podemos decir es lo siguiente: Los milagros, por sí mismos, no convencen a los pecadores de la verdadera belleza espiritual de Jesucristo. Los milagros pueden convencer a los pecadores de que Jesús puede hacer milagros y que sería, por lo tanto, muy útil hacerlo rey (Jn. 6:15, 26). Los milagros incluso convencieron a sus propios hermanos de que él era un obrador de milagros. Ellos lo instaron a ir a Jerusalén para que mostrara su poder, "Porque ninguno que procura darse a conocer hace algo en secreto. Si estas cosas haces, manifiéstate al mundo" (Jn. 7:4). Pero sobre esto, Juan comenta: "Porque ni aun sus hermanos creían en él" (Jn. 7:4-5; véase 2:22-25). Ellos fueron persuadidos por los milagros, a pesar de que no eran verdaderamente creyentes.[2]

Así que cuando Abraham le dijo: "Si no oyen a Moisés y a los profetas, tampoco se persuadirán aunque alguno se levantare de los muertos", pro-

2. Nos ocuparemos más de cómo se ve la gloria de Dios en los milagros de Jesús en el capítulo 15.

bablemente quería decir esto: *Dondequiera que haya una sordera espiritual a la voz de Dios en el Antiguo Testamento, simples milagros externos no curarán la sordera espiritual.* Se necesita algo más cuando se leen las Escrituras. Y se requiere algo más cuando se mira un milagro. La misma falta de vida que ciega a una persona ciega a la otra. Uno u otro —la Escritura o un milagro— puede ser la ocasión para que esa falta de vida sea quitada. Pero mientras esté presente, la resurrección no será persuasiva.

Dios puede conceder oídos para oír y ojos para ver cuando una resurrección ocurre (o no, Jn. 11:45-53), al igual que Él mismo otorga oídos para oír y ojos para ver cuando se escuchan las Escrituras (o no, Lc. 4:16-30). Pero la causa decisiva en ambos casos es la obra iluminadora de Dios, no la palabra externa o cualquier otra actividad. Uno puede leer las Escrituras o ver un milagro, y no ver la gloria de Dios. El ver la gloria de Dios en la Palabra o en la obra de Dios es un don de Dios (2 Co. 4:6; 2 Ti. 2:25-26).

Si ese regalo es dado a través de la lectura del Antiguo Testamento por parte de alguien lleno de fe (como en el caso de Ana y Simeón, Lc. 2:25-38), entonces el corazón iluminado será capaz de reconocer la llegada del Mesías. En otras palabras, la presencia de un milagro no crea un corazón listo para ver, pero sí lo confirma. Pero si la lectura de la Palabra de Dios se une únicamente con la ceguera espiritual, entonces ningún simple milagro externo, observado con los ojos físicos, eliminará la ceguera (Jn. 5:38; 10:25).

"Si crees en Moisés"

La segunda ocasión en la que Jesús llamó la atención sobre la peculiar naturaleza del Antiguo Testamento, como una especie de prueba de fuego para la apertura de una persona a la verdad, es Juan 5:39-47. Jesús dijo a los líderes judíos:

> Escudriñad las Escrituras; porque a vosotros os parece que en ellas tenéis la vida eterna; y ellas son las que dan testimonio de mí; y no queréis venir a mí para que tengáis vida. Gloria de los hombres no recibo. Mas yo os conozco, que no tenéis amor de Dios en vosotros. Yo he venido en nombre de mi Padre, y no me recibís; si otro viniere en su propio nombre, a ése recibiréis. ¿Cómo podéis vosotros creer, pues recibís gloria los unos de los otros, y no buscáis la gloria que viene del Dios único? No penséis que yo voy a acusaros delante del Padre; hay quien os acusa, Moisés, en quien tenéis vuestra esperanza. Porque si creyeseis a Moisés, me creeríais

> a mí, porque de mí escribió él. Pero si no creéis a sus escritos, ¿cómo creeréis a mis palabras?

Esto demuestra una vez más que la ceguera al testimonio del Antiguo Testamento y hacia Jesús es el mismo tipo de ceguera que mantiene alejada a una persona de reconocer a Jesús cuando Él venga. Esto significa que Jesús creía que había una clase de belleza y verdad autoautenticadoras en el Antiguo Testamento que resultaron ser la prueba decisiva de si usted está espiritualmente preparado para ver la gloria de Cristo cuando Él se revele a sí mismo en la historia y en el evangelio. Esta es una de las valoraciones más altas que pueden darse al Antiguo Testamento: la valoración de Jesús.

Jesús vio su vida, muerte y resurrección como un cumplimiento de las Escrituras

Ya hemos visto que Jesús esperaba que se cumpliera completamente todo lo escrito en el Antiguo Testamento; incluyendo las afirmaciones más pequeñas:

> No penséis que he venido para abrogar la ley o los profetas; no he venido para abrogar, sino para cumplir. Porque de cierto os digo que hasta que pasen el cielo y la tierra, ni una jota ni una tilde pasará de la ley, hasta que todo se haya cumplido (Mt. 5:17-18).

Lo que no hemos visto todavía es la forma generalizada en que Jesús no solo predice tal cumplimiento de las Escrituras, sino que también señala en repetidas ocasiones durante su vida, cuándo y cómo eso estaba ocurriendo. He aquí algunos ejemplos.

- Lo que le sucede a Jesús en sus últimos días es el cumplimiento de las Escrituras:

  Tomando Jesús a los doce, les dijo: He aquí subimos a Jerusalén, y *se cumplirán todas las cosas escritas por los profetas acerca del Hijo del Hombre*. Pues será entregado a los gentiles, y será escarnecido, y afrentado, y escupido. Y después que le hayan azotado, le matarán; mas al tercer día resucitará (Lc. 18:31-33).

- La limpieza del templo realizada por Jesús fue el cumplimiento de Isaías 56:7:

Vinieron, pues, a Jerusalén; y entrando Jesús en el templo, comenzó a echar fuera a los que vendían y compraban en el templo; y volcó las mesas de los cambistas, y las sillas de los que vendían palomas; y no consentía que nadie atravesase el templo llevando utensilio alguno. Y les enseñaba, diciendo: ¿*No está escrito*: Mi casa será llamada casa de oración para todas las naciones? Mas vosotros la habéis hecho cueva de ladrones (Mr. 11:15-17).

- La ceguera de la gente en respuesta a sus parábolas cumple la profecía de Isaías 6:9-10:

Por eso les hablo por parábolas: porque viendo no ven, y oyendo no oyen, ni entienden. De manera que *se cumple en ellos la profecía de Isaías*, que dijo: De oído oiréis, y no entenderéis; y viendo veréis, y no percibiréis (Mt. 13:13-14).

- Jesús describe todo su ministerio como el cumplimiento de Isaías 61:1-2:

Vino a Nazaret, donde se había criado; y en el día de reposo entró en la sinagoga, conforme a su costumbre, y se levantó a leer. Y se le dio el libro del profeta Isaías; y habiendo abierto el libro, halló el lugar donde estaba escrito: El Espíritu del Señor está sobre mí, por cuanto me ha ungido para dar buenas nuevas a los pobres; me ha enviado a sanar a los quebrantados de corazón; a pregonar libertad a los cautivos, y vista a los ciegos; a poner en libertad a los oprimidos; a predicar el año agradable del Señor. Y enrollando el libro, lo dio al ministro, y se sentó; y los ojos de todos en la sinagoga estaban fijos en él. Y comenzó a decirles: *Hoy se ha cumplido esta Escritura delante de vosotros* (Lc. 4:16-21).

- Los ministerios de Jesús y Juan el Bautista se llevaron a cabo de acuerdo a las Escrituras (Is. 52:13—53:12; 1 R. 19:1-2):

Y le preguntaron, diciendo: ¿Por qué dicen los escribas que es necesario que Elías venga primero? Respondiendo él, les dijo: Elías a la verdad vendrá primero, y restaurará todas las cosas; *¿y cómo está escrito del Hijo del Hombre, que padezca mucho y sea tenido en nada?* Pero os digo que Elías ya vino, y le hicieron todo lo que quisieron, *como está escrito de él* (Mr. 9:11-13).

- Jesús vio la traición de Judas como el cumplimiento de Salmos 41:9:

> A la verdad el Hijo del Hombre va, *según está escrito de él*, mas ¡ay de aquel hombre por quien el Hijo del Hombre es entregado! Bueno le fuera a ese hombre no haber nacido (Mr. 14:21)
>
> No hablo de todos vosotros; yo sé a quienes he elegido; mas *para que se cumpla la Escritura*: El que come pan conmigo, levantó contra mí su calcañar (Jn. 13:18).

- Jesús vio el abandono de sus discípulos como el cumplimiento de Zacarías 13:7:

> Entonces Jesús les dijo: Todos os escandalizaréis de mí esta noche; *porque escrito está*: Heriré al pastor, y las ovejas serán dispersadas (Mr. 14:27).

- Jesús vio su detención como la de un criminal como el cumplimiento de Isaías 53:12:

> Porque os digo que es necesario que *se cumpla todavía en mí* aquello que está escrito: Y fue contado con los inicuos; porque lo que está escrito de mí, tiene cumplimiento (Lc. 22:37).
>
> ¿Acaso piensas que no puedo ahora orar a mi Padre, y que él no me daría más de doce legiones de ángeles? *¿Pero cómo entonces se cumplirían las Escrituras, de que es necesario que así se haga?* (Mt. 26:53-54).

- Jesús enseñó que debemos ser rápidos para creer todo lo que los profetas del Antiguo Testamento han hablado y que todas las Escrituras lo señalan a Él:

> Entonces él les dijo: ¡Oh insensatos, y tardos de corazón para creer *todo lo que los profetas han dicho*! ¿No era necesario que el Cristo padeciera estas cosas, y que entrara en su gloria? Y comenzando desde Moisés, y siguiendo por todos los profetas, les declaraba *en todas las Escrituras* lo que de él decían (Lc. 24:25-27).

Su valoración es suprema

En el capítulo 2 vimos que la Biblia que Jesús conocía y amaba era la misma Biblia hebrea que respalda nuestro Antiguo Testamento. Por lo que su valoración de la Biblia es esencialmente su valoración de nuestro Antiguo Testamento.

En este capítulo hemos visto que su aprecio por el Antiguo Testamento es supremo. Jesús tenía una posición sin precedentes en la historia para hacer semejante valoración. Su relación con el Antiguo Testamento era única. Él estaba allí en su composición, guiando a los profetas (1 P. 1:11), y luego entró en la historia y miraba al mismo libro que había guiado para que existiera. Nadie más evaluó al Antiguo Testamento de esta manera. Solo Él, en toda la historia, fue activo como autor, tema, cumplimiento y asesor del Antiguo Testamento. Por lo tanto, su evaluación conlleva una fuerza extraordinaria.

Jesús enseñó que todo en el Antiguo Testamento debe cumplirse; que los escritores de los Salmos hablaban por el Espíritu Santo; que las palabras de Moisés en las Escrituras fueron las palabras de Dios; que ni una parte de las Escrituras se puede quebrantar; que la fidelidad a las Escrituras nos guardará del error, que puede derrotar a los adversarios más poderosos, que es una prueba de fuego al demostrar si los ojos de nuestro corazón están abiertos para conocer a Jesús; y que las Escrituras son una secuencia de un guión virtual siendo representado en el triunfo de Jesús a través de su sufrimiento, muerte y resurrección.

Si el escéptico objetara: *¿Cómo podemos saber que todos estos informes acerca de lo que Jesús enseñó sobre el Antiguo Testamento son históricos?*, hay dos tipos de respuestas. Una es la de la naturaleza de la historia, y la otra es la de la obra del Espíritu.

Desde el punto de vista de la historia, los eruditos más escépticos, que piensan que gran parte del Nuevo Testamento en realidad no sucedió, reconocen que el Jesús de la historia fue un ferviente creyente en el Antiguo Testamento. Pueden pensar que estaba equivocado, pero el negar que él haya aceptado la autoridad divina del Antiguo Testamento no puede ser defendido seriamente. Simplemente no hay ningún evento histórico que evidencie este punto para apoyarlo.

Desde el punto de vista del Espíritu Santo, hay muy buenas razones para creer que el Jesús que encontramos en los Evangelios del Nuevo Testamento es el verdadero Jesús divino humano de la historia, y que su alto aprecio por el Antiguo Testamento y su plan para el Nuevo Testamento son confiables. Esto es lo que vamos a tratar más adelante en los capítulos 8-17. Pero antes de hacerlo, hay un grupo más de testigos que deberíamos oír en relación con lo que la Biblia reclama para sí, a saber, los apóstoles.

7

La autoridad de los apóstoles

> Si alguno se cree profeta o espiritual, reconozca que esto que les escribo es mandato del Señor. Si no lo reconoce, tampoco él será reconocido.
>
> 1 CORINTIOS 14:37-38 (NVI)

La formación del canon del Nuevo Testamento en gran parte fue un reconocimiento de la realidad de lo que demandó para sí mismo, y que prueba ser inspiración de Dios, ya lo hemos tratado de manera significativa en el capítulo 3 en el que hablamos sobre el canon del Nuevo Testamento. Pero hay mucho más por ver. Lo que trato de responder en este capítulo es: *¿qué afirmaciones hacen los escritos apostólicos de sí mismos?*

La autoridad de los apóstoles viene de Jesús

Lo primero y más importante que hay que decir es que, aparte de la autoridad suprema de Jesucristo, los escritos apostólicos no reclaman nada para sí mismos. Toda su autoridad es conscientemente derivativa. Jesucristo es el único que tiene "toda autoridad… en el cielo y en la tierra" (Mt. 28:18, RVA-2015). Solo Él es

> a quien el Padre ha dado "autoridad sobre todo hombre" (Jn. 17:2, RVA-2015);
>
> el único que demanda que "todas las cosas me fueron entregadas por mi Padre; y nadie conoce al Hijo, sino el Padre, ni al Padre conoce alguno, sino el Hijo, y aquel a quien el Hijo lo quiera revelar" (Mt. 11:27);
>
> el único que podría decir "Yo soy el camino, y la verdad, y la vida" (Jn. 14:6);

el único que podría decir "edificaré mi iglesia; y las puertas del Hades no prevalecerán contra ella" (Mt. 16:18);

el único que enseña de una manera sin precedentes que "la gente se admiraba de su doctrina; porque les enseñaba como quien tiene autoridad, y no como los escribas" (Mt. 7:28-29);

el único que, cuando "venga en su gloria, y todos los santos ángeles con él, entonces se sentará en su trono de gloria, y serán reunidas delante de él todas las naciones; y apartará los unos de los otros, como aparta el pastor las ovejas de los cabritos" (Mt. 25:31-32);

el único que podría decir "el cielo y la tierra pasarán, pero mis palabras no pasarán" (Mt. 24:35);

el único que "reprendió al viento y a las olas; y cesaron, y se hizo bonanza" (Lc. 8:24);

el único que mandó a los demonios con plena autoridad "Cállate, y sal de él. Entonces el demonio, derribándole..., salió de él, y no le hizo daño alguno. Y estaban todos maravillados, y hablaban unos a otros, diciendo: ¿Qué palabra es esta, que con autoridad y poder manda a los espíritus inmundos, y salen? (Lc. 4:35-36);

el único, que reclama el poder de perdonar pecados, algo que solo Dios puede hacer, y que dijo: "que sepáis que el Hijo del Hombre tiene autoridad para perdonar pecados en la tierra (dijo al paralítico): A ti te digo, ¡levántate, toma tu camilla y vete a tu casa!" (Mr. 2:10-11, RVA-2015);

el único que se atrevería a decir "todo lo que el Padre hace, también lo hace el Hijo igualmente" (Jn. 5:19).

Estas son las cosas que los apóstoles vieron, oyeron, recordaron y registraron. "Es Señor de todos" (Hch. 10:36). "Él es Dios" (Jn. 1:1; 20:28; Ro. 9:5; Col. 2:9; He. 1:8-9). Las palabras del Antiguo Testamento que se aplicaron a Jehová, los apóstoles las aplican a Jesús resucitado (Ro. 10:11; 1 Co. 1:31; 2 Co. 10:17; Ef. 4:8; Fil. 2:10). Es, por lo tanto, "nuestro único Soberano y Señor" (Jud. 4, NVI).

Jesús, una nueva y única autoridad en el mundo

Herman Bavinck, el teólogo reformado holandés de la *Free University of*

Amsterdam [Universidad Libre de Ámsterdam], resumió el lugar que Jesús tuvo en la mente de sus testigos del Nuevo Testamento de la siguiente manera:

> A lo largo del Nuevo Testamento, el testimonio de Jesús es considerado divino, verdadero e infalible. Él es el Logos, que da a conocer al Padre (Jn. 1:18; 17:6), el testigo fiel y verdadero (Ap. 1:5; 3:14; Is. 55:4), el Amén en quien todas las promesas de Dios son "sí" y "Amén" (Ap. 3:14; 2 Co. 1:20). No hay engaño (*dólos*) en su boca (1 P. 2:22). Él es el apóstol y sumo sacerdote de nuestra confesión (He. 4:14; 1 Ti. 6:13.). Él no habla *ec tón ídion* [de él mismo] como Satanás, que es un mentiroso (Jn. 8:44), pero Dios habla a través de Él (He. 1:2). Jesús fue enviado por Dios (Jn. 8:42) y da testimonio solo de lo que ha visto y oído (Jn. 3:32). Él habla las palabras de Dios (Jn. 3:34; 17:8) y da testimonio de la verdad (5:33; 18:37). Por esta razón su testimonio es verdadero (Jn. 8:14; 14:6), confirmado por el testimonio de Dios mismo (5:32, 37; 8:18).[1]

En otras palabras, como vimos en el capítulo 3, Jesucristo era la nueva, absoluta, única y suprema autoridad en el mundo. Fue la llegada de Dios a la historia. Su autoridad era, por tanto, absoluta. Fue supremo sobre el Antiguo Testamento, que lo consideraba como inquebrantable (Jn. 10:35), y ahora era supremo sobre la iglesia, que dijo iba a construir con un poder tan irresistible que las puertas del infierno no podrían resistir a su avance (Mt. 16:18).

El objetivo de Jesús es gobernar a su pueblo a través de las Escrituras

Otro erudito holandés, Norval Geldenhyus, contempló la autoridad absoluta de Jesús y sus propósitos para el mundo, y obtuvo la implicación del rol que tendrían las Escrituras. El propósito de Jesús era difundir un movimiento, en su nombre y para su gloria, a todos los pueblos del mundo (Mt. 28:18-20). Su objetivo era reunir en iglesias a un pueblo redimido (Mt. 18:17). Y apuntó que vivirían bajo la autoridad de su enseñanza hasta el final de los tiempos (Mt. 7:24-27). Geldenhyus llegó a la conclusión de que esto implicaba que Cristo proporcionaría una autorización por escrito para su iglesia de igual forma que Dios lo hizo con su pueblo en el Antiguo Testamento:

> El hecho de que Jesús, *como tal*, posee autoridad divina suprema, incluso aparte del hecho de ser reconocido por todos los autores del Nuevo

1. Herman Bavinck, *Reformed Dogmatics: Prolegomena* (Grand Rapids, MI: Baker, Academic, 2003), pp. 397-398.

> Testamento y por el conjunto de la iglesia primitiva, es de la mayor importancia para el estudio de la elaboración del Nuevo Testamento. Pues ello nos da la seguridad de que el Señor de toda la autoridad se habría ocupado de que, a través de la operación de su poder, una explicación adecuada completamente fiable y una proclamación auténtica sobre el significado de su vida y su obra fueran escritas y preservadas para las épocas venideras. Debido a que la revelación de Dios en Cristo era completa y *efápax*... (de una vez por todas), se deduce lógicamente que el Señor, a quien se le da toda la autoridad en el cielo y en la tierra, habría regulado la historia de la iglesia primitiva de tal manera que el canon del Nuevo Testamento sería genuino y todo suficiente.[2]

Esta deducción lógica que hace Geldenhyus es, de hecho, lo que revela el Nuevo Testamento. Desde el comienzo de su ministerio, Jesús se preparó para la transmisión de la verdad y la autoridad a su iglesia a través de voceros autorizados que enseñarían con su autoridad, se comprometerían a poner sus enseñanzas por escrito y dejarían un cuerpo de escritos inspirados a través de los cuales Cristo gobernaría a su iglesia hasta su regreso. Cristo hizo esto llamando, comisionando y luego enviando al Espíritu Santo para guiar a los apóstoles.

Jesús escogió y preparó a los apóstoles

El término *apóstol* no es sinónimo de *discípulo*. *Discípulo* significa "seguidor" o "alumno", y *apóstol* significa "representante autorizado". Se puede leer en Lucas 6:12-13 sobre la transición de los discípulos a apóstoles: "En aquellos días él fue al monte a orar, y pasó la noche orando a Dios. Y cuando era de día, llamó a sus discípulos, y escogió a doce de ellos, a los cuales también llamó *apóstoles*". Así que todos los apóstoles son discípulos, pero no todos los discípulos son apóstoles. Todos los cristianos son discípulos (Hch. 11:26), pero los doce apóstoles son un grupo de discípulos a quienes Jesús les dio una porción de su autoridad. Nótese en Mateo 10:1-2 que los doce son llamados "discípulos", pero después de haberles dado autoridad se los llama "apóstoles":

> Entonces llamando a sus doce *discípulos*, les dio autoridad sobre los espíritus inmundos, para que los echasen fuera, y para sanar toda enfermedad

2. J. Geldenhyus, *Supreme Authority: The Authority of the Lord, His Apostles, and the New Testament* (Grand Rapids, MI: Eerdmans, 1953), p. 43.

> y toda dolencia. Los nombres de los doce *apóstoles* son estos: primero Simón… (Mt. 10:1-2)

En el principio, Jesús los preparó para ser sus representantes autorizados en el ministerio, por la supervisión de su trabajo personal:

> Habiendo reunido a sus doce discípulos, les dio poder y autoridad sobre todos los demonios, y para sanar enfermedades. Y los envió a predicar el reino de Dios, y a sanar… Y saliendo, pasaban por todas las aldeas, anunciando el evangelio y sanando por todas partes… Vueltos los apóstoles, le contaron todo lo que habían hecho. Y tomándolos, se retiró aparte, a un lugar desierto de la ciudad llamada Betsaida (Lc. 9:1-2, 6, 10).

Eran sus emisarios. Cuando estaba terminando su ministerio terrenal, Jesús oró a Dios el Padre y confirmó que lo que el Padre le había dado para hacer, él lo había hecho: "Yo te he glorificado en la tierra; he acabado la obra que me diste que hiciese" (Jn. 17:4). Incluido en esa misión del Padre estaba el que: "Yo les he dado tu palabra" (v. 14). Y dice una vez más: "porque las palabras que me diste, les he dado" (v. 8). Este fue el corazón de la autorización apostólica. Dios tenía palabras y quería que su pueblo en la tierra las supieran. Por lo tanto, envió a su Hijo en esta misión de transmitir la verdad de Dios al hombre en palabras dadas por el Padre: "Yo para esto he nacido, y para esto he venido al mundo, para dar testimonio a la verdad" (Jn. 18:37).

Las palabras de ellos fueron las palabras de Él

Al elegir a los doce apóstoles, Jesús los puso para continuar esta transferencia de autoridad de la verdad de Dios al hombre. Ellos se convirtieron en los embajadores autorizados de la palabra de Dios. Lo que les pasó a ellos le pasó a Él; al recibirles a ellos se recibía a Él (Mt. 10:40). Las palabras de ellos eran las palabras de Él (Jn. 15:7). Comenzaron a ser su voz mientras Él todavía estaba con ellos (Mt. 10:27). Se convirtieron en su voz (Hch. 8:25) y manos milagrosas (Hch. 5:12) luego de haber ascendido al Padre. Esta es la razón por la que Lucas comienza su segundo volumen, el libro de Hechos, diciendo: "En el primer tratado [el Evangelio de Lucas], oh Teófilo, hablé acerca de todas las cosas que Jesús *comenzó* a hacer y a enseñar" (Hch. 1:1). En otras palabras, el punto es que mientras Jesús estaba en la tierra "comenzó" a hacer cosas y a enseñar a su iglesia; y ahora que ha ascendido, continúa "haciendo y enseñando", específicamente por medio de su Espíritu a través de sus voceros inspirados.

Esto es lo que ha pasado a través de los apóstoles de una manera única, porque ese tipo de representación autorizada es lo que significa ser un apóstol.

> Al llamar Jesús a doce hombres que escogió fuera del círculo más amplio de discípulos por el nombre de "apóstoles" (heb. *shelubim*), y no simplemente "mensajeros" o "anunciantes", era evidente que ellos iban a ser sus delegados, los que quiso enviar con el encargo de enseñar y actuar en su nombre y autoridad. Esto era precisamente lo que Él quería decir, y está demostrado a través de la historia de su trato con los doce.[3]

Como vimos en el capítulo 3, la forma en que Jesús asegura la fiabilidad de la obra representativa de los apóstoles fue prometiéndoles una ayuda especial a través del Espíritu Santo, el Espíritu de verdad (Jn. 14:25-26; 16:12-14). Por lo tanto, cuando Jesús asciende al cielo, los apóstoles ya tenían un profundo sentido de la responsabilidad que les había sido dada por Dios para servir, completamente sometidos a la autoridad del Cristo resucitado. Ellos sabían que tenían una autoridad única, y sabían que no era absoluta; eran hombres bajo autoridad.

"Delante de Dios, hablamos en Cristo"

Pablo (Ro. 1:1), Santiago (1:1), Pedro (2 P. 1:1) y Judas (Jud. 1) todos se llaman a sí mismos "esclavos" de Jesucristo. Es decir, que no se pertenecen a sí mismos y no enseñan a la iglesia como si pudieran hablar por o de ellos mismos (1 Co. 15:10; Mt. 10:20); hablaban como hombres bajo autoridad.

> Pues no somos como muchos, que medran falsificando la palabra de Dios, sino que con sinceridad, como de parte de Dios, y delante de Dios, hablamos en Cristo (2 Co. 2:17).
>
> Antes bien renunciamos a lo oculto y vergonzoso, no andando con astucia, ni adulterando la palabra de Dios, sino por la manifestación de la verdad recomendándonos a toda conciencia humana delante de Dios (2 Co. 4:2).

---

3. Ibíd., p. 54. "Aplicado a una persona, *apóstolos* denota más que *ángelos*. El 'apóstol' no es solo el mensajero, sino el delegado de la persona que lo envía. Él es el encargado de una misión, tiene facultades que se le han conferido", J. B. Lightfoot, *Epistle to the Galatians* (Nueva York: Macmillan, 1865), p. 89.

Jesús sobre la tierra se había establecido como el supremo Señor y autoridad de ellos. Su palabra era absoluta. El grupo de los apóstoles no era una democracia; Jesús era el Rey; su palabra era ley. Como James Denny expresa:

> Es impensable pensar que Jesús violente la libertad de alguien, o invada la santidad de la conciencia y la responsabilidad personal; pero el hecho ampliamente incuestionable, es que, sin romper la voluntad de ellos, impuso su voluntad sobre ellos y llegó a ser una autoridad moral suprema a la que se sometieron absolutamente, y por la cual fueron inspirados.[4]

Doce fundamentos

Cuando Judas Iscariote, uno de los doce, necesitó ser reemplazado, los once apóstoles sabían con sobrada razón que el Señor mismo haría la elección. Él había dejado en claro los criterios para pertenecer a los doce:

> Es necesario, pues, que de estos hombres que han estado juntos con nosotros todo el tiempo que el Señor Jesús entraba y salía entre nosotros, comenzando desde el bautismo de Juan hasta el día en que de entre nosotros fue recibido arriba, uno sea hecho testigo con nosotros, de su resurrección (Hch. 1:21-22).

Con estos criterios dados por Jesús, los once propusieron a dos candidatos y oraron para que Jesús eligiera, y procedieron a echar suertes:

> Y orando, dijeron: Tú, Señor, que conoces los corazones de todos, muestra cuál de estos dos has escogido, para que tome la parte de este ministerio y apostolado, de que cayó Judas por transgresión, para irse a su propio lugar. Y les echaron suertes, y la suerte cayó sobre Matías; y fue contado con los once apóstoles (Hch. 1:24-26).

Una vez que los doce fueron establecidos en su ministerio como fundamentos, no había un plan o disposición para ser reemplazados. Pablo se refirió a la nueva y creciente iglesia como "la familia de Dios, edificados sobre el *fundamento de los apóstoles y profetas*, siendo la principal piedra del ángulo Jesucristo mismo" (Ef. 2:19-20); y Juan describió a la iglesia en Apocalipsis como una ciudad que descendía del cielo, cuyo muro tenía

---

4. James Denny, en *Dictionary of Christ in the Gospels*, ed. James Hastings (Edinburgh: T & T Clark, 1906), s.v. "authority".

"doce cimientos, y sobre ellos los doce nombres de los doce apóstoles del Cordero" (Ap. 21:14). El punto de Pablo y Juan es que el fundamento que Cristo puso es inquebrantable y fue puesto de una vez por todas. Ellos no se sustituyen en cada generación. Los apóstoles lo fueron una vez por todas.

Alfred Plummer aclara este punto sobre la base del propósito intrínseco del apostolado como Jesús lo creó:

> La ausencia de una enseñanza de Cristo de cualquier declaración respecto al sacerdocio de los Doce, o respecto a la transmisión de los poderes de los Doce a otros, es notable. Como la función principal de los Doce iba a ser la de ser testigos de lo que Cristo había enseñado y hecho, especialmente en el asunto de la resurrección de entre los muertos, no era posible que hubiera transmisión de tal excepcional oficio.[5]

Pablo, apóstol por mandato de Dios

Tendremos mucho más que decir sobre el gran apóstol Pablo en el capítulo 17 y, por supuesto, que él es digno de toda la atención que podamos darle. Después de Jesús, ningún hombre ha sido más influyente en la historia del mundo que Pablo. Esa es una declaración gigantesca, pero tal es mi estimación de cómo sus cartas han obrado en la psique de la raza humana donde el cristianismo se haya extendido. Sin duda en mi caso, sería cierto que, después de Jesús, nadie me ha formado más que Pablo. Mi estima y mi afecto por él son casi ilimitados. Se hará evidente el porqué a medida que avancemos y especialmente en el capítulo 17.

El llamado de Pablo como apóstol fue tan sorprendente para él como lo fue para los Doce. Vimos el proceso de su aprobación en el capítulo 3. Pero una vez que Cristo resucitó lo llama y confirma como un apóstol (Gá. 1:1), y los Doce lo reconocen como a igual (Gá. 2:7-10); el testimonio de Pablo en asuntos de inspiración y autoridad apostólica es inigualable. Él era inquebrantable en la afirmación de su propio apostolado (1 Ti. 2:7; 1 Co. 9:1-2; 15:8-10; 2 Co. 12:12). Sabía que Jesús le había dado una autoridad única para la edificación de la iglesia (2 Co. 10:8; 13:10). Sabía que el evangelio que predicaba fue el fundamento y sería la piedra de toque para todos los otros contendientes (Gá. 1:8-10). Sabía que cuando predicaba en el nombre de Cristo, lo que entregaba era verdaderamente la palabra de Dios (1 Ts.

5. A. Plummer, en *Dictionary of the Apostolic Church*, ed. James Hastings (Nueva York: Charles Scribner Sons, 1916), s.v. "apostle".

2:13). Sabía que su predicación no venía de su propia voluntad, sino que se le había confiado su mensaje "por mandato de Dios" (Tit. 1:3).

Por lo tanto, Pablo sabía que no era inferior a ningún pretendido superapóstol, incluso si viniera de Jerusalén: "en nada he sido menos que aquellos grandes apóstoles, aunque nada soy. Con todo, las señales de apóstol han sido hechas entre vosotros en toda paciencia, por señales, prodigios y milagros" (2 Co. 12:11-12). Y señaló, con sorprendente contundencia, que su autoridad era más alta que cualquier reclamación profética de autoridad entre los carismáticos en Corinto: "Si alguno se cree profeta o espiritual, reconozca que esto que les escribo es mandato del Señor. Si no lo reconoce, tampoco él será reconocido" (1 Co. 14:37-38, NVI).

No es de extrañar, entonces, que Pablo ponga a los tesalonicenses bajo juramento para asegurarse de que su carta se lea en la iglesia (véase 1 Ts. 5:27). Pablo no vio sus cartas como una predicación cristiana ordinaria; eran el fundamento. Son en lo que se basa la predicación cristiana hasta que Jesús venga de nuevo. Pablo sabía que Dios le había dado el papel de hablar por el Espíritu Santo: "Esto es precisamente de lo que hablamos, no con las palabras que enseña la sabiduría humana sino con las que enseña el Espíritu, de modo que expresamos verdades espirituales en términos espirituales" (1 Co 2:13, NVI).

En otras palabras, Pablo afirma que en cumplimiento de la promesa de Jesús de enviar a su Espíritu para guiar a los apóstoles a la verdad (Jn. 14:25-26; 16:12-14), él fue inspirado por el Espíritu para escribir la verdad que estaba esencialmente a la par con las Escrituras del Antiguo Testamento inspiradas y autoritativas. Como hemos visto antes, esto es lo que dijo Pedro acerca de los escritos de Pablo:

> Y tened entendido que la paciencia de nuestro Señor es para salvación; como también nuestro amado hermano Pablo, según la sabiduría que le ha sido dada, os ha escrito, casi en todas sus epístolas, hablando en ellas de estas cosas; entre las cuales hay algunas difíciles de entender, las cuales los indoctos e inconstantes tuercen, como también las *otras Escrituras*, para su propia perdición (2 P. 3:15-16).

La autoridad de ellos está a nivel como la de Él

La afirmación de los apóstoles de hablar con veracidad inerrante en Cristo, por medio del Espíritu Santo, es consecuencia de la esperanza del Antiguo Testamento y de la encarnación del Hijo de Dios como Jesús el Mesías. Los apóstoles no se promueven a sí mismos en la iglesia por medio de las reivindicaciones imaginarias de la inspiración profética. Ellos fueron llamados y designados por el cumplimiento del Antiguo Testamento, el Mesías divinamente enviado. Su veracidad y autoridad se mantienen o caen con las de Él.

Jesús vino para dar testimonio de la verdad (Jn. 18:37) con toda la autoridad de Dios (Jn. 17:2; Mt. 28:18). Él planeó y preparó para que la verdad y la autoridad sean preservadas a través de un grupo de apóstoles a quienes iba a guiar, por medio de su propio Espíritu, a toda la verdad necesaria para la fundación y preservación de su iglesia (Jn. 14:25-26; 16:12-14; Ef. 2:20; 1 Co. 2:13). En perfecta armonía con la voluntad de Dios para Cristo, y con la voluntad de Cristo para su iglesia, aquellos portavoces pusieron sus enseñanzas por escrito con un sentido sobrio, consciente de que lo que escribieron para la iglesia sería su estatuto infalible hasta que Jesús venga de nuevo.

Por lo tanto, en los próximos capítulos volveremos a la cuestión de si las afirmaciones de la Biblia para sí misma (que hemos visto en los capítulos 5-7) son verdaderas. ¿Es la Biblia cristiana la Palabra de Dios en el pleno sentido de las Escrituras inspiradas, sin error? Mi respuesta a esa pregunta es sí. El resto de este libro es mi esfuerzo por mostrar cómo podemos tener una convicción bien fundada de que esto es así.

PARTE 4

¿Cómo podemos saber que las Escrituras cristianas son verdaderas?

"...vieron su gloria"

8

Una preocupación compartida con Jonathan Edwards

> Todas las cosas me fueron entregadas por mi Padre; y nadie conoce quién es el Hijo sino el Padre; ni quién es el Padre, sino el Hijo, y aquel a quien el Hijo lo quiera revelar.
>
> LUCAS 10:22

¿Es verdad la Biblia? ¿Es completamente cierta? Todo lo que se encuentra en ella. ¿Es tan confiable en todo lo que enseña que puede funcionar como prueba para todas las demás pretensiones de la verdad? Ya que he argumentado que la propia opinión de la Biblia es que es la Palabra de Dios y no solo la palabra del hombre, ahora surge la pregunta: ¿Es cierta esta afirmación? ¿Es la Biblia la verdadera Palabra de Dios? Cuando se entiende correctamente, ¿enseña algo que no es verdad? Y, por supuesto, cuando hacemos esta pregunta, estamos teniendo en cuenta que muchas de las enseñanzas en el Antiguo Testamento (como las leyes relativas a la alimentación, la circuncisión, los sacrificios y rituales de purificación que resaltan a Israel de entre las otras naciones) se han cumplido y han llegado a su fin por Cristo, y no se aplican a nosotros hoy día de la misma forma en que se aplicaban a Israel en tiempos del Antiguo Testamento.

Verbalmente inspirada, infalible y sin error

Teniendo todo esto en mente, nos preguntamos: *¿Es la Biblia una expresión infalible de la verdad de Dios? ¿Es inerrante?* Lo que nos lleva a la pregunta relacionada: *¿Tiene la Biblia autoridad final en nuestra vida?* ¿Hay que tratar de llevar todos nuestros pensamientos, sentimientos y acciones en consonancia con lo que la Biblia enseña?

Mi respuesta es la siguiente, que es la misma afirmación de fe que rige

Bethlehem College and Seminary y al sitio web *desiringGod.org*, así como a la iglesia en la que fui pastor durante treinta y tres años y otras iglesias hermanas:

> 1.1 Creemos que la Biblia, que consiste en los sesenta y seis libros del Antiguo y Nuevo Testamento, es la Palabra infalible de Dios, verbalmente inspirada por Dios y sin errores en los manuscritos originales.
>
> 1.2 Creemos que las intenciones de Dios, reveladas en la Biblia, son la autoridad suprema y final en la prueba de todas las pretensiones acerca de lo que es verdadero y lo que es correcto. En los asuntos que no se hallan en la Biblia, lo que es verdadero y justo es evaluado por criterios consistentes con las enseñanzas de las Escrituras.

En otras palabras, sí, la Biblia es del todo cierta. Sí, su pretensión de ser la Palabra de Dios es verdadera. Sí, cuando se entiende correctamente, no enseña nada falso. Es por lo tanto sin error. Como verdadera Palabra de Dios, sin error, tiene plena autoridad sobre nuestra vida. Entonces, sí, hay que esforzarse por lograr que todos nuestros pensamientos, sentimientos y acciones estén en consonancia con lo que la Biblia enseña.

La pregunta más urgente

¿Cómo sabemos esto? Esta es una pregunta urgente. Esto no es como decir: "¿Cómo puedo saber si la luna gira alrededor de la tierra?". O, "¿cómo puedo saber que Abraham Lincoln existió?". La razón por las que estas preguntas no son urgentes es que, si usted las cree o no, no tiene casi ningún efecto sobre su forma de vida. Las respuestas a estas preguntas no determinan dónde pasará la eternidad, en el cielo o en el infierno. Pero de acuerdo con la Biblia, Jesús dijo: "El que cree en el Hijo tiene vida eterna; pero el que rehúsa creer en el Hijo no verá la vida, sino que la ira de Dios está sobre él" (Jn. 3:36). Y el apóstol Pablo dijo: "Cree en el Señor Jesucristo, y serás salvo" (Hch. 16:31; cp. Ro. 10:9). Esta es la razón por la que un relato de los hechos y las palabras de Jesús fue escrito: "éstas se han escrito para que creáis que Jesús es el Cristo, el Hijo de Dios, y para que creyendo, tengáis vida en su nombre" (Jn. 20:31).

En otras palabras, la Biblia enseña cosas mucho más importantes que las vueltas que da la luna o la existencia de Abraham Lincoln. La Biblia enseña el camino para escapar de la ira de Dios y entrar en la vida eterna; además demanda enseñar esto como la única manera. Presenta a un Jesús totalmente autoritativo que dice: "Yo soy el camino, y la verdad, y la vida; nadie viene al Padre, sino por mí" (Jn. 14:6). También hace la afirmación radical de que "en ningún otro hay salvación; porque no hay otro nombre bajo el cielo, dado a los hombres, en que podamos ser salvos (Hch. 4:12).

Así que la pregunta de que si la Biblia es verdad es muy urgente, para todo el mundo. Nuestros destinos eternos dependen de si creemos en la buena noticia de este libro; nuestro modo de vida depende de ello también. En un raro momento de desaprobación pública, el apóstol Pablo reprendió al apóstol Pedro por no actuar de acuerdo con su propia enseñanza: "le resistí cara a cara, ...cuando vi que no andaban rectamente conforme a la verdad del evangelio" (Gá. 2:11, 14). En otras palabras, hay una "conducta" que está ligada a la verdad. Esto es lo que la Biblia enseña (véase 1 Ts. 4:1). La enseñanza de este Libro muestra el camino a la vida eterna y le da forma a la manera en que vivimos en esta vida. Por lo tanto, saber si la Biblia enseña la verdad es de vital importancia.

El lugar de la razón histórica

Hubo una época en mi vida cuando ocupé gran parte de mi energía mental en demostrar, por medio del razonamiento histórico, que Cristo se levantó de entre los muertos, que sus afirmaciones son ciertas y que la Biblia es la verdad.[1] Estaba y estoy profundamente agradecido por los estudiosos que me ayudaron a ver la credibilidad histórica del Nuevo Testamento en aquellos días. Estos estudiosos están siendo fieles a las palabras de Lucas que nos dicen que Jesús dio evidencias visibles, históricas de su resurrección corporal: "se presentó vivo con muchas pruebas indubitables, apareciéndoseles durante cuarenta días y hablándoles acerca del reino de Dios" (Hch. 1:3).

---

1. Dedicaré un capítulo entero al lugar de la razón histórica (cap. 17) y el lugar que le corresponde en nuestro estudio de las Escrituras. Véase Daniel P. Fuller, *Easter Faith and History* (Grand Rapids, MI: Eerdmans, 1965); Wolfhart Pannenberg, *Jesus, God and Man* (Filadelfia: Westminster Press, 1968); John Piper, *Desiring God: Meditations of a Christian Hedonist*, rev. ed. (Colorado Springs, CO: Multnomah, 2011), pp. 332-339; William Lane Craig, *The Son Rises: The Historical Evidence of the Resurrection of Jesus* (Eugene, OR: Wipf & Stock, 2001); Gary R. Habermas y Michael Licona, *The Case for the Resurrection of Jesus* (Grand Rapids, MI: Kregel, 2004); Lee Strobel, *The Case for the Resurrection: A First-Century Investigative Reporter Probes History's Pivotal Event* (Grand Rapids, MI: Zondervan, 2010) [Publicado en español por Editorial Vida, con el título *El caso de Cristo. Una investigación exhaustiva*]; N. T. Wright, *The Resurrection of the Son of God* (Minneapolis, MN: Fortress Press, 2003); Michael R. Licona, *The Resurrection of Jesus: A New Historiographical Approach* (Carol Stream, IL: IVP Academic, 2010); Craig S. Keener, *The Historical Jesus of the Gospels* (Grand Rapids, MI: Eerdmans, 2012).

Ellos están siguiendo los pasos del apóstol Pablo, que argumentó la verdad del evangelio, señalando a los que no fueron testigos oculares de la resurrección de Jesús que quinientos testigos oculares todavía vivían y que en su caso deben preocuparse para confirmar la verdad de esa manera. Él dijo:

> Que [Jesús] fue sepultado, y que resucitó al tercer día, conforme a las Escrituras; y que apareció a Cefas, y después a los doce. Después apareció a más de quinientos hermanos a la vez, de los cuales muchos viven aún, y otros ya duermen. Después apareció a Jacobo; después a todos los apóstoles; y al último de todos, como a un abortivo, me apareció a mí (1 Co. 15:4-8).

Lo que cambió mi enfoque (no mi aprobación o mi interés) de la razón histórica como soporte de la fe fue la constatación de que a la mayoría de personas en el mundo, especialmente entre los menos educados, el mundo en desarrollo, no tienen ni la formación ni el tiempo para seguir tales detallados argumentos en apoyo de su fe. Y sin embargo, la Biblia asume que los que escuchan el evangelio pueden conocer su verdad, y pueden jugarse la vida, de hecho tienen que jugarse la vida en esto. "El que ama su vida, la perderá; y el que aborrece su vida en este mundo, para vida eterna la guardará" (Jn. 12:25).

La Biblia asume que a través de la palabra escrita de los apóstoles una persona puede llegar a saber que tiene vida eterna: "Estas cosas os he escrito a vosotros que creéis en el nombre del Hijo de Dios, para que *sepáis* que tenéis vida eterna" (1 Jn. 5:13). Y los apóstoles mismos *conocían* acerca de los otros: "*conocemos*, hermanos amados de Dios, vuestra elección; pues nuestro evangelio no llegó a vosotros en palabras solamente, sino también en poder, en el Espíritu Santo y en plena certidumbre" (1 Ts. 1:4-5). La verdad de las enseñanzas de Cristo puede ser conocida por aquellos cuya voluntad es sumisa a la voluntad de Dios: "El que quiera hacer la voluntad de Dios, conocerá si la doctrina es de Dios, o si yo hablo por mi propia cuenta" (Jn. 7:17).

Esto significa que la Biblia asume que existe una base de conocimientos firme y justificada de que lo que se enseña es cierto. Se supone que todo aquel que oye una narración fiel del evangelio es responsable de creer, no como un salto en la oscuridad, sino al observar los motivos reales y convincentes para la fe. Según las Escrituras, las personas no tienen que ser historiadores educados para conocer la verdad histórica de la Escritura. Esto es absolutamente crucial, ya que la gran mayoría de las personas en el mundo que van a escuchar el evangelio no están en condiciones de comprender la complejidad (¡legítima!) de la razón histórica que apoya la resurrección de Jesús y la fiabilidad de la Biblia.

El razonamiento histórico es insuficiente

A medida que trabajaba en mi entendimiento del método histórico-crítico, que dominó el mundo académico en los seis años de mi educación teológica formal (1968-1974), se hizo cada vez más evidente que los resultados de estos estudios no proporcionan un fundamento seguro para la fe del tipo que uno podría arriesgar la vida por eso. En 1975 Edgar Krentz publicó *The Historical-Critical Method* [El método histórico-crítico] en el que afirma: "La crítica histórica produce resultados solo probables. Relativiza todo. Pero la fe necesita certeza".[2]

Algunos han tratado de hacer una virtud de esta crisis con el argumento de que la fe, por su propia naturaleza, lejos de necesitar certeza, toma un riesgo y da saltos en la incertidumbre. Dicen: "La crítica nos libera de la tiranía de la historia y hace que la vulnerabilidad de la fe se aclare."[3] Podrían citar 2 Corintios 5:7: "Porque por fe andamos, no por vista", pero este pasaje se refiere a la esperanza futura que no podemos ver, no al fundamento pasado de la esperanza que podríamos ser capaces de ver: "confiando siempre y comprendiendo que durante nuestra estancia en el cuerpo peregrinamos ausentes del Señor" (2 Co. 5:6, RVA-2015). De hecho, "es, pues, la fe la certeza de lo que se espera, la convicción de *lo que no se ve*" (He. 11:1). Sí, las *cosas que se cree* son invisibles. Pero el Nuevo Testamento no dice que los *fundamentos* de la fe no se ven.

Cuando inicié mis estudios teológicos, uno de los más prominentes teólogos alemanes era Wolfhart Pannenberg, que rechazaba lo que llamó el vuelo "a un puerto supuestamente a salvo de la marea histórico-crítica".[4] Él sostuvo que la separación de la fe de sus motivos históricos reales es "perjudicial para la esencia de la fe" e iniciativa de una "credulidad ciega".[5] Creo que Pannenberg está en lo correcto, hasta cierto punto. Mi forma de decirlo es que la fe no puede glorificar su objetivo saltando a la oscuridad. En su lugar, tal tipo de fe se glorifica a sí misma al tomar osadamente los riesgos

2. Edgar Krentz, *The Historical-Critical Method* (Philadelphia: Fortress Press, 1975), p. 67.

3. Ibíd., p. 67.

4. Wolfhart Pannenberg, *Redemptive Event and History*, en *Basic Questions en Theology*, vol. 1, trad. George H. Kehm (Philadelphia: Fortress Press, 1970), p. 16.

5. Ibíd., p. 28.

cuando salta a lo que no se conoce. Esta no es la fe del Nuevo Testamento, como veremos en un momento.

Pero Pannenberg no ofrece una solución adecuada al problema de los no historiadores típicos que necesitan tierra firme bajo los pies de su fe si se están aventurando completamente en Cristo. Sin duda una de las razones por las que fui sensible a la posición inadecuada de Pannenberg es que Daniel Fuller, el maestro más influyente que tuve en el seminario, llamó mi atención. Tres años antes de llegar a ser su alumno, él había escrito en *Easter Faith and History* [La fe y la historicidad de la resurrección]:

> Si la razón histórica es la única manera por la cual los hombres pueden alcanzar la fe, entonces la fe se convierte en una posibilidad solamente para unos pocos, aquellos que pueden pensar históricamente, y la fe para el hombre común solamente es posible si está dispuesto a comprometerse con la autoridad de un sacerdocio por parte de los historiadores.
>
> Pannenberg, como se recordará, quiere hacer de la fe una posibilidad para que todos los hombres puedan alcanzarla, es decir, prácticamente, un sacerdocio de los historiadores. La tarea de la teología como él la ve, es afirmar la credibilidad del mensaje cristiano, por la que los laicos pueden creer debido a la autoridad que el teólogo, con habilidades históricas especiales, puede proveer.[6]

Pannenberg lo expresa así:

> La confianza al creer también puede surgir de tal manera que el creyente no siempre tiene que probar por sí mismo la confiabilidad del conocimiento presupuestado en ella. La tarea especial de la teología es hacer esto. No todo cristiano en forma individual necesita emprender esta tarea. Puede confiar en la suposición de que las cosas están en orden con respecto a la base de su confianza. Este punto de vista presupone, por supuesto, una atmósfera de confianza en la fiabilidad de la tradición cristiana.[7]

Esto me pareció una respuesta inadecuada al problema del laico común que enfrenta el origen de la fe como la Biblia lo enseña. Su vida eterna está en

---

6. Fuller, *Easter Faith and History*, pp. 237-238.

7. Wolfhart Pannenberg, *Insight and Faith*, en *Basic Questions in Theology*, vol. 2, trad. George H. Kehm (Philadelphia: Fortress Press, 1970), p. 33.

juego. No es lícito decir: "Él puede confiar *en la suposición de que las cosas están en orden* con respecto a la base de su confianza". Dados los enormes y numerosos desacuerdos en el mundo académico sobre la historicidad y el significado de lo que la Biblia enseña, parece simplista decir que todos podemos simplemente confiar en que "las cosas están en orden".

No se espera que los no historiadores salten a la oscuridad.

Me parecía que tenía que haber otro camino para el laico promedio, con poco tiempo y poca formación histórica para tener una base de conocimiento justificado firme de que la Biblia es verdad. La Biblia no enseña ni asume que llegamos a la fe saltando a la oscuridad. Se asume que aceptamos a Cristo y sus Escrituras viendo motivos reales y convincentes para la fe.

He encontrado ayuda en este punto de una fuente sorprendente. Por lo menos, me sorprendió en ese momento. Mientras estaba luchando con estas cosas en Alemania, estaba leyendo a Jonathan Edwards para mi propio enriquecimiento espiritual personal en medio de todos estos estudios críticos. No esperaba encontrarlo enfrentando este problema con una visión tan increíble y relevante. Me sentía tan apoyado por Edwards que escribí dos artículos sobre esto.[8]

El punto de partida de Edwards no es ¿qué clase de certeza es posible por el razonamiento histórico?, sino más bien, ¿qué es posible para los miembros ordinarios de la iglesia? En su *Treatise Concerning Religious Affections* [Tratado relativo a los afectos religiosos], Edwards dice que la gente común no puede llegar a la fe bien fundamentada de la misma forma en que un historiador entrenado lo hace:

> Es imposible que los hombres, que no tienen algo de una visión general del mundo histórico o de la sucesión de la historia de generación en generación, puedan venir a fuerza de argumentos a favor de la verdad del cristianismo, extraídos de la historia hasta ese grado, con eficacia tal para inducirlos a aventurarse por completo en ella.[9]

---

8. John Piper, "*Jonathan Edwards on the Problem of Faith and History*", *Scottish Journal of Theology* 31 (1978), pp. 217-228; "*The Glory of God and the Ground of Faith*" *Reformed Journal* 26 (noviembre, 1976), pp. 17-20. Los siguientes comentarios acerca de Edwards se basan en gran medida en estos dos artículos.

9. Jonathan Edwards, *A Treatise Concerning Religious Affections*, vol. 2, las obras de Jonathan Edwards, ed. John Smith (New Haven, CT: Yale University Press, 1957), p. 303.

La voz del misionero[10] se puede oír cuando añade:

> La condición de los indios houssatunnuck y otros —que han manifestado últimamente su deseo de ser instruidos en el cristianismo— es muy triste si no encuentran ninguna evidencia de la verdad del cristianismo, aparte de este [camino de la razón histórica], que sea suficiente como para inducirlos a dejarlo todo por Cristo.[11]

Usted podría pensar que Edwards nos lleva a decir que la fe en el mensaje de la Biblia es un salto en la oscuridad en lugar de una visión válida con bases reales y objetivas que proporcionan un cimiento para un conocimiento justificado. Pero no, eso no es donde nos está llevando. Para estar seguro, él insiste que la argumentación histórica no puede proporcionar el profundo y seguro cimiento de la fe para el no historiador (o para el historiador, como veremos más adelante). Sin embargo, él sigue manteniendo que la gente común puede tener una "certeza de las cosas divinas", con fundamento en "evidencias reales" y "buenas razones".[12]

La confianza injustificada no da honor a la persona en quien se confía

Edwards está profundamente persuadido, como creo que todos deberíamos estarlo, de que el fruto de la fe cristiana no es mejor que la virtud natural, al menos que esta fe se base en "una persuasión o convicción razonable".[13]

Antes de pasar a explicar, piénselo de esta manera: Supongamos que se encuentra en la calle con una persona que no reconoce, y él le da una bolsa con 50.000 dólares en efectivo. Le pide que deposite ese dinero en el banco por él. Le dice que su número de cuenta está en la bolsa. Usted se sorprende pues no lo conoce, y pregunta: "¿Por qué confiar en mí para esto?". Supongamos que él le responde: "No hay razón; solamente estoy corriendo el riesgo." ¿Cuál es el efecto de esta fe en usted? ¿Le honra a usted? No, no lo hace. Esto demuestra que el hombre está loco.

Ahora supongamos que le dice: "Yo sé que usted no me conoce, pero trabajamos en el mismo edificio y lo he observado durante el último año. He

10. De 1751 a 1758, Edwards fue pastor de la iglesia en la ciudad fronteriza de Stockbridge, MA, y misionero a los indios. Su preocupación por la evangelización de los indios se extiende nuevamente en su pastorado en Northampton, como se desprende de estos comentarios en *Religious Affections*, que fueron escritos entre 1742 y 1746.

11. Edwards, *Religious Affections*, p. 304.

12. Ibíd., pp. 291, 295.

13. Ibíd., p. 295.

visto su integridad en una docena de formas. He hablado con gente que lo conoce. La causa por la que estoy confiando en usted para esto es que tengo *buenas razones* para creer que usted es honesto y confiable". Ahora, ¿cuál es el efecto de esta fe? Realmente le da honor. ¿Por qué? Debido a que se basa en la evidencia real de que usted *es* honorable. El fruto de esa fe no es una locura. El fruto de esa fe es sabiduría, y la fe y la sabiduría dan honor a la persona en quien se confía.

Así es con Dios. Si Dios dice: "¿Por qué confiarías en mi palabra?", y nosotros decimos: "No hay ninguna razón, solo estoy corriendo el riesgo", Dios no es honrado y nosotros somos unos tontos. Así que Edwards está en lo correcto al decir que el fruto de la fe cristiana no es mejor que la virtud simplemente natural, a no ser que esta fe se base en "una persuasión o convicción razonable".[14] Pero, ¿qué es esto? ¿Cómo puede nuestra fe en la Biblia encontrar este fundamento firme?

Dejemos que Edwards nos lo explique:

> Por convicción razonable, me refiero a una convicción fundamentada en evidencia real, o sobre aquello que es una buena razón, o simplemente un fundamento de convicción. Los hombres pueden tener una fuerte convicción de que la religión cristiana es verdadera cuando su persuasión no se basa en absoluto en la evidencia, sino en la educación y en la opinión de los demás; como muchos musulmanes están firmemente convencidos de la verdad de la religión musulmana, debido a que sus padres, vecinos y la nación entera lo creen. Esta fe en la verdad de la religión cristiana que se construye sobre la misma base que la creencia musulmana cree en Mahoma, es el mismo tipo de creencia. Y aunque el asunto que creamos es mejor, sin embargo, [no] hace que la creencia en sí sea de una mejor clase; aunque el asunto que se cree sea verdad; sin embargo, la creencia no se debe a que es verdad, sino a la educación. Así que la convicción no es mejor que la de los musulmanes; por lo que los afectos que fluyen del mismo no son mejores en sí mismos que los afectos religiosos de los musulmanes.[15]

Entonces, Edwards cree que es esencial para una genuina fe salvadora que esta se base en "evidencias reales, o en buenas razones, o simplemente en un fundamento de convicciones".

---

14. Ibíd.
15. Ibíd.

Las Escrituras nos animan a tener buenos fundamentos de la fe

Sin duda, este es el lugar donde las Escrituras nos lleva. Por ejemplo, el apóstol Juan dice: "Amados, no creáis a todo espíritu, sino probad los espíritus si son de Dios" (1 Jn. 4:1). En otras palabras, no sean ingenuos. Busquen "evidencias reales", una "buena razón" y un "fundamento justo".

Del mismo modo, habría sido esclarecedor escuchar algunas de las predicaciones misioneras de Pablo, ya que, según Lucas, tenía una costumbre muy interesante: "Como era su costumbre, Pablo fue al servicio de la sinagoga y, durante tres días de descanso seguidos, usó las Escrituras para *razonar* con la gente. *Explicó* las profecías y *demostró* que el Mesías tenía que sufrir y resucitar de los muertos. Decía: «Este Jesús, de quien les hablo, es el Mesías»" (Hch. 17:2-3, NTV). Así que Pablo creía que el "razonar", "explicar" y "demostrar" eran formas legítimas y adecuadas para llevar a una persona a una fe bien fundamentada.

Lucas elogia explícitamente a los judíos en Berea porque, cuando Pablo les enseñó cosas nuevas, ellos las sometieron a prueba: "éstos eran más nobles que los que estaban en Tesalónica, pues recibieron la palabra con toda solicitud, escudriñando cada día las Escrituras para ver si estas cosas eran así" (Hch. 17:11). Ellos creían que tenían buenas razones para confiar en las Escrituras, por lo que las demás pretensiones de la verdad tenían que estar en línea con la verdad mostrada en las Escrituras.

Uno podría preguntarse: "¿Está usted diciendo, entonces, que conocer y creer son la misma cosa?". No. Creer, en el sentido de salvación, siempre incluye aceptar sinceramente lo que se cree; el conocer no siempre incluye esto. Sin embargo, es importante ver que creer y saber no son alternativas en el Nuevo Testamento. La fe se basa en el conocimiento, y esto conduce a profundizar el conocimiento. Jesús ora en relación con sus discípulos: "Ahora han *conocido* que todas las cosas que me has dado, proceden de ti; porque las palabras que me diste, les he dado; y ellos las recibieron, y han *conocido* verdaderamente que salí de ti, y han *creído* que tú me enviaste" (Jn. 17:7-8).

Apuntando en la misma dirección, Pablo escribe a los Corintios: "nosotros también *creemos*, por lo cual también hablamos, *sabiendo* que el que resucitó al Señor Jesús, a nosotros también nos resucitará con Jesús" (2 Co. 4:13-14; cp. 5:1). Y en la primera epístola de Juan, él da testimonio de "lo que hemos visto con nuestros ojos, lo que hemos contemplado, y palparon nuestras manos tocante al Verbo de vida" (1 Jn. 1:1). Así podemos ver que su fe se fundamenta en pruebas reales, y puede decir: "hemos *conocido* y *creído* el amor que Dios tiene para con nosotros" (1 Jn. 4:16).

Por lo tanto, cuando Jonathan Edwards dice que la fe salvadora debe basarse en "pruebas reales, o en buenas razones, o simplemente en un fundamento de convicciones," lo que está señalando es lo que las Escrituras mismas están diciendo.

El objeto de la fe es más que hechos

Antes de preguntarnos lo que es una "evidencia real", tenemos que aclarar con mayor precisión lo que piensa Edwards que es el objeto de la fe. La razón de esto es que la naturaleza del objeto de la fe dicta la naturaleza de la "evidencia real" para su existencia. Por ejemplo, si el objeto de la fe fuera miel, una evidencia real de que lo es, de hecho, sería el gusto. Pero si el objeto de la fe fuera amoníaco, una evidencia real sería el olor. La naturaleza de lo que estamos tratando de saber determinará la manera en que podemos saberlo. La miel dice: "Me conocen por el gusto". El amoníaco dice: "Me conocen por el olfato".

Según Edwards, el objeto de la verdadera convicción de la salvación son "las grandes cosas del evangelio".[16] Por "el evangelio", quiere decir "las doctrinas allí enseñadas, la palabra allí hablada, y los consejos, hechos y obras divinos allí revelados".[17] Él se refiere al evangelio como "la gloriosa doctrina que contiene la Palabra de Dios, con respecto a Dios, Jesucristo, el camino de salvación por Él, el mundo de gloria al que ha entrado y que ha comprado para todos aquellos que creen"[18].

Pero aquí hay un hecho crucial para Edwards: el objeto de nuestra fe no es meramente la facticidad del evangelio, sino también la "belleza santa y hermosa que se encuentran en las cosas divinas".[19] Es la gloria de perfecciones morales de Dios. Es la belleza, o la gloria, de estas perfecciones que son el objeto propio de nuestra convicción. Es la "excelencia suprema y santa, y la belleza de estas cosas".[20] Belleza, excelencia, perfección, hermosura, divinidad, santidad, estas son las cualidades del evangelio de las cuales la fe salvadora debe estar segura. No solo hechos históricos o proposiciones doctrinales.

A pesar de que algunos de estos vocablos pueden ser nuevos para la

16. Ibíd., p. 291.
17. Ibíd., p. 300.
18. Ibíd., p. 294.
19. Ibíd., p. 301.
20. Ibíd., p. 297.

gente moderna, lo que Edwards está diciendo no es nuevo para los cristianos más reflexivos. La mayoría de nosotros, en algún momento, se dio cuenta de que hay una clase de fe que los demonios tienen y que no es de ningún beneficio para la salvación. Edwards asegura que nuestra fe es la clase de fe salvadora. Por ejemplo, Santiago, el hermano de Jesús, escribió: "Tú crees que Dios es uno; bien haces. También los *demonios creen*, y tiemblan" (Stg. 2:19). Lo que Edwards está afirmando es que creer en la existencia de la realidad divina, incluso la realidad divina del evangelio o la Biblia, no significa que usted cree de una manera que le hará algún bien. Los demonios saben que hay un evangelio, y saben que la Biblia es la Palabra de Dios. Pero lo que no ven, como dice Edwards, es la belleza, excelencia, perfección, hermosura y santidad de la verdad. "Viendo no ven" (Mt. 13:13), eso somos muchos de nosotros hasta que Dios nos da ojos para ver (Ef. 1:17-18).

Lo conocido determina la manera de conocer

Por lo tanto, la naturaleza de lo que necesitamos saber determina cómo podemos conocerlo. Si la gloria de Dios en el evangelio es lo que hay que conocer, si es aquí donde nuestra fe debe descansar, entonces los ojos para ver esta gloria no son simplemente los ojos físicos, sino lo que Pablo llama "los ojos del corazón" (Ef. 1:18, NVI). Esta es la razón por la que Edwards dice: "El evangelio del Dios bendito no sale al exterior a mendigar por su evidencia como algunos piensan: ya que tiene su evidencia más alta y adecuada en sí mismo".[21] Específicamente:

> La mente asciende a la verdad del evangelio mediante un solo paso, que es su gloria divina... A menos que los hombres puedan llegar a una persuasión y convicción sólida de la verdad del evangelio, por las evidencias internas del mismo, en la forma en que se ha hablado, a saber: por una visión de su gloria; ¡es imposible que los que son iletrados y poco capacitados en historia, puedan tener una convicción profunda y eficaz del evangelio en lo absoluto.[22]

Por lo tanto, la fe bien fundamentada no solo es *razonable* (basada en evidencias reales y buenas razones), sino también *espiritual*; es decir, que es posible gracias al *Espíritu* Santo y a través de la percepción *espiritual* de la gloria divina en la verdad del evangelio. No toda convicción razonable es

21. Ibíd., p. 307.
22. Ibíd., pp. 299, 303.

convicción de salvación. "Algunos hombres naturales [sin vida espiritual] se rinden a un tipo de asentimiento de sus juicios a la verdad de la religión cristiana a partir de pruebas o argumentos racionales ofrecidos para evidenciarla".[23] Pero este tipo de persuasión de ninguna manera es salvador. Edwards cita como ejemplos a Judas, a muchos judíos quienes oyeron a Jesús (Jn. 2:23-25) y a Simón el mago (Hch. 8:13, 23).

Lo que se necesita es el tipo de visión espiritual que fue dada a Simón Pedro: "Respondiendo Simón Pedro, dijo: Tú eres el Cristo, el Hijo del Dios viviente. Entonces le respondió Jesús: Bienaventurado eres, Simón, hijo de Jonás, porque no te lo reveló carne ni sangre, sino mi Padre que está en los cielos" (Mt. 16:16-17). En otras palabras, hay una gloria en la persona de Jesús que está realmente presente allí ante la cual estamos ciegos, si no recibimos el regalo de Dios. Jesús lo describió así:

> En aquella misma hora Jesús se regocijó en el Espíritu, y dijo: Yo te alabo, oh Padre, Señor del cielo y de la tierra, porque escondiste estas cosas de los sabios y entendidos, y las has revelado a los niños. Sí, Padre, porque así te agradó. Todas las cosas me fueron entregadas por mi Padre; y nadie conoce quién es el Hijo sino el Padre; ni quién es el Padre, sino el Hijo, y aquel a quien el Hijo lo quiera revelar (Lc. 10:21-22).

La percepción o comprensión espiritual "consiste en percibir y gustar la excelencia divina, suprema, santa y de la belleza de estas cosas".[24] En otras palabras, hay una diferencia entre el simple conocimiento intelectual y el conocimiento que tiene sus raíces en la visión espiritual dada por Dios de la gloria divina que está realmente allí. En el conocimiento espiritual, no solamente ejercitamos nuestra capacidad racional, sino también "gustamos" o "probamos" con nuestra capacidad espiritual. "Gustad, y ved que es bueno Jehová; dichoso el hombre que confía en él" (Sal. 34:8). "Desead, como niños recién nacidos, la leche espiritual... si es que habéis *gustado* la benignidad del Señor" (1 P. 2:2-3). "El que ha percibido el sabor dulce de la miel sabe mucho más sobre esto que el que solo la ha contemplado y sentido".[25] Por lo tanto "comprensión espiritual consiste principalmente en sentir o gustar la belleza moral de las cosas divinas".[26]

---

23. Ibíd., p. 295.
24. Ibíd., p. 297.
25. Ibíd., p. 272.
26. Ibíd., p. 273.

El texto bíblico que encendió las luces

Tengo que admitir que cuando leí por primera vez estas cosas escritas por Jonathan Edwards, el lenguaje era nuevo para mí. Esta forma de pensar era nueva también. Esta manera de describir de cómo llegar a creer y conocer la verdad también era nueva. Pero, paradójicamente, no la sentía extraña. Es decir, me pareció que estaba describiendo la realidad, mi realidad. Estaba poniendo palabras y descripciones sobre el misterio de mi fe. Es posible experimentar verdaderas maravillas divinas en la conversión, pero nunca se enseña una verdadera descripción de cuál deba ser su experiencia. Entonces, alguien comienza a describir su experiencia en palabras que nunca ha oído hablar, y de forma que nunca ha entendido, y de repente todas las palabras extrañas suenan exactamente en forma correcta. Pueden ser palabras nuevas, pero están describiendo una experiencia profunda, real y personal. Esa es la forma en que lo fue para mí.

El pasaje de las Escrituras que hizo que las luces se encendieran para mí fue 2 Corintios 4:4-6. Cuando Edwards usó este pasaje para apoyar lo que estaba diciendo, era como si Dios mismo estuviera poniendo el sello de aprobación sobre el tema. Porque al final, no es Edwards o Piper o cualquier otro hombre el que persuade a la verdadera fe, sino Dios mismo: "ni mi palabra ni mi predicación fue con palabras persuasivas de humana sabiduría, sino con demostración del Espíritu y de poder, *para que vuestra fe no esté fundada en la sabiduría de los hombres, sino en el poder de Dios*" (1 Co. 2:4-5). Este es el pasaje clave.

> Pero si nuestro evangelio está aún encubierto, entre los que se pierden está encubierto; en los cuales el dios de este siglo cegó el entendimiento de los incrédulos, para que no les resplandezca la luz del evangelio de la gloria de Cristo, el cual es la imagen de Dios. Porque no nos predicamos a nosotros mismos, sino a Jesucristo como Señor, y a nosotros como vuestros siervos por amor de Jesús. Porque Dios, que mandó que de las tinieblas resplandeciese la luz, es el que resplandeció en nuestros corazones, para iluminación del conocimiento de la gloria de Dios en la faz de Jesucristo (2 Co. 4:3-6)

Note la semejanza de las palabras del versículo 4 que son el sentido literal del versículo 6. Hay algunos paralelismos muy cercanos. En el versículo 4 Satanás ciega; en el versículo 6, Dios ilumina. Lo que Satanás esconde de los hombres en el versículo 4 es lo que Dios nos permite ver en el versículo 6. Observe los otros paralelos cuando se ponen los versículos uno al lado del otro:

Versículo 4	Versículo 6
la luz	la luz
del evangelio	del conocimiento
de la gloria	de la gloria
de Cristo	de Dios
es la imagen de Dios	en la faz de Jesucristo

Los paralelos ayudan a explicar los términos. "Evangelio" y "conocimiento" son paralelos porque el *evangelio* es la verdadera historia de los acontecimientos acerca de Cristo y lo que logró que se pueda *conocer*. En el evangelio hay hechos para conocer: "Además os declaro, hermanos, el evangelio... que Cristo murió por nuestros pecados, conforme a las Escrituras; y que fue sepultado, y que resucitó al tercer día, conforme a las Escrituras" (1 Co. 15:1-4). No hay evangelio sin hechos históricos que se pueden conocer.

Pero el enfoque de este texto es que el evangelio es la buena noticia de la "gloria de Cristo". El diablo nos ha impedido ver "la luz del evangelio de la *gloria* de Cristo". Por eso, cuando los hechos históricos son conocidos correctamente llegan a ser conocidos como gloriosos, hermosos. A primera vista, se podría pensar que la "gloria de Cristo" (v. 4) y la "gloria de Dios" (v. 6) son diferentes glorias. Pero si miramos con atención, nos daremos cuenta de que tan pronto como Pablo menciona la "gloria de Cristo" (v. 4), describe a Cristo como que "es la imagen de Dios". Y tan pronto como menciona la "gloria de Dios" (v. 6), describe a esta gloria como "en la faz de Jesucristo". En otras palabras, Pablo se asegura de que veamos la gloria de Cristo y la gloria de Dios como una sola gloria. Cristo es la imagen de Dios, y la gloria de Dios resplandece en el rostro de Cristo.

Por lo que la marca del incrédulo, al que se hace referencia en el versículo 4 ("el dios de este siglo cegó el entendimiento de los *incrédulos*"), es la ceguera a esta gloria divina en el evangelio. El incrédulo tal vez "sabe" de los hechos del evangelio, pero no ve "la luz del evangelio de la gloria de Cristo". El Cristo del evangelio no brilla en los ojos del corazón del incrédulo, quien no ve la gloria de Cristo como la belleza divina y como su tesoro supremo. Cuando se predica el evangelio, o las Escrituras se leen, él ve los hechos, pero no la gloria.

La fe surge de ver lo que realmente está allí

Es fundamental destacar aquí que esta gloria de Cristo en el evangelio es una realidad objetiva. La gloria está en Cristo y en el evangelio. No está en nosotros. No es subjetiva, sino más bien objetiva. Por esto puede funcionar como una "evidencia real" y "buena razón" para nuestra fe. No la producimos. No la traemos al evangelio o a la Escritura. Está ahí. Y si está ahí, es para que sea vista, pero por la ceguera espiritual no podemos hacerlo. Edwards hace hincapié en la realidad de esta gloria:

> Ahora bien, esta gloria distintiva del Ser divino tiene su aspecto más brillante y se manifiesta en las cosas propuestas y expuestas a nosotros en el evangelio, las doctrinas que se enseñan allí, la palabra hablada, los consejos divinos, hechos y obras revelados allí. Estas cosas tienen la más clara, más admirable y distinguida representación y exhibición de la gloria de las perfecciones morales de Dios, como nunca antes fueron presentadas al mundo. Y si hay una manifestación tan distintiva y evidente de la gloria divina en el evangelio, es razonable suponer que puede haber alguna manera de verla: ¿qué debe impedir que se vea? Esto es un argumento que no puede ser visto, que algunos no ven; aunque sean hombres que disciernen en asuntos temporales. Si existen algo tan inefable, distinguido, excelencia evidente en el evangelio, es razonable suponer que es de tal calidad que no se puede discernir, sino por la influencia y la iluminación especial del Espíritu de Dios.[27]

Edwards pregunta: *¿Cuál es la base de conocimiento firme y justificado de la verdad del evangelio?* Y responde: "La gloria de perfecciones morales de Dios" que brillan llenas de verdad y objetividad "en la faz de Jesucristo" en el evangelio: "las doctrinas que se enseñan allí, la palabra hablada y los consejos divinos, hechos y obras revelados allí".

Al comentar sobre 2 Corintios 4:4-6, junto con 3:18 ("nosotros todos, mirando a cara descubierta como en un espejo *la gloria del Señor*, somos transformados de gloria en gloria en la misma imagen, como por el Espíritu del Señor"), dice Edwards "nada puede ser más evidente que la creencia de salvación del evangelio de la que habla aquí el apóstol como el resultado de la mente que ha sido iluminada para contemplar la gloria divina de las cosas

27. Ibíd., p. 300.

que se exhiben".[28] En otras palabras, la "evidencia real" y el "cimiento" sobre el que descansa la fe salvadora es la gloria de Dios que se manifiesta en el evangelio.

La belleza de Cristo proclamada

No hemos dicho nada sobre el versículo 5 que se intercala entre los dos versículos paralelos (4 y 6) y que describe el evangelio de la gloria de Cristo. Pablo escribe: "Porque no nos predicamos a nosotros mismos, sino a Jesucristo como Señor, y a nosotros como vuestros siervos por amor de Jesús". Hay dos puntos centrales en este versículo: en primer lugar, Cristo, el Señor y, en segundo lugar, la posición de siervo en la predicación. Estos dos puntos centrales son importantes para la comprensión de cómo Pablo ayudó a la gente para que pudieran ver la gloria de Dios y así tener una fe bien fundamentada en la verdad de su palabra.

En primer lugar, se proclama a Jesucristo como Señor. Si el verdadero fundamento de la fe es "la gloria de Dios en la faz de Jesucristo", entonces la proclamación tiene por objeto la fe que debe ser una representación viva y verdadera del Cristo glorioso. La gente tiene que encontrarse cara a cara con Cristo en lo que escuchan o leen. La gente debería ser capaz de decir junto con el apóstol Juan: "y vimos su gloria, gloria como del unigénito del Padre), lleno de gracia y de verdad" (Jn. 1:14). Juan escribió su Evangelio para que podamos ver, a través de su propio retrato inspirado del Cristo, la gloria que él vio de primera mano.

La gloria que los discípulos vieron en Jesús, y que vemos cuando es retratada con fidelidad, fue la belleza moral de un hombre cuyo alimento era hacer la voluntad de su Padre en el cielo (Jn. 4:34). Nunca deseó buscar su propia gloria a costa de algún inocente, sino que siempre buscó la gloria de su Padre, hasta el punto de la muerte. Precisamente en su última hora, la de la traición, su gloria se hizo más visible: "para esto he llegado a esta hora. Padre, glorifica tu nombre... Ahora es glorificado el Hijo del Hombre, y Dios es glorificado en él" (Jn. 12:27-28; 13:31). Esta hermosa lealtad, es el anonadamiento de Jesús ante la gloria del Padre que lo selló como verdadero y que confirma nuestra fe: "El que habla por su propia cuenta, su propia gloria busca; pero el que busca la gloria del que le envió, éste es verdadero, y no hay en él injusticia" (Jn. 7:18).

Este es el hermoso Cristo que Pablo proclamó como Señor. Aunque Pablo

28. Ibíd., p. 298.

no se centró en la vida terrenal de Jesús, de la manera en que Juan y los otros evangelistas lo hicieron, se presenta el mismo carácter de Cristo. Él dejó a un lado sus derechos como Dios para asumir la condición de esclavo y humildemente morir en obediencia a su Padre (Fil. 2:6-8). A pesar de ser rico, se hizo pobre por nosotros (2 Co. 8:9). Él no se agradó a sí mismo, sino que tomó los vituperios de los hombres para que Él pudiera aceptarnos en su comunión para gloria de Dios (Ro. 15:2, 7). Cuando Pablo proclamaba la gloria de este Cristo crucificado, en la plenitud del evangelio, creía que estaba poniendo un fuerte y adecuado cimiento para una fe salvadora.

La belleza de Cristo encarnado

El segundo punto central de 2 Corintios 4:5 es el siguiente: la persona que proclama al Señor de la gloria es un esclavo para el bien de aquellos a los que busca persuadir acerca de Jesús: "Porque no nos predicamos a nosotros mismos, sino a Jesucristo como Señor, y a *nosotros como vuestros siervos por amor de Jesús*". En otras palabras, el que proclama encarna la belleza de aquello que proclama. Libremente cede la libertad que Dios le había dado, toma el papel de esclavo y se pone a disposición de los demás para el beneficio de ellos (Fil. 2:5). Hay una causa clara y un objetivo preciso para este comportamiento.

La causa de este comportamiento de autoentrega la encontramos cinco versículos antes, en 2 Corintios 3:18: "Por tanto, nosotros todos, mirando a cara descubierta como en un espejo la gloria del Señor, somos transformados de gloria en gloria en la misma imagen, como por el Espíritu del Señor". El que proclama la gloria de Cristo como Señor debe haber *visto* esa gloria. Y de acuerdo con Pablo, usted no puede ver la gloria de Cristo y permanecer sin cambios. Al mirarnos en el espejo de la gloria del Señor, somos transformados.

La promesa que el apóstol Juan da en su primera carta, de que "cuando él [Cristo] se manifieste, seremos *semejantes a él*, porque le *veremos* tal como él es" (1 Jn. 3:2), ya está siendo cumplida, mientras contemplamos la gloria de Cristo en el evangelio. Eso es lo que Pablo dice en 2 Corintios 3:18. Tenemos la tendencia a ser semejantes a los que admiramos. Esto quiere decir que, como Él, ponemos a un lado nuestros derechos y no tratamos de agradarnos más a nosotros mismos, sino que nos convertimos en siervos para beneficio de otros. Al contemplar la belleza del carácter de Cristo, comenzamos a compartirlo.

El propósito de esta transformación en un papel de un siervo que se entrega a sí mismo es proporcionar otra demostración de la gloria de Dios como el fundamento de la fe, una expresión de la encarnación. Así presentamos la gloria de Cristo, no solo en nuestro evangelio, sino también en nuestra vida. Mientras proclamamos la luz del conocimiento de la gloria de Dios en el rostro de Cristo, llegamos también a ser la luz del mundo, para que los hombres puedan ver nuestras buenas obras y glorifiquen a nuestro Padre que está en los cielos (Mt. 5:16). Si vemos y amamos la gloria de Dios en Cristo y somos transformados por ella, llegamos a ser un espejo de esa gloria y un medio para la fe bien fundamentada para los demás. Esta es la razón por la que 2 Corintios 4:5 se interpone entre los versículos 4 y 6. El anuncio de la gloria del Señor y su encarnación son la ocasión para el milagro del versículo 6 o la ceguera del versículo 4 (cp. 2 Co. 2:15-16).

La liberación de la ceguera del diablo por medio de Dios y el hombre

Lo que es claro por la relación entre 2 Corintios 4:5 y los versículos 4 y 6, es que la gente viene a un bien fundamentado conocimiento salvador de la verdad por una combinación de comunicación humana e iluminación divina de la gloria de Dios. El versículo 5 es la comunicación humana: "Porque no nos predicamos a nosotros mismos, sino a Jesucristo como Señor, y a nosotros como vuestros siervos por amor de Jesús". Y el versículo 6 es la iluminación divina sobrenatural: "Dios, que mandó que de las tinieblas resplandeciese la luz, es el que resplandeció en nuestros corazones, para iluminación del conocimiento de la gloria de Dios en la faz de Jesucristo". La gloria de Cristo es proclamada y encarnada en lenguaje humano y vida, y la gloria de Cristo es iluminada por Dios, según Él permita que el corazón vea.

Hay una confirmación notable de este patrón en 2 Timoteo 2:24-26. Aquí está tanto la proclamación humana y la encarnación, por un lado, y la iluminación divina, por otro lado:

> Porque el siervo del Señor no debe ser contencioso, sino amable para con todos, apto para enseñar, sufrido; que con mansedumbre corrija a los que se oponen, por si quizá Dios les conceda que se arrepientan para conocer la verdad, y escapen del lazo del diablo, en que están cautivos a voluntad de él.

Observe que el "siervo del Señor" (como en 2 Co. 4:5) se supone que debe ofrecer tanto un contenido claro como un humilde ejemplo. Contenido: "apto para enseñar, corregir a sus oponentes". Ejemplo: "no contencioso, sino amable para con todos, sufrido; con mansedumbre". ¿Habrá que abrir el corazón de los "opositores" y revelarles la belleza de Cristo que el siervo del Señor está proclamando y encarnando? No se da automáticamente. Pablo diría que este testimonio humano es *esencial* pero insuficiente en sí mismo.

El Señor Jesús resucitado comisionó a Pablo con estas palabras: "te envío, para que abras sus ojos, para que se conviertan de las tinieblas a la luz, y de la potestad de Satanás a Dios" (Hch. 26:17-18). Pablo sabía (como 2 Co. 4:6; 2 Ti. 2:25; Ef. 1:17 lo muestran) que Dios es el poder decisivo en dar esta visión espiritual. Pero aquí era Jesús diciéndole que fuera a hacer lo que solo Dios podía hacer. Esto es porque Dios ha escogido hacer que el testimonio humano sea esencial para acercar a las personas a la fe bien fundamentada.

¿Cuál es la respuesta de Pablo en 2 Timoteo 2:25-26 a la pregunta, *¿la obra del "siervo del Señor" en la enseñanza y el amor abre los corazones de aquellos a los que está enseñando y amando?* Pablo dice, "*por si quizá Dios les conceda que se arrepientan* para conocer la verdad, y escapen del lazo del diablo, en que están cautivos a voluntad de él". No tenemos, en definitiva, el control o la última palabra en cuán efectiva puede ser nuestra enseñanza y amor. Pero hay una gran esperanza, porque Dios tiene la última palabra, y ningún poder de la resistencia humana puede prevalecer cuando Dios decide "conceder el arrepentimiento".

Al igual que en 2 Corintios 4:4, aquí en 2 Timoteo 2:26 nos encontramos nuevamente con Satanás, el "dios de este mundo". En 2 Corintios 4:4 está cegando a la gente a la verdad. En 2 Timoteo 2:26 los tiene en su trampa, capturados para hacer su voluntad. Y aquí, en 2 Timoteo 2:25, nos encontramos también con el Dios soberano de 2 Corintios 4:6. Allí hace lo que hizo en el primer día de la creación. Él dice: "brille la luz", de modo que la persona atrapada en la oscuridad de pronto ve la gloria de Dios. Aquí está el Dios soberano "concediendo arrepentimiento". El efecto de esta obra sobrenatural es que el cautivo de Satanás es liberado de su estupor, de su ceguera. Él abre sus sentidos y ve la verdad y la belleza de lo que antes era incomprendido y falso. Él viene al conocimiento de la verdad.

Este es un conocimiento real. Se basa en evidencia real y un buen fundamento. El cautivo liberado se da cuenta de que su ignorancia de la verdad de este conocimiento no se debía a que no había motivos para la verdad, sino porque era ciego. Se encontraba en un estado de estupor demoníaco. Ahora, por la gracia soberana de Dios, ha "entrado en razón" y ve la verdad. Él tiene conocimiento de la verdad.

Desde el evangelio a las Escrituras

Hasta este punto en este capítulo, nos hemos centrado principalmente en la manera en que una persona llega a una convicción bien fundamentada de la verdad del *evangelio*. No hemos bosquejado la conexión explícitamente de este argumento para la misma convicción bien fundamentada de la verdad de las Escrituras. Sin embargo, las implicaciones para Edwards son fáciles de ver. He estado pensando en el evangelio en términos más amplios. Recordemos que "evangelio" significa "las doctrinas que se enseñan, las palabras habladas, los divinos consejos, los hechos y las obras reveladas".[29] O nuevamente: "la gloriosa doctrina que contiene la palabra de Dios, con respecto a Dios mismo, Jesucristo, el camino de salvación por medio de Él, y el mundo de la gloria que Él ha introducido y que ha comprado para todos aquellos que creen".[30]

Estos, por supuesto, son enormes rangos de verdad, los consejos divinos, hechos y obras reveladas en el evangelio, el camino de la salvación por Cristo y el mundo de la gloria. En otras palabras, la palabra "evangelio' ha sido la abreviatura de "todo el consejo de Dios" (Hch. 20:27) que proporciona los fundamentos, explicaciones e implicaciones de la obra salvadora de Cristo. Esto no es algo distinto de las Escrituras. Más bien, es lo que las Escrituras son. Las Escrituras son los escritos que Dios vio necesarios para proporcionar los fundamentos, explicaciones e implicaciones de su obra salvadora en el mundo.

Por lo tanto, el camino que hemos estado describiendo hacia una convicción bien fundamentada de la verdad del evangelio es el mismo camino que conduce a una convicción bien fundamentada de la verdad de las Escrituras. Como el evangelio lleva consigo una real, objetiva, gloria divina autoautenticada, entonces, de la misma manera, "las mismas Escrituras son evidencia de su propia autoridad divina".[31]

Esa misma gloria

La fe auténtica se basa en "una buena razón o buen cimiento". Mientras que la razón histórica puede demostrar, con alta probabilidad a la vista del erudito, que Jesús se levantó de entre los muertos, el grueso de la gente

29. Ibíd., p. 300.

30. Ibíd., p. 294.

31. Jonathan Edwards, en *Miscellanies* (Entradas núms. a-z, 1-500), vol. 13, *The works of Jonathan Edwards*, ed. Thomas Schafer (New Haven, CT: Yale University Press, 1994), p. 410 (# 333).

común no tiene el tiempo o las herramientas para dedicarse a tal disciplina de estudio. Si la fe salvadora fundamentada debe estar al alcance de todos, se debe encontrar una forma más directa, que a través de argumentos históricos detallados.

Jonathan Edwards nos señala a 2 Corintios 4:3-6, que resulta ser un punto de inflexión de la percepción. Aquí se muestra la presencia o ausencia de la fe que salva o aquella que nos hace estar ciegos; aquello que Dios nos ha concedido para ver la luz del conocimiento de la gloria de Dios en Cristo. Edwards llama a esto una gloria "inefable, distintiva, excelente evidencia en el evangelio", que puede ser vista por aquellos que no son ciegos y que es un "terreno firme" para la fe salvadora. Y creo que tiene razón.

Esta gloria divina, como veremos, impregna a la Biblia. Esta prueba ser una garantía para creer no solo la parte de la Escritura llamada "el evangelio", sino toda la Palabra de Dios, que está, de hecho, orgánicamente conectada al evangelio y que lleva las marcas de la misma gloria que brilla en Cristo y en su obra de salvación.

Para muchas personas, este tipo de argumento a favor de la verdad de las Escrituras, de hecho este tipo de vocabulario, es nuevo y extraño. Por esta razón, el siguiente capítulo tratará de eliminar el desconcierto innecesario. Espero dar cuatro analogías de lo que se siente al ver la gloria de Dios a través de su Palabra. Digo, desconcierto "innecesario" porque puede ser que las realidades con las que estamos tratando sean genuinamente extrañas para usted que debe comenzar en una condición de desconcierto.

Por ejemplo, si usted nunca ha estado en un vehículo que acelera rápidamente y por esto nunca ha sentido la "fuerza-G" empujándolo hacia atrás contra su asiento, es posible que se sienta desconcertado por completo cuando esto ocurre por primera vez. Es una nueva experiencia de la realidad. Pero entonces aprenderá lo que es, y lo hará parte de su comprensión y su vocabulario. Esa es la forma en que interactuamos con todas las experiencias de una nueva realidad. El lenguaje de la gloria de Dios y de la visión espiritual deben sonar desconcertantes para aquellos que no tienen experiencias de ellas. Así que, en el siguiente capítulo, voy a tratar de eliminar al menos el desconcierto innecesario.

9

Lo que se siente al ver la gloria de Dios

> ¡Cuán precioso, oh Dios, es tu gran amor! Todo ser humano halla refugio a la sombra de tus alas. Se sacian de la abundancia de tu casa; les das a beber de tu río de deleites. Porque en ti está la fuente de la vida, y en tu luz podemos ver la luz.
>
> SALMOS 36:7-9 (NVI)

Estoy argumentando que "la mente asciende a la verdad del evangelio [y de las Escrituras] mediante un solo paso, que es su gloria divina".[1] Más que nadie, aparte de las mismas Escrituras, Jonathan Edwards me ayudó a entender esta experiencia. Pero incluso en su época (1703-1758), el argumento sonaba extraño para muchos. A pesar de que su cultura estaba más cómoda que la nuestra con el lenguaje religioso, sus descripciones de ver la gloria divina en las Escrituras no solo fueron desconcertantes para muchos cristianos, sino ofensivas. Esta es la manera como Edwards exhortó a su iglesia, y la manera como me gustaría a mí exhortar a la mía:

> Rechace todos los prejuicios contra el conocimiento espiritual. Hay muchos que tienen prejuicios contra todas las experiencias espirituales de las que se habla. Oyen a los ministros del evangelio que hablan mucho de iluminación que salva, nueva luz, de descubrimientos, de convicción, de un sentido de nuestra propia vileza, o de una visión de la gloria de Dios, etc.; y hay prejuicios contra todo esto. Esta forma de hablar no es agradable a sus oídos. Apenas creen que existen tales cosas; sí, algunos son prejuicios en contra de las expresiones mismas que señalan estas cosas... Este es un gran obstáculo para la iluminación saludable y el

1. Jonathan Edwards, *A Treatise Concerning Religious Affections*, vol. 2, *The Works of Jonathan Edwards*, ed. John Smith (New Haven, CT: Yale University Press, 1957), p. 299.

> conocimiento espiritual. Por lo tanto, que ninguno tenga prejuicios de esta naturaleza.[2]

En otras palabras, si el lenguaje que estoy usando para hablar de cómo la Biblia revela su veracidad completa es nuevo o extraño, o incluso desagradable, no permita que esto se convierta en un gran obstáculo de su el conocimiento espiritual. Por supuesto, ¡no crea nada solo porque es nuevo o viejo! Créalo porque es bíblico y verdadero.

Lo que he aprendido con los años es que nuestra comprensión de la realidad en sí puede ser obstaculizada por tener un lenguaje inadecuado para nombrar la realidad. Si no puede nombrarla, es difícil recibirla o transmitirla. Por ejemplo, si usted no tiene ninguna palabra para caballerosidad, ¿la va a conocer cuando la vea? ¿Va a ser capaz de ayudar a su hijo para que la tenga?

Uno de los grandes regalos de las Escrituras es que crea para nosotros categorías de pensamiento que nos ayudan a captar más la verdad. También nos da términos para hablar de aquellas categorías que no tendríamos sin la Biblia. Por lo tanto, Edwards diría, y yo digo, pruebe las categorías y los términos de este libro por las Escrituras, no solo por su experiencia. Todos estamos aprendiendo. Y siempre hay algo más para ver y saber acerca de Dios y sus caminos de lo que nos podemos imaginar.

Cuatro analogías para la iluminación divina

Mi objetivo en este capítulo es arrojar tanta luz sobre el proceso de la iluminación divina como me sea posible, por medio de cuatro analogías o ilustraciones. En otras palabras, estoy preguntando, ¿qué se siente al experimentar el milagro de 2 Corintios 4:6? "Porque Dios, que mandó que de las tinieblas resplandeciese la luz, es el que resplandeció en nuestros corazones, para iluminación del conocimiento de la gloria de Dios en la faz de Jesucristo". Ninguna analogía es una semejanza completa. Estos ejemplos son solo una señal. La visión real de la gloria divina sigue siendo una experiencia sobrenatural sin una contrapartida natural.

El alma racional y la Palabra de Dios

En primer lugar, existe una analogía que el propio Edwards ofrece. Tenga en cuenta que es una analogía, no es un duplicado exacto de la experiencia de

---

2. Jonathan Edwards, "*A Spiritual Understanding of Divine Things Denied to the Unregenerate*," in *Sermons and Discourses, 1723-1729*, vol. 14, *The Works of Jonathan Edwards*, ed. Harry S. Stout and Kenneth P. Minkema (New Haven, CT: Yale University Press, 1997), p. 91.

conocer la realidad divina de las Escrituras. Recomiendo una lectura lenta y cuidadosa. La fraseología es compleja, pero no es ininteligible; y vale la pena el esfuerzo.

> El ser de Dios es evidente por las Escrituras, y las mismas Escrituras son una evidencia de su propia autoridad divina; de la misma manera que la existencia de un pensamiento humano es evidente por los movimientos, el comportamiento y el habla de un cuerpo de forma y contextura humanas, o que ese cuerpo es animado por una mente racional. Sabemos que esto no es de otro modo sino por la consistencia, la armonía y asentimiento del tren de acciones de movimientos y sonidos, y el acuerdo con todo lo que podemos suponer que está en una mente racional. Estos son una clara evidencia de un entendimiento y diseño que es el origen de estas acciones.
>
> Por lo tanto, hay una maravillosa armonía universal, consentimiento y acuerdo en el objetivo y las acciones [de las Escrituras], una apariencia universal de un glorioso y maravilloso diseño, tales grabados en todas partes de sabiduría excelsa y divina, majestad y santidad en la materia, forma, contextura y propósito; que la evidencia es la misma que las Escrituras son la palabra y la obra de una mente divina, para alguien que está completamente familiarizado con ellos, como es que las palabras y las acciones de un hombre con entendimiento son de una mente racional, para alguien que lo conoce familiarmente desde hace mucho tiempo.[3]

La mayoría de nosotros pasamos por alto las maravillas que nos rodean. No así Edwards. Es una maravilla que podemos ver el movimiento del cuerpo humano (ojos, labios, frente, hombros), escuchar las cuerdas vocales humanas que emiten sonidos, seguir la interacción de estos movimientos y sonidos con las personas y cosas de los alrededores, y —de toda esta física y técnica sensorial— llegar a la convicción bien fundamentada de que este cuerpo físico de movimiento y sonido está conectado de alguna manera con un ser humano pensante, un alma racional.

No podemos ver un alma, o la personalidad, o la racionalidad. Entonces, ¿cómo sabemos que hay algo más que cuerpo? Edwards dice: "la consistencia, la armonía y la unión del asentimiento de movimientos y sonidos" están de acuerdo con "todo lo que podemos suponer está en una mente racional".

---

3. Jonathan Edwards, *The "Miscellanies"* (Entries Notas a-z, 1-500), vol. 13, *The Works of Jonathan Edwards*, ed. Thomas Schafer (New Haven, CT: Yale University Press, 1994), pp. 410-411 (*Miscellany* 333).

La mayoría de las veces, no hacemos conscientemente una deducción a partir de lo que vemos a lo que creemos acerca de las personas. La conciencia de la personalidad es inmediata, ya que la unión entre la personalidad (alma) y el cuerpo es muy profunda.

Entonces Edwards hace una analogía entre las Escrituras y el Dios cuyo ser expresan. En la analogía, las Escrituras corresponden al cuerpo humano, y Dios corresponde al alma. Cuando interpretamos el significado de las Escrituras, vemos en esto una "maravillosa armonía universal, consentimiento y acuerdo con el objetivo y de dejarse llevar". Vemos la presencia omnipresente de "un glorioso y maravilloso diseño". Vemos abundantes "grabados de sabiduría excelsa y divina, majestad y santidad en materia, forma, contextura y propósito". Y en este significado de las Escrituras, podemos discernir la "palabra y obra de una mente divina".

Del mismo modo de que rara vez hacemos una pausa y conscientemente pensamos en el hecho de que inferimos que hay un alma detrás de las acciones y las palabras de un ser humano amigo, así rara vez hacemos una pausa y reconocemos que inferimos que hay una mente divina detrás de las Escrituras. La razón es que, en cierto sentido, "detrás" es una palabra equivocada. El alma no está meramente *detrás* del cuerpo, y la palabra de *Dios* no está simplemente *detrás* de las Escrituras humanas. La unión en ambos casos es tan profunda que cuando vemos al cuerpo humano que actúa como debe, y vemos el significado de las Escrituras como se debe, no hay una inferencia consciente. No es vista inmediatamente. Se trata de una persona racional, no solo de un cuerpo. Esta es la Palabra de Dios, no solo del hombre.

El pintor y el Dios que habla

En la siguiente ilustración, considere la analogía entre saber que Dios es el autor de las Escrituras y saber que Rembrandt pintó "La tormenta en el mar de Galilea". La pregunta que estoy planteando aquí es: ¿Cuánto de la pintura debe ver usted para saber que es un Rembrandt? Y, ¿cuánto de las Escrituras debe leer para saber que es la Palabra de Dios? La razón por la que importa esta pregunta es que esto ayuda a aclarar en qué sentido la autoautentificación de la gloria de Dios es visible a través de las Escrituras.

La mayoría estaría de acuerdo en que si cubrimos el cuadro de Rembrandt con un papel negro, y luego se hace un agujero con un alfiler en el papel, con lo que revela una pequeña mancha de la pintura, no seríamos capaces de tener un conocimiento bien fundamentado de que la pintura es de Rembrandt. Ni siquiera sabríamos lo que estamos mirando. Del mismo modo, la gloria distintiva de Dios en las Escrituras no está en la forma de las letras. Mirando a través de un pequeño orificio en las Escrituras, es posible que vea una letra. Eso no revela la gloria distintiva del autor divino.

El significado de los textos está donde brilla la gloria

Más bien, la gloria de Dios que marca las Escrituras como divinas se manifiesta a través del *significado* de los escritos. Enfatizo en esto porque, entre otras razones, parece ser una de las implicaciones de las palabras de Pablo en 2 Corintios 4:4 cuando se refiere a "la luz del *evangelio* de la gloria de Cristo". La "gloria de Cristo" emite su "luz" en nuestro corazón (v. 6) como la "luz del evangelio". Pero esta no es la luz de la letra griega épsilon, la úpsilon o cualquier otra letra aislada o palabra aislada. El "evangelio" está fundamentado en complejos eventos históricos, y el significado que estos eventos tienen para el propósito de Dios. Por lo tanto, la gloria del evangelio brillará, no a través de fragmentos ininteligibles, aislados de los acontecimientos, o por medio de fragmentos de este significado divino, sino más bien a través de un relato verbal suficientemente amplio de la realidad histórica y del significado divino.

¿Cuánto de las Escrituras es un "relato verbal suficiente"? Esto es similar a la pregunta, ¿qué tan grande debe ser el agujero antes de que podamos reconocer los rasgos distintivos de inimitable estilo, especialmente de la manera como utiliza Rembrandt la luz? La respuesta a esta pregunta depende de dos cosas: en qué parte de la pintura está centrado el pequeño agujero, y qué sensibilidades artísticas el espectador trae ante la pintura.

Hay partes de las Escrituras donde el significado de Dios requiere una gran ampliación del agujero. Por ejemplo, si el agujero se coloca sobre la parte central del libro de Job, tendría que ser ampliado para abarcar la mayor parte del libro, debido a que los largos diálogos entre Job y sus amigos no encuentran su solución divina sin el principio y el final del libro. Por otro lado, si el agujero fuera colocado sobre el Evangelio de Juan o la epístola a los Romanos, la ampliación a una cantidad escrita suficiente de gloria distintiva de Dios podría ser mucho más pequeña. El significado de la autoautentificación de Dios está suficientemente presente en porciones más cortas de lo escrito.

Las sensibilidades artísticas del espectador marcan la diferencia

Cuánto del agujero sobre la pintura debe ampliarse antes de que el espectador pueda ver que una pintura es un Rembrandt, también depende de la sensibilidad artística de la persona que está contemplando. Una persona con un compromiso extenso con Rembrandt a través de sus pinturas puede ser capaz de ver las marcas del maestro mucho antes de alguien como yo. Sé algunas cosas sobre el estilo de Rembrandt, pero no mucho. Y mi compromiso con él a través de sus pinturas es casi lo mismo que se obtendría en una clase universitaria de apreciación del arte.

Del mismo modo, es probable que una persona con un amplio compromiso con Dios a través de su Palabra vea más fácilmente los rasgos de su gloria en las Escrituras que alguien que tiene poca experiencia con las Escrituras. Esto no se debe a que la visión es un asunto meramente natural, o que la persona que ve con más facilidad tiene dones meramente naturales. Es debido a dos cosas: Una de ellas es que la gloria brilla en el *significado*, no a través de las palabras o frases aisladas. Vimos anteriormente por qué es esto. Implica que una persona con más experiencia en las Escrituras, por lo general, será capaz de interpretar el verdadero significado de un pasaje más fácilmente que alguien con poca experiencia.

La otra razón por la que un amante experimentado de las Escrituras, por lo general, ve la gloria de Dios en ella con mayor facilidad es que ha sido cambiado por estas. "Por tanto, nosotros todos, mirando a cara descubierta como en un espejo la gloria del Señor, somos transformados de gloria en gloria en la misma imagen, como por el Espíritu del Señor" (2 Co. 3:18). La gloria de Dios revelada en las Escrituras transforma nuestra mente y corazón para que haya una armonía más dispuesta con la gloria de Dios en la Palabra. Y así podemos verla y aprobarla más fácilmente. Esto tiene grandes implicaciones para la correlación entre nuestra práctica y nuestra comprensión de las Escrituras. Por lo tanto, dice Edwards: "El conocimiento espiritual solo se incrementa mediante la práctica de la virtud y de la santidad".[4]

Dios no firma su obra maestra

¿Qué pasa si el agujero del papel que cubre la pintura estaba justo por encima de la firma del autor? Entonces cualquiera que pueda leer (sin conocimiento en absoluto de las excelencias del artista) podía saber que es de Rembrandt. Menciono esto para llamar la atención sobre el hecho de que en este punto falla la analogía. Dios no firma su obra maestra. La razón por la

4. Ibíd., p. 287 (*Miscellany* 123). "El conocimiento espiritual solo se incrementa mediante la práctica de la virtud y de la santidad. Pues no podamos tener la idea sin la disposición adaptada de la mente, y cuanto más apropiada sea la disposición, más clara e intensa será la idea; pero cuanto más practicamos, más aumenta la disposición".

que no lo hace es que tal conocimiento no nos haría ningún bien. El único conocimiento de la autoría de Dios, que tiene algún valor eterno y salvífico, es un conocimiento descubierto por la visión de su gloria en la Palabra.

El diablo sabe que la Biblia es la Palabra de Dios; él vio hacerla. Pero este conocimiento no le hace ningún bien. ¿Por qué? Debido a que es un conocimiento basado en la conciencia externa de la participación de Dios (como la lectura de una firma), no en la visión interna de la auténtica belleza de Dios en el significado de las Escrituras. La gloria de Dios no es como una firma en la pintura de las Escrituras. No es como un farol colgado en la ventana de la casa que nos dice por dónde entrar. La gloria de Dios no es una añadidura para el significado de las Escrituras. La gloria está *en* el significado.

La analogía de la encarnación de Cristo puede ser útil aquí. Jesucristo es el humano, así como las Escrituras son escritos humanos. Jesús también es divino, como también las Escrituras son la palabra de Dios.

Con el fin de ser conocido como el Dios encarnado, Jesús no dependía de una voz externa del cielo que decía: "Este es mi Hijo amado" (Mt. 3:17; 17:5). Sin duda, Dios le dio este respaldo. Pero Jesús nunca apeló a esto como prueba de que Él lo era. En su lugar, preguntó: "¿Tanto tiempo hace que estoy con vosotros, y no me has conocido, Felipe? El que me ha visto a mí, ha visto al Padre..." (Jn. 14: 9). En otras palabras, ver y escuchar a Jesús debería haber sido suficiente. Por eso, cuando Juan escribió su Evangelio, después de pasar tres años con Jesús, dijo: "Y la Palabra se hizo carne y habitó entre nosotros, y contemplamos su gloria, gloria como del unigénito del Padre, lleno de gracia y de verdad" (Jn. 1:14, RVR-2015).

El punto aquí es que Dios era perceptible en Jesús, no porque Dios puso una firma en la pintura, o porque haya colgado un farol en la casa, o haya anunciado la divinidad de Cristo desde el cielo, sino porque Dios estaba en Jesús. Dios era quien Jesús era. Estaban unidos. Las marcas de la divinidad estaban en Jesús: el todo, actuando, pensando, sintiendo, hablando. Lo mismo sucede con las Escrituras. No tienen una firma o un farol o una voz que habla sobre ellas. La palabra del hombre en sí está unida con la palabra de Dios. Las marcas de la divinidad están en el significado de lo escrito.

Lo que esto significa para Jesús es que usted no podría discernir la gloria divina de Jesús al mirar sus pies descalzos o en el simple momento en que su cuerpo dormía. Había que verlo actuar, escuchar su palabra y observar su comportamiento. Lo mismo sucede con las Escrituras. No se puede ver la gloria divina de Cristo en las Escrituras con solo mirar una letra en una de sus frases, o mediante una mirada al azar a una frase sin ninguna conexión con otras para tener un significado claro. Al igual que con un Rembrandt, los signos de la grandeza distintiva del maestro están en la composición, el significado de las Escrituras inspiradas por Dios.

La luz de Dios trae toda la verdad a la luz

En el tercer ejemplo, buscamos algunas reflexiones desencadenadas por el Salmo 36:9: "En tu luz veremos la luz". Y estos pensamientos son provocados más por el catalizador de una famosa cita de C.S. Lewis: "Creo en el cristianismo como creo que el Sol ha salido, no solo porque lo veo, sino porque por el Sol puedo ver todo lo demás."[5]

Por lo general, cuando buscamos tener una convicción bien fundada sobre alguna afirmación de verdad en este mundo, traemos toda nuestra experiencia para influir en tal afirmación y tratar de darle sentido. Lo que sabemos por experiencia antes de haber oído la afirmación, se aplica a la afirmación para ver si es correcto lo que dice. ¿Esto es coherente con lo que sabemos que es verdad? ¿Tiene sentido al ponerlo ante la luz de lo que ya sabemos? Lo que sabemos por experiencia es la norma, el árbitro, la medida de la verdad.

¿Pero qué sucede cuando nos encontramos con una afirmación que dice: "Yo soy la norma, el árbitro, la verdad"? Esta afirmación es única. No es como otras afirmaciones de verdad en este mundo. Cuando la máxima Medida de toda la realidad habla, usted no somete esta Medida a la medida de su mente o a su experiencia del mundo. Él creó todo eso. Cuando la norma última de toda la verdad y la belleza aparece, no se la pone en el banquillo para ser juzgada por las percepciones previas de la verdad y la belleza que traemos a la sala del tribunal.

El original, eterno absoluto es visto como verdadero y bello, no porque es coherente con lo que sabemos, sino porque toda la verdad y la belleza que conocemos es coherente en Él. Se mide por Él, y se ve que fluye de Él. No es que Él tiene sentido, y por tanto tiene credibilidad a la luz de este mundo. Él trae sentido al mundo. Él es el sentido. La luz que tenemos en el mundo no brilla sobre Él y revela su verdad. Él es la luz del mundo, y en su luz vemos la luz.

"En tu luz podemos ver la luz"

Salmos 36:9 dice: "Porque en ti está la fuente de la vida, y en tu luz podemos ver la luz" (NVI). ¿Qué significa que en la luz de Dios podemos ver la

---

5. C. S. Lewis, "Is Theology Poetry?", en *C. S. Lewis, Essay Collection and Other Short Pieces* (London: HarperCollins, 2000), p. 21.

luz? Tenga en cuenta el contexto. Los primeros cuatro versículos del salmo describen la condición de los que no tienen "temor de Dios" (v. 1). En cambio, "Dice el pecador: 'Ser impío lo llevo en el corazón'" (v. 1). ¿Qué dice? "Cree que merece alabanzas y no halla aborrecible su pecado" (v. 2). La negación de Dios y el poder del pecado ponen al hombre en un mundo de sueños de ilusión. Piensa que es autosuficiente y seguro. Así que se entrega a las palabras de engaño y actos de maldad (vv. 3-4). Es como una hormiga que niega la existencia de la tierra, o un pájaro que niega la existencia del aire, o un pez que niega la existencia del agua.

A continuación, el salmista (David) pone a la majestad de Dios enfrente de esta ilusión. "Tu amor, Señor, llega hasta los cielos; tu fidelidad alcanza las nubes. Tu justicia es como las altas montañas; tus juicios, como el gran océano. Tú, Señor, cuidas de hombres y animales" (vv. 5-6). El hombre que no conoce a Dios y los animales que no conocen a Dios son sostenidos por el Dios que no conocen. Montañas y grandes profundidades no desaparecen porque el hombre y los animales sean ciegos a su gloria.

Pero David sabe cómo el amor de Dios lo abarca todo, y es el que sustenta todas las cosas. Canta su valor inapreciable: "¡cuán precioso, oh Dios, es tu gran amor!" (v. 7). Lo vean o no, él confiesa que toda la humanidad vive bajo el cuidado sustentador de Dios; tiene su vida, aliento y todo de Dios. "Todo ser humano halla refugio a la sombra de tus alas. Se sacian de la abundancia de tu casa; les das a beber de tu río de deleites" (vv. 7-8). Las personas, los hijos de la humanidad, que "no tienen temor de Dios", que "creen que merecen alabanzas", que son autosuficientes y seguros aparte de Dios, estas mismas personas viven en la abundancia de la casa de Dios sin saberlo. Beben de su río de delicias. Ellos son sustentados por el Dios al que niegan.

¿Cómo puede ser esto? El versículo 9 comienza con "porque" (heb. *ki*), lo que da la razón: "Porque en ti está la fuente de la vida, y en tu luz podemos ver la luz". La razón, incluso por la que los que no tienen temor de Dios pueden vivir y beber de la vida de Dios, es que Dios es la fuente de toda vida. No hay vida aparte de Dios. Dios es la fuente de toda luz. No hay luz, no hay conocimiento, no hay sabiduría aparte de Dios. Toda la existencia y todo el conocimiento dependen de Dios. Si tenemos vida, vivimos por Él. "Porque en él vivimos, y nos movemos, y somos" (Hch. 17:28). Si tenemos algún conocimiento, lo tenemos por Él. "Porque de él, y por él, y para él, son todas las cosas" (Ro. 11:36). No arrojamos luz sobre Él con la luz que vemos. Él es el origen, la fuente. Si tenemos alguna medida de luz, es la luz que Él pone sobre lo que vemos, no nosotros.

Así, cuando el Hijo de Dios vino al mundo, cuando la Palabra se hizo carne (Jn. 1:14), "aquella luz verdadera que alumbra a todo hombre, venía a este mundo" (Jn. 1:9). El original, la fuente, se convirtió en parte de la corriente de la creación que fluye desde Él. La luz introdujo la luz que Él creó. Jesucristo es único. Él es realmente criatura y realmente Creador, una persona en dos naturalezas. Es aquel que puede ser conocido y el que hace todo conocimiento posible. Es un punto de luz, de verdad y de conocimiento, que entra en nuestra mente, y Él es la luz por la que vemos todos los puntos de luz. Por lo tanto, sabemos que Él es verdadero, no porque nuestra luz lo muestre como tal, sino porque su luz divina brilla con su propia gloria, que da toda la iluminación y toda explicación.

Y lo mismo ocurre con su Palabra, las Escrituras, las que están orgánicamente relacionadas con la Palabra encarnada. Como la luz del mundo, Cristo es la suma y el brillo de toda la verdad del Antiguo Testamento. Él ha querido que la luz que trajo al mundo sea preservada una vez más como la suma y el brillo del Nuevo Testamento. Como Herman Bavinck dice: las Escrituras "son el producto de la encarnación de Dios en Cristo, y en cierto sentido su continuación".[6] Así sabemos que las Escrituras son verdaderas, no porque nuestra luz demuestre que son así, sino porque su luz divina brilla con su luz propia y luz única.

¿Qué fue lo que Pedro vio y Judas no vio?

En nuestra cuarta ilustración, me gustaría reflexionar con ustedes sobre la diferencia entre lo que los apóstoles Pedro y Judas vieron al mirar a Jesús. Incluso llamar a Judas "apóstol" es impactante. Pero ahí está: "Los nombres de los doce apóstoles son estos: primero Simón, llamado Pedro... y Judas Iscariote, el que también le entregó" (Mt. 10:2-4). Él no cumpliría el propósito de un apóstol de hablar la verdad en nombre de Jesús, por lo que fue quitado de los doce antes de que se les confíe la misión en la partida de Jesús. Jesús sabía que Judas iba a fallar cuando lo eligió. "Jesús sabía desde el principio... quién le había de entregar" (Jn. 6:64). Así que Judas es elegido a fin de que podamos aprender de su fracaso.

Pedro era diferente. A pesar de su tropiezo, Pedro vio a Cristo como irresistiblemente verdadero y grande. Conocerlo era sumamente gratificante. Cuando los demás dejaron a Jesús porque sus enseñanzas eran cada

6. Herman Bavinck, *Reformed Dogmatics, vol. 1: Prolegomena* (Grand Rapids, MI: Baker Academic, 2003), p. 380.

vez más controvertidas, Jesús preguntó a los doce: "¿Queréis acaso iros también vosotros? Le respondió Simón Pedro: Señor, ¿a quién iremos? Tú tienes palabras de vida eterna" (Jn. 6:67-68). Y cuando Jesús preguntó a sus discípulos: "¿quién decís que soy yo? Respondiendo Simón Pedro, dijo: Tú eres el Cristo, el Hijo del Dios viviente" (Mt. 16:16). En otras palabras, Pedro vio a la persona y las enseñanzas de Jesús como algo irresistiblemente verdadero, grande y satisfactorio. Tú eres la persona más grande. Tus enseñanzas son insuperables. No hay ninguna otra persona que preferimos. Tú eres el Cristo. Tú eres el Hijo de Dios. Nuestra búsqueda ha terminado.

"No te lo reveló carne ni sangre"

¿Cómo es que Pedro, quien era manifiestamente un hombre imperfecto y pecador (Lc. 5:8), veía a Cristo como realmente era? Jesús responde, utilizando el nombre original de Pedro: "Bienaventurado eres, Simón, hijo de Jonás, porque no te lo reveló carne ni sangre, sino mi Padre que está en los cielos" (Mt. 16:17). Esta fue la manera de Jesús de decir lo que dijo Pablo en 2 Corintios 4:6, 2 Timoteo 2:25 y Efesios 1:17, a saber: Dios debe abrir los ojos de nuestro corazón antes de que la gloria de Dios en Cristo y en su Palabra pueda ser vista como lo que es.

Pedro no era único en este sentido. Jesús dijo a sus discípulos: "A vosotros os es dado conocer los misterios del reino de Dios; pero a los otros por parábolas, para que viendo no vean, y oyendo no entiendan" (Lc. 8:10). Todos los verdaderos seguidores de Jesús habían experimentado lo que Pedro experimentó. Dios les había "dado el conocer." Esta es la manera en la que alguien llega a saber la verdad y la belleza de Cristo. Jesús declaró:

> Te alabo, Padre, Señor del cielo y de la tierra, porque escondiste estas cosas de los sabios y de los entendidos, y las revelaste a los niños. Sí, Padre, porque así te agradó. Todas las cosas me fueron entregadas por mi Padre; y nadie conoce al Hijo, sino el Padre, ni al Padre conoce alguno, sino el Hijo, y aquel a quien el Hijo lo quiera revelar (Mt. 11:25-27).

Nadie conoce al Padre o al Hijo aparte de este don sobrenatural de la visión. La razón por la que Pedro vio a Jesús como verdadero, grande y sumamente gratificante fue porque Dios, en su libre y soberana misericordia, lo escogió para abrirle los ojos para que vea lo que Pablo llama "la gloria de Dios en la faz de Jesucristo".

Que no haya sanación no es la causa de la ceguera

Pero para Judas y otros como él "viendo no ven, y oyendo no oyen" (Mt. 13:13). Judas vio al mismo Jesús físico que Pedro. Formó parte del círculo de los apóstoles. Estuvo con Jesús casi sin parar durante tres años. ¿Por qué no vio? No es correcto decir que él no vio porque Dios no le abrió los ojos. El don de la vista de la gracia de Dios es la razón por la que la gente ve. Su ausencia no es propiamente la razón por la que no ven. El que no haya sanación por parte de Dios no es la causa de la ceguera.

La historia de Judas revela por qué no podía ver la gloria de Dios en Cristo. Judas era amante del dinero (Mt. 26:15), mentiroso (Lc. 22:48), ladrón (Jn. 12:6) y traidor (Mr. 14:10). Esa era su ceguera. Cuando Jesús visitó la casa de María y de Marta, María ungió a Jesús con un perfume caro. Judas se opuso: "¿Por qué no fue este perfume vendido por trescientos denarios, y dado a los pobres? Pero dijo esto, no porque se cuidara de los pobres, sino porque era ladrón, y teniendo la bolsa, sustraía de lo que se echaba en ella" (Jn. 12:5-6).

Ahí está: amante del dinero, ladrón, mentiroso. Eso es lo que hace el alma humana amando más la creación de Dios que a Dios mismo. Usufructuó de lo que se puso en la tesorería de los apóstoles. Era un ladrón, y cubrió su robo con los reclamos hipócritas de amar a los pobres. Fue un mentiroso. Él le preguntó a Jesús en la última cena: "¿Soy yo [el que va a entregarte], Maestro?" (Mt. 26:25), aunque sabía perfectamente que era el elegido. Era un impostor de principio a fin. Traicionó a Jesús con un beso, un beso de engaño (Lc. 22:47). Amar el dinero convierte a las personas en mentirosos y ladrones que no pueden ver la gloria de Cristo.

La codicia causa ceguera que no deja ver la gloria

¿Por qué amar el dinero nos hace ciegos a la gloria de Jesús? Porque la gloria de Jesús reclama en nuestros corazones como el tesoro más grande en el mundo. "El reino de los cielos es semejante a un tesoro escondido en un campo, el cual un hombre halla, y lo esconde de nuevo; y gozoso por ello va y vende todo lo que tiene, y compra aquel campo" (Mt. 13:44). Como el rey de Israel, cuyo reino no tendría fin (Lc. 1:32-33), Jesús era la personificación del reino de Dios. Donde él obraba, el gobierno real de Dios estaba trabajando (Lc. 11:20). Por lo tanto, esta parábola de un versículo acerca del reino de Dios (Mt. 13:44) es sobre encontrar a Jesús como nuestro tesoro supremo. Cuando lo vemos por lo que Él es —infinitamente hermoso, valioso y satisfactorio—, nuestro amor por el dinero es neutralizado. Vemos esto porque, en la parábola, el hombre que encontró el tesoro vende con *gozo* todo lo que tiene para poseerlo. Esto significa una sustitución radical de dinero por Cristo como nuestro tesoro supremo.

Es uno u otro, dinero o Cristo. "Ninguno puede servir a dos señores; porque o aborrecerá al uno y amará al otro, o estimará al uno y menospreciará al otro. No podéis servir a Dios y a las riquezas" (Mt. 6:24; cp. Mt. 10:37-39; Lc. 8:14; Mr. 10:21-22). Tampoco se puede servir a Cristo y a las riquezas. Judas es la prueba. El amor al dinero ciega la mente a la suprema dignidad de Jesús. Incluso antes de que lo razonemos, nuestros corazones se están rebelando contra la pretensión de Jesús para reemplazar el dinero como el tesoro supremo de nuestra vida.

Así que Judas vio al mismo Jesús que vio Pedro, pero él no lo vio como tan convincente glorioso, hermoso y todo satisfactorio. Él no estaba ciego al ser humano; estaba ciego a la belleza infinita y al valor de la gloria divina.

Y la razón de la ceguera no era que él era un peón indefenso en manos de Satanás, sino que se unió a Satanás rechazando la plena luz del día de la gloria de Cristo. Su ceguera, nuestra ceguera, tiene sus raíces en la rebelión. Esto es lo que Jesús dijo en Juan 3:19-20 acerca de nuestra ceguera de su gloria:

> Y esta es la condenación: que la luz vino al mundo, y los hombres *amaron* más las tinieblas que la luz, porque sus obras eran malas. Porque todo aquel que hace lo malo, *aborrece* la luz y no viene a la luz, para que sus obras no sean reprendidas.

La raíz de nuestra ceguera no es que seamos víctimas de la oscuridad, sino que somos *amantes* de la oscuridad. La raíz de nuestra ceguera no es que se nos *impida* la luz, sino que somos *enemigos* de la luz. Nos encanta la oscuridad de hacer las cosas a nuestra manera, y no nos gusta la luz de la insuperable belleza del todo autoritativo, del que todo lo satisface, Cristo soberano. Y, por lo tanto, nuestra ceguera es censurable, no, como dicen los abogados, exculpatoria. No elimina nuestra culpa. Esta *es* nuestra culpa.

En esta analogía, Judas representa a las personas que se acercan a las Escrituras cristianas con una mente y corazón que están tan fuera de sintonía con la música de su significado que no pueden oírla como lo que es. Hay tal disonancia que el corazón repele la revelación de Dios como indeseable y falsa. Pedro representa a las personas que acuden a las Escrituras con una mente y corazón humillados por el Espíritu Santo y abiertos a la belleza y a la verdad de la gloria de Dios que brilla a través del significado del texto. Lo que trae la analogía a luz es que dos individuos pueden estar buscando en la misma persona (Jesucristo), o en el mismo libro (la Biblia), y se pierden lo que realmente está allí. Esto demuestra que el camino a la visión incluye la purificación de nuestros corazones. "Bienaventurados los de limpio corazón, porque ellos verán a Dios" (Mt. 5:8).

Las Escrituras revelan la gloria

El punto de estas cuatro analogías ha sido ilustrar cómo las Escrituras se manifiestan como la Palabra de Dios mediante la revelación de su gloria. ¿Qué se siente al experimentar una convicción bien fundamentada de la verdad de las Escrituras por la visión de su gloria dada por Dios?

El camino que hemos estado describiendo hacia una convicción bien fundamentada de la verdad de las Escrituras tiene sus raíces en la enseñanza de Pablo en 2 Corintios 4:4-6, donde dice que a través de escuchar (o leer) el evangelio, Dios imparte a nuestro corazón la "iluminación del conocimiento de la gloria de Dios en la faz de Jesucristo." Esta senda a la certeza en el evangelio es el mismo camino que conduce a una convicción bien fundamentada de la verdad de todas las Escrituras. Así como el evangelio lleva consigo una gloria divina autoautenticada, real y objetiva, de la misma manera, "las mismas Escrituras son una evidencia de su propia autoridad divina".[7]

Una de las implicaciones de esta senda a la certeza es que otros caminos que ofrecen probabilidades y riesgos se vuelven problemáticos. Hay algunos ejemplos famosos de estos otros caminos. Tratando uno de ellos se aclarará el camino diferente que estoy siguiendo. Por tanto, hablaremos en el siguiente capítulo de la apuesta de Pascal.

7. Edwards, "*Miscellanies*", p. 410 (Miscellany 333).

10

Reflexionando sobre la apuesta de Pascal

> No ceso... haciendo memoria de vosotros en mis oraciones, para que el Dios de nuestro Señor Jesucristo, el Padre de gloria, os dé espíritu de sabiduría y de revelación en el conocimiento de él, alumbrando los ojos de vuestro entendimiento, para que sepáis cuál es la esperanza a que él os ha llamado, y cuáles las riquezas de la gloria de su herencia en los santos.
>
> EFESIOS 1:16-18

Al escribir los dos capítulos anteriores, me conmoví ante la preocupación de que un argumento histórico complejo de la verdad de la Biblia esté fuera del alcance de la mayoría de personas en el mundo. La mayoría de personas no tiene las herramientas o el tiempo para llegar a un argumento de este tipo. No solo eso, sino que tales argumentos solo producen resultados probables, y dejan a las personas con la sensación de que su confianza en la Biblia es tan firme como su comprensión de la situación actual de los estudios históricos. Mi preocupación, por lo tanto, ha sido encontrar una manera de obtener una confianza bien fundada en la verdad de la Biblia, basada en la evidencia que una persona puede ver, incluso si no tiene ninguna formación histórica y poco tiempo para dedicarse a rigurosos estudios.

¿Cómo puedo tener confianza en mi esposa?

Una manera de pensar acerca de este enfoque es compararlo con la confianza que tengo de que mi esposa me es fiel, que no está teniendo una aventura con otro hombre. ¿Cómo puedo tener una confianza bien fundamentada de que ella me es fiel? Una manera sería contratar a un detective privado para que la vigile todo el tiempo, y así demostrar que no está teniendo una aventura secreta. Pero esa opción me deja preocupado, ya que el trabajo del detective privado puede no ser muy exhaustivo. Tal vez se pierda de algo, y no pueda vigilarla todo el tiempo. Tal vez ella sospecha que él está ahí y ha encontrado una manera de evadirlo, y así anular su investigación. Esta manera de encarar el problema me va a dejar preocupado y no logra convencerme.

La única manera de tener el tipo de confianza bien fundamentada en mi esposa, y que me deje con total tranquilidad, es aquella confianza que se basa en un conocimiento directo de la clase de persona que es ella. Con el tiempo he llegado a conocerla muy profundamente. Veo las profundas marcas de integridad, santidad, temor de Dios y devoción a Cristo y a mí. Estas son realidades que ningún detective privado puede demostrarme. Las conozco de primera mano. No puedo cuantificarlas. Si pudiera, perderían su fuerza, porque entonces siempre me estaría preguntando si necesito un poco más de "cantidad" para establecer el carácter de ella. No es así. Es algo inmediato. Más intuitivo. Pero no simplemente subjetivo. Se basa en un sinnúmero de horas y experiencias juntos. Esta manera de saber sobre la fidelidad de mi esposa produce en mí una confianza bien fundamentada sobre la que apostaría mi vida. Duermo en paz y sin inquietarme.

Si esto es posible en el caso de una esposa, que es simplemente un ser humano imperfecto y pecador, cuánto más es posible conocer de forma directa la verdad y la fidelidad de la Palabra de Dios, como la gloria divina del personaje que se refleja a través de las Escrituras que Él inspiró. En este capítulo, quiero seguir esta forma de conocer la verdad de las Escrituras, relacionándola con la apuesta de Pascal. La razón por la que creo que esto va a arrojar más luz sobre cómo logramos una confianza bien fundamentada en las Escrituras es que la insuficiencia de la apuesta de Pascal nos envía a las mismas Escrituras, con ideas que profundizan y fortalecen nuestra comprensión de cómo sabemos que la Biblia es la verdad.

Apuesta de Pascal

Pascal fue un matemático y filósofo francés que murió en 1662. Su trabajo más famoso es *Pensées* (*Pensamientos*). En el pensamiento 233, propuso su apuesta, que tiene que ver con la forma en cómo se decide creer o no creer en Dios. En su forma más popular, creo que es bastante engañosa. Por eso trato de esto aquí. Al mostrar cómo es engañosa, arrojamos luz sobre el proceso de llegar a una creencia bien fundamentada en Dios y su Palabra, y no a una creencia basada en una aventura.

La esencia de la apuesta es que el aventurarse a creer en Dios implica poco riesgo y una posible gran ganancia. O para decirlo de otra manera: apostar que Dios no existe y estar equivocado resulta en una pérdida eterna.

Pero apostar que Dios existe y estar equivocado resulta en una pérdida pequeña. Así es el aventurarse con Dios. En las propias palabras de Pascal, la apuesta es la siguiente:[1]

> "Dios existe, o no existe". Pero, ¿hacia qué lado nos inclinaremos? La razón nada puede determinar acerca de esto... Se juega una partida, en el extremo de esa distancia infinita, en el que saldrá cara o cruz. ¿A qué apostarán? De acuerdo con la razón, no pueden defender ninguna de las dos proposiciones...
>
> Hay que apostar; esto no es opcional. Están embarcados. Así pues, ¿cuál de las dos elegirán?... Su razón no se resiente si eligen lo uno o lo otro, puesto que necesariamente hay que elegir... Pero, ¿su felicidad? Pesemos la ganancia y la pérdida, considerando que Dios existe...
>
> Si ganan, ganan todo; si pierden, no pierden nada. Apuesten, pues, a que Dios existe, sin vacilar... Hay aquí una infinitud de vida infinitamente feliz como ganancia, una oportunidad de ganar contra un número finito de oportunidades de perder... Dondequiera que el infinito esté, y no hay una infinidad de posibilidades de pérdida contra la de la ganancia, no hay tiempo para dudar, debe darlo todo...
>
> Entonces, nuestra proposición encierra una fuerza infinita, cuando se arriesga lo finito en un juego donde hay igualdad de riesgos de ganar y de perder, y lo infinito como ganancia. Esto es demostrable; y si los hombres son capaces de alguna verdad, esta lo es (*Pensées*, 233).

Una apuesta simple y engañosa

Aquí es donde termina la popular (y engañosa) comprensión de la apuesta de Pascal. ¿Por qué es engañosa?

Es engañosa porque da la impresión de que la fe salvadora en Dios es una elección que hacemos sin ver a Dios como verdadero y cautivantemente hermoso. La apuesta dice: "Usted no sabe si Dios está realmente allí. Dios mismo no es una realidad para usted. Él es una posibilidad. Cuando nos fijamos en la naturaleza, o en la historia del evangelio de Cristo crucificado y resucitado, usted no ve una gloria divina convincente y hermosa". Sin embargo, la apuesta dice: "Usted debe elegir". Y dice: "Escójalo a Él. Pero cuando lo hace, su elección no se debe a una visión de la gloria que convence y cautiva".

---

1. Algunos de estos pensamientos se publicaron por primera vez en un artículo sobre la apuesta de Pascal en http://www.desiringGod.org.

Pero, según las Escrituras, tal elección no tiene ningún valor eterno. No es la fe salvadora. Es un asunto puramente natural, no algo sobrenatural. Somos atraídos a algo que no sabemos. Estamos esperando por una extensión eterna y una mejoría de la felicidad que tenemos aquí con las cosas de este mundo (ya que no conocemos a Dios). Pero la fe salvadora no es así. Tiene sus raíces en la vista y el anticipo de la felicidad en la realidad sobrenatural, Dios mismo. Según las Escrituras, la fe viva es creada en el alma muerta a través del milagro del nuevo nacimiento. "Todo aquel que cree que Jesús es el Cristo, es nacido de Dios" (1 Jn. 5:1). Así es como la fe sucede.

Sin este nuevo nacimiento, no somos más que carne, meramente humana, meramente natural. "Lo que es nacido de la carne, carne es; y lo que es nacido del Espíritu, espíritu es" (Jn. 3:6). Y la mente de la carne no puede someterse a Dios (Ro. 8:7); no puede agradar a Dios (Ro. 8:8); y no puede ver las cosas de Dios como algo más que una locura (1 Co. 2:14). "El dios de este siglo cegó el entendimiento de los incrédulos, para que no les resplandezca la luz del evangelio de la gloria de Cristo, el cual es la imagen de Dios" (2 Co. 4:4).

En fin, por lo tanto, para que la fe salvadora llegue a ser tal, Dios tiene que conceder el arrepentimiento. "Quizá Dios les conceda que se arrepientan para conocer la verdad" (2 Ti. 2:25). Es decir, debe hacer que los muertos espirituales vengan a la vida. "Aun estando nosotros muertos en pecados, nos dio vida juntamente con Cristo" (Ef. 2:5). Este nuevo nacimiento, "por la palabra de Dios que vive y permanece para siempre" (1 P. 1:23), da la luz del conocimiento de la gloria de Dios. "Porque Dios, que mandó que de las tinieblas resplandeciese la luz, es el que resplandeció en nuestros corazones, para iluminación del conocimiento de la gloria de Dios en la faz de Jesucristo" (2 Co. 4:6).

Esta visión espiritual, dada sobrenaturalmente, de la gloria de Dios en Cristo es el fundamento de la fe salvadora. A Dios se lo ve con los ojos del corazón tan ciertamente como con los ojos de nuestra cabeza vemos el sol en el cielo. Y esta visión de la gloria de Dios en Cristo nos compele. No es más resistible que disfrutar de su comida favorita cuando está en su boca. Y así es cuando Dios se convierte en su predilecto, por la apertura de sus ojos para ver la belleza convincente y apasionante de él. Verlo a Él como supremo en belleza es también anhelarlo por encima de todo.

Por lo tanto, la simple y popular apuesta de Pascal es engañosa. Da la impresión de que en realidad se podría tener una felicidad eterna en Dios simplemente eligiendo creer que existe, cuando no se ha probado ni visto su gloria convincente y apasionante. Pero de acuerdo a las Escrituras, esto no es la fe salvadora. Como vimos en el capítulo 8, la fe sin fundamento no muestra la fiabilidad de la confianza. La "fe" de la apuesta no incluye a Dios como verdadero o hermoso. Dios es un riesgo desconocido. Pero esto no es dar honor a Dios y, por lo tanto, no hay fe salvadora, porque la fe salvadora glorifica la fiabilidad de Dios por mantener sus promesas (Ro. 4:20). La única fe de valor eterno es la fe bien fundamentada. Pero la apuesta de Pascal, en su forma popular, da la impresión de que uno puede obtener la vida eterna sobre una aventura.

La apuesta como compleja y desafiante

De hecho, Pascal era consciente de este problema con su apuesta, aunque la mayoría de los usos populares de la apuesta no toman nota de esto en particular. Para ser justos con él, tenemos que dejar esto en claro. Se imagina a su interlocutor respondiendo a la apuesta:

> "Lo confieso y admito. Pero, aun así, ¿no hay manera de ver las cartas?". Sí, las Escrituras y el resto, etc. "Sí, pero tengo las manos atadas y la boca cerrada; me veo obligado a apostar y no soy libre. *No estoy en libertad y esto hace que no pueda creer. Entonces ¿qué desea que yo haga?*" (énfasis añadido).

Pascal responde:

> Cierto. Pero por lo menos aprenda de su incapacidad para creer, ya que la razón lleva a esto y, sin embargo, usted no puede creer. Entonces, esfuércese en convencerse, no por el aumento de las pruebas de Dios, sino por la reducción de sus pasiones. Le gustaría alcanzar la fe y no sabe el camino; desea curarse de la incredulidad y pide el remedio para ello. Aprenda de los que han estado atados como usted, y ahora apuestan todas sus posesiones. Estas son las personas que conocen el camino que usted debe seguir, y que están curadas de un mal del cual usted puede ser curado.

No es fácil saber con precisión, debido a la brevedad de *Pensées*, cómo concibe Pascal esta "cura" para la incredulidad. Su respuesta básica es: establézcase en el camino de la fe como si creyera y pronto tendrá ojos para ver la certeza de todo.

> Diré esto… en cada paso que da en este camino, verá una gran certeza de ganancia y lo absolutamente nada que arriesgó, que al final reconocerá que ha apostado por algo cierto e infinito, toda esta ganancia por lo que no ha invertido nada.

Me gustaría que el pensamiento de Pascal signifique: busque el milagro del nuevo nacimiento por medio de sumergirse en la Palabra de Dios a través de la cual viene el milagro de la visión y de la seguridad (1 P. 1:23). Pero me temo que eso no es lo que él quiere decir. Su sacramentalismo católico romano trazó un camino diferente. Se aconseja al solicitante: siga a los que lo hacen "como si creyera, tomando el agua bendita, teniendo misas, etc. Incluso esto, naturalmente, hace que se crea".

Creo que no es un buen consejo. Pero la apuesta, en su verdadera complejidad, es un desafío sabio y aleccionador. El reto es no buscar la fe a través del agua bendita y las misas. El reto es darse cuenta de que las cosas infinitas están en juego. La fe que salva es esencial y no es una apuesta. Más bien, se trata de una entrada por la puerta de Cristo, con un impulso irresistible ante el anticipo irresistible y convincente de la belleza fascinante de Dios en el evangelio.

La apuesta de Pascal se aplica no solo a la fe en Dios, sino también a la fe en la Palabra de Dios. Aventurarse en la Biblia, sin un buen cimiento para hacerlo, es no dar honor a las Escrituras. La Palabra de Dios no es estimada si uno cree en ella por lanzar una moneda. De hecho, como "creencia", como hemos visto, no sería una creencia de algún valor. Sería como el hombre que es elegido para casarse con una de dos mujeres que han lanzado una moneda. El elegido sería, a saber, no elegido por buenas razones. La fe en la Palabra de Dios que honra a Dios tiene fundamentos. Hemos visto su gloria divina. Hemos visto "la gloria de Dios en la faz de Jesucristo". Y no podemos rechazar y dar la espalda a esto. De esta manera, Cristo y su Palabra son honrados.

Experiencias innombrables y serias dudas

Sin embargo, esto no quiere decir que no existen dudas en el camino. Tampoco significa que las experiencias conscientes de todos los que acogen la Biblia como la Palabra de Dios son las mismas. Uno puede llegar a una confianza bien fundamentada en la Palabra de Dios y ni siquiera haber escuchado el término "gloria de Dios". Algunos nunca han oído hablar de términos tales como "autoautentificación" o "testimonio interno" o "evidencia convincente e irresistible" o similares. La experiencia de ver la realidad de la autocertificación de Dios en las Escrituras es muy diferente a ser capaces de explicar esa experiencia. No es lo mismo.

Millones de personas han llegado a una confianza bien fundamentada en la Biblia y no han sido capaces de encontrar suficientes palabras para describir esa experiencia. Ni siquiera pretendo que las palabras que uso aquí sean suficientes para hacer justicia. Así que quede claro: el milagro de ver "la gloria de Dios en la faz de Jesucristo" a través de las Escrituras puede sucederle a una persona que nunca será capaz de explicar suficientemente claro por qué confía en la Biblia. Su confianza está bien fundamentada, sin que él sepa cómo es que esto ocurre.

La conversión y ejecución de Tokichi Ishii

Por ejemplo, tomemos la historia de la conversión y ejecución de Tokichi Ishii, un hombre que fue ahorcado por asesinato en Tokio en 1918.[2] Él había sido enviado a la prisión más de veinte veces y era conocido por ser muy cruel, como un animal. En una ocasión, después de atacar a un funcionario de la prisión, fue amordazado y atado, y su cuerpo fue suspendido de tal manera que sus pies apenas llegaban al piso. Pero aún así, se negó obstinadamente a decir que estaba arrepentido de lo que había hecho.

Justo antes de ser condenado a muerte, dos misioneras cristianas, las señoritas West y McDonald, le enviaron un Nuevo Testamento. Después de la visita de la señorita West, este empezó a leer la historia del juicio y ejecución de Jesús. Su atención estaba fija en la frase "Y Jesús decía: Padre, perdónalos, porque no saben lo que hacen" (Lc. 23:34). Esta frase transformó su vida.

> Me detuve: había sido apuñalado en el corazón, como con un clavo de 12 centímetros. ¿Qué me reveló este versículo? ¿Debo llamarlo el amor del corazón de Cristo? ¿Debo llamarlo su compasión? No sé cómo llamarlo. Solo sé que creí con un corazón indeciblemente agradecido.[3]

Eso es lo que quiero decir cuando hablo del poder de la Palabra de Dios que crea una fe bien fundamentada, incluso si el creyente no sabe cómo describir lo que ha sucedido. En el contexto de la vida de Jesús, una frase

---

2. Esta historia proviene de John Piper, *Desiring God: Meditations of a Christian Hedonist*, ed. rev. (Colorado Springs: Multnomah, 2011), pp. 147-48. Norman Anderson también la relata en *God's Word for God's World* (London: Hodder & Stoughton, 1981), p. 25.

3. Ibíd.

("Padre, perdónalos, porque no saben lo que hacen") fue un verdadero y convincente rayo de la belleza divina. Fue suficiente. La fe nació. Y el cimiento fue sólido.

Tokichi fue condenado a muerte y lo aceptó como "el juicio justo e imparcial de Dios". Ahora la palabra que le llevó a la fe también lo sostuvo de una manera asombrosa. Cerca del final, la señorita West le recordó las palabras de 2 Corintios 6:8-10 en relación con el sufrimiento de los justos. Estas palabras lo emocionaron muy profundamente, y escribió:

> "Como entristecidos, mas siempre gozosos". La gente dirá que debo tener un corazón muy triste, porque todos los días estoy pendiente de la ejecución de mi sentencia de muerte. Este no es el caso. No siento tristeza ni dolor ni ningún malestar. Encerrado en una celda de prisión del tamaño de dos metros por tres soy infinitamente más feliz de lo que era en los días de mi pecado, cuando no conocía a Dios. Día y noche... yo hablo con Jesucristo.

Aquí está la clave: a través de la Palabra de Dios, Tokichi Ishii había conocido realmente al Dios vivo. Había visto la gloria de Dios en la faz de Cristo. Ahora sabe de Dios. "Soy infinitamente más feliz que... cuando no conocía a Dios". Ese fue el conocimiento real con base real en la belleza divina de Cristo cuando oró por sus enemigos mientras era crucificado, y cómo murió por ellos. La autenticidad de la experiencia de Tokichi no dependía de su habilidad para ponerlo en palabras, aunque lo hizo con notable eficacia.

Las dudas de Billy Graham

La auténtica experiencia personal de la gloria de Dios en las Escrituras no solo puede verse empañada por la insuficiencia del lenguaje humano, sino que también puede verse empañada por las dudas y todavía ser real. La resolución de estas dudas a veces puede parecerse a la resolución de la apuesta de Pascal, pero basada en la Biblia. Yo digo que puede tener este aspecto. Pero en la fe genuina, bien fundamentada, siempre sucede algo más.

Un buen ejemplo es la crisis de confiabilidad en la Biblia por la que pasó Billy Graham, y que llegó a su fin en 1949. En 1948, el amigo de Graham, Charles Templeton, estaba pasando por dudas sobre la integridad de las Escrituras. Este dejó su pastorado en Toronto y entró al Seminario Princeton. Billy le comentó a Templeton que si hubiera elegido Oxford, habría ido con él.

Graham "añoraba los estudios de posgrado".[4] Y las dudas se gestaban en su propia mente, a pesar de que sentía que él y Templeton se movían en diferentes direcciones, Templeton reafirmaba sus dudas, Graham las solucionaba.

Las dudas de Graham no estaban en el vacío. Había visto la poderosa mano de Dios a través de las Escrituras. Sabía que "cuando tomó la Biblia como la Palabra de Dios y la usó, la predicación tenía poder. Ya había visto a hombres y mujeres aplastados por cargas de pecado e inmoralidad quebrantarse y volver a una vida radiante".[5] En los años siguientes él diría: "cuando predico la Biblia directamente, sin preguntas, sin dudas ni vacilaciones, entonces Dios me da un poder que va más allá de mí. Cuando digo, 'la Biblia dice', Dios me da este poder increíble. Es algo que no entiendo por completo... Cuando tomo la Biblia, me siento como si tuviera una espada entre mis manos".[6]

Pero en 1949, la batalla continuaba en su alma. En palabras de su biógrafo, John Pollock:

> Debía decidir pronto de una vez por todas, ya sea para pasar la vida estudiando si Dios había hablado, o para gastarla como embajador de Dios, llevando un mensaje que podría no comprender plenamente en todos los detalles hasta después de la muerte. ¿Debe un hombre intelectualmente honesto saber todo acerca de los orígenes de la Biblia antes de que pudiera usarla? ¿Son los profesores de teología los únicos calificados para hablar de religión, o podría un simple estadounidense, o un campesino ignorante de la selva, o incluso un niño, guiar a otro a Cristo?[7]

La crisis llegó a su punto culminante en agosto de 1949 en el centro de retiro *Forest Home* cerca de San Bernardino, California:

> Billy estaba profundamente perturbado... Después de la cena, en lugar de asistir al servicio de la tarde, se retiró a su cabaña y leyó de nuevo el pasaje de la Biblia referente a la autoridad... Meditó sobre la actitud de Cristo, que cumplió la ley... "Amaba las Escrituras, las citaba constantemente y nunca dio a entender que estas podrían estar equivocadas".

---

4. John Pollock, *Billy Graham: The Authorized Biography* (Grand Rapids, MI: Zondervan, 1966), p. 50. Publicado en español por Editorial Vida con el título *La historia de Billy Graham: la biografía autorizada*.

5. Ibíd., p. 51.

6. http://www.ccel.us/Billy.ch3.html; accesado el 5 de marzo de 2015.

7. Pollock, Billy Graham, p. 52.

> Luego salió al bosque y se dirigió a la montaña, orando, mientras caminaba... Sabía que había llegado a lo que él creía que era una crisis.
>
> Vio que el intelecto por sí solo no podía resolver la cuestión de la autoridad. Debía ir más allá del intelecto... "Así que volví, tomé mi Biblia y salí a la luz de la luna. Puse mi Biblia en un tocón de un árbol. Me arrodillé y dije: 'Dios; no puedo demostrar ciertas cosas. No puedo responder a algunas de las preguntas que Chuck [Templeton] está presentándome y algunas de las que otras personas están teniendo, pero acepto este libro por la fe como la Palabra de Dios'".[8]

¿Estaba Billy Graham, basándose en una suposición, convencido a partir de este momento? ¿Estaba haciendo la apuesta de Pascal? ¿Fue la declaración: "acepto este libro por la fe como la Palabra de Dios", bien fundamentada? Por supuesto, que no puedo conocer el corazón de Billy Graham en ese momento. Mi punto aquí es que una resolución de dudas de este tipo no *tiene* por qué ser un salto en la oscuridad. Él no estaba saltando en la oscuridad. A los treinta años de edad, Graham había visto mucho de Dios en las Escrituras. Había probado el poder de la Palabra de Dios en su propia predicación. Lo que su experiencia, y la experiencia de miles de nosotros, nos enseña es que la visión de la evidente gloria de Dios y su autoautentificación de las Escrituras es a menudo una visión en conflicto. Lo que un día hemos visto, probado y conocido con justa certeza puede verse empañado al día siguiente.

Visión en conflicto

Jonathan Edwards describe experiencias como esta de la siguiente manera:

> Es notable que las mismas personas que leen una misma porción de las Escrituras, a la vez que se ven muy afectadas con ella y ven lo que es asombrosamente glorioso en ella... la pertinencia y precisión de la expresión, admirable majestad, coherencia, armonía; en otro momento [a esas mismas personas] les parece insípida, insignificante, impertinente e inconsistente.[9]

En otras palabras, Dios no ordena que su obra de iluminación de la mente humana triunfe sin conflicto. Dios podría, si quisiera, hacerse tan consisten-

---

8. Ibíd., p. 53.

9. Jonathan Edwards, *The "Miscellanies"* (Entradas Notas a-z, 1-500), vol. 13, *The Works of Jonathan Edwards*, ed. Thomas Schafer (New Haven, CT: Yale University Press, 1994), p. 289 (Miscellany 126), p. 9.

temente claro y convincente que tales experiencias de una visión nublada nunca sucedieran. Pero sabemos por las Escrituras, así como por nuestra propia experiencia, que esta no es la forma en que funciona. Pablo no oraría por los efesios como lo hace, si Dios continuamente mantuviera una visión clara de su gloria en todos los santos. Él ora:

> Pido que el Dios de nuestro Señor Jesucristo, el Padre glorioso, les dé el Espíritu de sabiduría y de revelación, para que lo conozcan mejor. Pido también que les sean iluminados los ojos del corazón para que sepan a qué esperanza él los ha llamado, cuál es la riqueza de su gloriosa herencia entre los santos (Ef. 1:17-18, NVI).

Pablo pide que Dios haga que los creyentes vean, con los "ojos del corazón", la convincente gloria que Dios les ha prometido en su Palabra, la esperanza de su llamado y la gloria de su herencia. La visión espiritual de estas cosas es real, pero está en conflicto. Luchamos en oración y con la mirada fija en la Palabra de Dios, por tener la visión de su gloria que sostiene nuestra bien fundamentada esperanza.

Una vez más Pablo ora para que los efesios...

> puedan comprender, junto con todos los santos, cuán ancho y largo, alto y profundo es el amor de Cristo; en fin, que conozcan ese amor que sobrepasa nuestro conocimiento, para que sean llenos de la plenitud de Dios (Ef. 3:18-19, NVI).

Hay una especie de "fuerza" que no es muscular, sino espiritual. Es la fuerza para comprender y conocer el amor de Cristo que se revela en la Palabra de Dios. El amor de Cristo tiene una anchura, longitud, altura y profundidad que hace que sea una realidad inimitable, autentificada en sí misma. Esto puede ser visto por los ojos del corazón cuando se tiene la "fuerza" de Dios en la visión. Y cuando es visto como lo que es, sabemos que es real. Ningún ser humano puede producirla. Pero esta convicción es una convicción en conflicto. Por eso Pablo está orando por ellos.

Supongamos que alguien pregunta: "Bueno, si la visión de la realidad divina de Dios en las Escrituras puede ser brillante un día y empañada al siguiente, ¿cómo vamos a saber qué día es en el que se cree?". Mi respuesta es la siguiente: Si usted ha visto realmente la santidad de Dios a través de las Escrituras —el puro, supremo y trascendente valor y belleza de Dios por medio de su Palabra—, esta visión le sostendrá durante las temporadas de asedio. Hay una diferencia infinitamente cualitativa entre el testimonio de Dios a través de su Palabra y el testimonio de la oscuridad en medio de las sombras. La batalla puede ser tan severa que en su propia mente no se pueda, en un momento dado, distinguir entre la luz divina y la oscuridad humana. Pero Dios ha prometido aferrarse a aquellos que han nacido de él, que poseen el Espíritu Santo y que han visto su gloria (1 Co. 1:8-9; 1 Ts. 3:13; Jud. 24-25). Él va a afirmarse a sí mismo a su debido tiempo y va a irrumpir a través de las nubes para que usted vea con claridad nuevamente (Sal. 42:5).

Jesús nos enseña a través de su oración en Juan 17 que mientras estaba en la tierra había comenzado un ministerio de iluminación en la mente de sus discípulos, y su intención era que su Padre lo preservara cuando Jesús ya no estuviera en el mundo. Él había manifestado la gloria del Padre a sus discípulos: "Yo te he glorificado en la tierra... La gloria que me diste, yo les he dado" (Jn. 17:4, 22). El punto de Jesús era que había revelado a sus discípulos la gloria del Padre para que pudieran saber que Él era real. Y ahora, mientras se preparan para su ausencia, le pide al Padre que preserve esta iluminación en los discípulos:

> He manifestado tu nombre a los hombres que del mundo me diste... Padre santo, a los que me has dado, guárdalos en tu nombre... Cuando estaba con ellos en el mundo, yo los guardaba en tu nombre; a los que me diste, yo los guardé, y ninguno de ellos se perdió, sino el hijo de perdición, para que la Escritura se cumpliese... No ruego que los quites del mundo, sino que los guardes del mal... Santifícalos en tu verdad; tu palabra es verdad (Jn. 17:6-17).

El objetivo de esta oración es darnos el gozo de la confianza (v. 13), ya que la manifestación de la gloria del Padre, una vez que es dada, nunca se pierde. Y podemos estar seguros de esto: Jesús no estaba orando solo por los discípulos, sino también, como Él dice, por los creyentes del siglo XXI: "no ruego solamente por éstos, sino también por los que han de creer en mí por la palabra de ellos" (Jn. 17:20).

Así, a pesar de que el don sobrenatural de ver la gloria de Dios en su Palabra es una experiencia en conflicto, no es un caso incierto. Dios no ocasiona que las personas nazcan de nuevo con nuevos ojos solamente para dejarlas que mueran y queden ciegas por la eternidad. Dios "os confirmará hasta el fin... Fiel es Dios, por el cual fuisteis llamados a la comunión con su Hijo Jesucristo nuestro Señor" (1 Co. 1:8-9). "El que comenzó en vosotros la buena obra, la perfeccionará hasta el día de Jesucristo" (Fil. 1:6). "¿Quién nos separará del amor de Cristo?" (Ro. 8:35).

La fe auténtica no es una apuesta

Ahora hemos pasado al tema que es objeto del siguiente capítulo, a saber, el nuevo nacimiento y la relación con la obra de Dios en la que nos da una confianza bien fundamentada en la Biblia como Palabra de Dios. Lo que hemos visto aquí, con la ayuda de la apuesta de Pascal, es que no existe una fe auténtica, una fe salvadora, que honré a Dios y que esté basada en una suposición. Aceptar la realidad de Dios en Cristo, revelada en las Escrituras, no es una apuesta. El único tipo de confianza que da honor a la persona en la que creemos es la confianza bien fundamentada.

La experiencia de Tokishi Ichii ilustra cómo una persona puede llegar a este tipo de confianza bien fundamentada, incluso si se carece de las palabras suficientes para describirla. La experiencia de Billy Graham ilustra que una visión auténtica de la verdad divina de las Escrituras es una visión en conflicto. Al final, la victoria del creyente en esta batalla es la obra de Dios, no del hombre. Esta es la verdad que se oculta detrás de la enseñanza histórica del "testimonio interno del Espíritu Santo", que es lo que nos estudiaremos ahora.

11

Juan Calvino y el testimonio interno del Espíritu Santo

> Y el Espíritu es el que da testimonio; porque el Espíritu es la verdad... Si recibimos el testimonio de los hombres, mayor es el testimonio de Dios; porque este es el testimonio con que Dios ha testificado acerca de su Hijo... Y este es el testimonio: que Dios nos ha dado vida eterna; y esta vida está en su Hijo.
>
> 1 JUAN 5:6, 9, 11

En el capítulo anterior, vimos cómo Billy Graham pasó por una crisis de duda sobre la verdad de la Biblia. Su biógrafo, John Pollock, reveló que algunas de sus preguntas eran las mismas que han dado forma al enfoque de este libro. Según Pollock, Graham se preguntaba:

> ¿Debe un hombre intelectualmente honesto saber todo acerca de los orígenes de la Biblia antes de que pudiera usarla? ¿Son los profesores de teología los únicos calificados para hablar de religión, o podría un simple estadounidense, o un campesino ignorante de la selva, o incluso un niño, guiar a otro a Cristo?[1]

Estoy profundamente agradecido por la rigurosa erudición bíblica. Estoy agradecido de que a lo largo de la historia de la iglesia Dios ha levantado a brillantes académicos, siervos de Cristo que han traspasado cada obstáculo recogiendo evidencias racionales e históricas de que la Biblia es un registro confiable de los actos de Dios en la historia y de la interpretación de Dios

1. John Pollock, Billy Graham: *The Authorized Biography* (Grand Rapids, MI: Zondervan, 1966), p. 52. Publicado en español por Editorial Vida con el título *La historia de Billy Graham: la biografía autorizada.*

de aquellos hechos. En mi propia peregrinación, estos eruditos han sido muy útiles.

Compartir la carga de Billy Graham

Desde mis días de seminario, he llevado la carga del que no tiene formación académica. Para usar las palabras de Billy Graham, ¿cómo sabrá el "simple estadounidense, o un campesino ignorante de la selva, o incluso un niño" que la Biblia es la Palabra de Dios? O cuando alguna parte de la Biblia es usada para predicar el evangelio, ¿cómo discernirá el que no tiene formación académica que esta es la verdad misma de Dios? He argumentado que Dios no es enaltecido y el alma no es salva por la llamada fe que no tiene una buena evidencia o se basa en un terreno sólido. La fe salvadora del evangelio y "todo el consejo de Dios" en las Escrituras que lo apoyan, explican y aplican es una convicción bien fundamentada, no una apuesta, una aventura o una conjetura. Es una contradicción de términos decir: "Yo adopto, dependo y estoy cautivado por la gloria de Dios que supongo que está allí". Si no la vemos, no la honramos. Y si la vemos, sabemos que está ahí.

Así que mi pregunta desde hace cincuenta años ha sido esta: ¿Cómo puede la gente promedio, sin formación académica y poco tiempo para invertir en estudios históricos, saber con seguridad que la Biblia es la Palabra confiable de Dios en todo lo que enseña?

Histórica y bíblicamente, una respuesta que se ha dado es que: podemos saber que la Biblia es la Palabra de Dios por "el testimonio interno del Espíritu". ¿Qué es eso? Me parece, a la vez iluminador e inspirador el seguir, en este asunto, la vida y pensamiento de Juan Calvino. Esto nos llevará, pues, a las partes cruciales de las Escrituras que describen lo que quiero decir con el testimonio del Espíritu.

Conversión de Calvino[2]

Juan Calvino nació el 10 de julio de 1509 en Noyon, Francia; mientras que Martin Lutero, que tenía veinticinco años, acababa de comenzar a enseñar la Biblia en Wittenberg. No sabemos casi nada de la vida temprana de Calvino. Cuando tenía catorce años, su padre lo envió a estudiar teología a la Universidad de París, que en ese momento no había sido tocada por la Reforma en Alemania, y estaba empapada en la teología medieval. Pero

2. Algo de lo que sigue se ha adaptado de John Piper, *John Calvin and His Passion for the Majesty of God* (Wheaton, IL: Crossway, 2009), pp. 21-23.

cinco años después (cuando Calvino tenía diecinueve años), su padre salió de la iglesia y le pidió que dejara la teología y estudiara derecho, lo que él hizo los siguientes tres años en Orleans y Bourges.

Su padre murió en mayo de 1531, cuando Calvino tenía veintiún años. Entonces, él se sintió libre de dejar de estudiar derecho y volver a su primer amor, los clásicos. En algún momento durante estos años, entró en contacto con el mensaje y el espíritu de la Reforma y en 1533 algo dramático había sucedido en su vida.

En noviembre de 1533, Nicholas Cop, un amigo suyo, predicó en la apertura del semestre de invierno en la Universidad de París, y fue llamado a rendir cuentas por el Parlamento por sus doctrinas luteranas. Cop huyó de la ciudad y estalló una persecución general contra lo que el rey Francisco I llamaba "la maldita secta luterana". Calvino estaba entre los que escaparon. La conexión con Cop fue tan estrecha que algunos sospechan que Calvino realmente escribió el mensaje que Cop predicó. Así que en 1533, Calvino había cruzado la línea. Estaba totalmente dedicado a Cristo y a la causa de la Reforma.

¿Qué había pasado? Calvino relata, siete años más tarde, cómo se produjo su conversión. Él describe cómo había estado luchando para vivir la fe católica con celo...

> cuando una doctrina muy diferente se inició, no una que nos alejó de la profesión cristiana, sino una que nos devolvió a su fuente... a su pureza original. Ofendido por la novedad, presté un oído poco dispuesto y, al principio, confieso, resistí vigorosa y apasionadamente... para confesar que estuve toda mi vida en ignorancia y error...
>
> Al fin percibí, como si una luz hubiera explotado sobre mí [una frase muy importante, a la vista de lo que veremos], haciéndome ver en qué pocilga del error me había estado revolcando, y cuánta contaminación e impureza había contraído. Al estar sumamente alarmado por la miseria en la que había caído... como el estar obligado, he hecho mi primer compromiso de trasladarme a tu camino [Oh Dios], condenando mi vida pasada, no sin gemidos y lágrimas.[3]
>
> Dios, por una conversión repentina, sometió y trajo mi mente a un campo donde podía ser enseñado... Habiendo recibido así cierto gusto

3. John Dillenberger, *John Calvin, Selections from His Writings* (Saarbrücken, Alemania: Scholars Press, 1975), pp. 114-15.

> y conocimiento de la verdadera piedad, inmediatamente fui inflamado con [un] intenso deseo de seguir adelante.[4]

¿Cómo trajo Dios a Calvino a la fe? Calvino menciona dos cosas clave. Una de ellas fue el destello de la luz: "Al fin percibí, como si *una luz hubiera explotado sobre mí*, haciéndome ver en qué pocilga del error me había estado revolcando". La otra fue la creación de la humildad: "Dios, por una conversión repentina, sometió y trajo mi mente a un campo donde podía ser enseñado". Esta iluminación y humillación forjada por el Espíritu de Dios creó en Calvino una profunda confianza en Él y en su Palabra.

Esto es extremadamente importante, y debemos dejar que Calvino lo describa en su obra más famosa, *Institución de la religión cristiana*, especialmente el libro 1, capítulos 7 y 8. Aquí él lucha con el hecho de cómo podemos llegar a un conocimiento salvador de Dios a través de las Escrituras. Su respuesta es la famosa frase "el testimonio interno del Espíritu Santo".

El testimonio interno del Espíritu, no el testimonio de la Iglesia

Esta fue la respuesta de Calvino a la afirmación de la Iglesia Católica Romana de que los cristianos ordinarios dependían de la Iglesia para decidir por ellos respecto a la autoridad de la misma:

> Ha crecido entre muchos un error muy prejudicial, y es pensar que la Escritura no tiene más autoridad que la que la Iglesia de común acuerdo le concediere: como si la eterna e inviolable verdad de Dios estribase en la fantasía de los hombres... Y si esto es así ¿qué será de las pobres conciencias que buscan una firme certidumbre de la vida eterna, si todas cuantas promesas nos son hechas se apoyan en el solo capricho de los hombres?[5]

En el lugar de la Iglesia, Calvino vio la majestuosidad de la misma Palabra de Dios, que lleva su propia autentificación de brillo y dulzura:

> En cuanto a lo que preguntan, que cómo nos convenceremos de que la Escritura procede de Dios si no nos atenemos a lo que la Iglesia ha determinado, esto es como si uno preguntase cómo sabríamos establecer la diferencia entre la luz y las tinieblas, lo blanco y lo negro, lo dulce y lo amargo. Porque la Escritura no se hace conocer menos que las cosas

4. Ibíd., p. 26.

5. Juan Calvino, *Institución de la religión cristiana*, trad. Cipriano de Valera (Países Bajos: Fundación Editorial de Literatura Reformada, 1994), 1.VII. 2.

> blancas y negras que muestran su color, y las dulces y amargas que muestran su sabor (Institución de la religión cristiana, 1. VII. 3).[6]

Sin embargo, sería un error describir el poder de la autoautentificación por el poder de la Palabra misma sin el papel del Espíritu Santo:

> El testimonio que da el Espíritu Santo es mucho más excelente que cualquier otra razón. Porque aunque Dios solo es testigo suficiente de sí mismo en su Palabra, con todo a esta Palabra nunca se le dará crédito en el corazón de los hombres mientras no sea sellada con el testimonio interior del Espíritu. Así que es menester que el mismo Espíritu que habló por boca de los profetas penetre dentro de nuestros corazones y los toque eficazmente para persuadirles de que los profetas han dicho fielmente lo que les era mandado por el Espíritu Santo... porque mientras que Él no ilumine nuestro espíritu, no hacemos más que titubear y vacilar.[7]

¿Qué pasa con el papel de los argumentos históricos y otros esfuerzos apologéticos para confirmar la verdad de la Palabra de Dios? ¿Tienen lugar? Calvino responde:

> [Por sí solos no son] suficientes para que se les dé el crédito debido, hasta que el Padre Celestial, manifestando su divinidad [los] redima de toda duda y haga que se les dé crédito. Así pues, la Escritura nos satisfará y servirá de conocimiento para conseguir la salvación, solo cuando su certidumbre se funde en la persuasión del Espíritu Santo. Los testimonios humanos que sirven para confirmarla, dejarán de ser vanos cuando sigan a este supremo y admirable testimonio, como ayuda y causas segundas que corroboren nuestra debilidad.[8]

---

6. Cien años después de Calvino, el escolástico reformado Francis Turretin hizo eco de la percepción de Calvino y dijo: "La luz nos es inmediatamente conocida por su propio brillo; así como la comida por su peculiar dulzura, y su olor por su peculiar fragancia sin ningún testimonio adicional. Así, la Escritura, que se nos presenta con respecto al hombre nuevo y los sentidos espirituales bajo el símbolo de una luz clara (Sal. 119:105), el alimento más dulce (Sal. 19:10; 55:1, 2; He. 5:14) y el olor de la fragancia (Cnt. 1:3), puede distinguirse fácilmente de sí misma por los sentidos del nuevo hombre tan pronto como se les presente y se hace conocida por su propia luz, dulzura y fragancia (*euōdia*); de modo que no hay necesidad de buscar en otro lugar la prueba de que esto es luz, comida o un dulce olor fragante". Francis Turretin, *Institutes of Elenctic Theology*, ed. James T. Dennison Jr., trad. George Musgrave Giger, vol. 1 (Phillipsburg, NJ: P & R, 1992-1997), pp. 89-90.

7. Calvino, *Institución*, 1.VII. 5.

8. Ibíd., 1. VIII. 13.

Vimos en el capítulo anterior que la visión espiritual de la majestad de Dios en la Palabra es una visión en conflicto. Puede ser nublada. En la sabiduría y providencia de Dios, Él ha ordenado que de vez en cuando se usen "testimonios humanos" y "ayudas secundarias" para apartar estas nubes y servir a la visión de la gloria de Dios en las Escrituras. Eso, creo, es lo que Calvino quiso decir.

¿Cómo funciona?

Por lo tanto, para Calvino, "la Escritura nos satisfará y servirá de conocimiento para conseguir la salvación, solo cuando su certidumbre se funde en la persuasión del Espíritu Santo". Así que dos cosas se juntaron para que Calvino tuviera un conocimiento salvador de Dios: las Escrituras mismas y la persuasión interna del Espíritu Santo. Ninguno de los dos es suficiente, por sí solo, para salvar.

Pero, ¿cómo funciona esto realmente? ¿Qué hace el Espíritu? La respuesta no es que el Espíritu nos da una revelación añadida a lo que está en las Escrituras, sino que nos despierta, como de entre los muertos, para ver y probar la realidad divina de Dios en las Escrituras, la cual las autentica como la Palabra de Dios. Calvino dice: "Nuestro Padre celestial, revelando su majestad [en las Escrituras], levanta la reverencia por las Escrituras más allá del ámbito de la controversia". Esta es la clave para Calvino: el testimonio de Dios hacia las Escrituras es la revelación inmediata, inexpugnable, que da vida a la mente acerca de la majestad de Dios manifestada en las Escrituras mismas.

Una y otra vez en su descripción de lo que sucede al llegar a la fe, vemos su referencia a la majestad de Dios revelada en las Escrituras y vindicando las Escrituras. Así que ya en la dinámica de su conversión, la pasión central de su vida estaba siendo encendida.

Ahora estamos casi llegando al fondo de esta experiencia. Si vamos un poco más al fondo, veremos más claramente por qué su conversión dio como resultado una "constancia invencible" en la fidelidad de Calvino a la majestad de Dios y a la verdad de la Palabra de Dios. Aquí están las palabras que nos llevarán a lo más profundo:

> Iluminados, pues, por la virtud del Espíritu Santo, ya no creemos por nuestro juicio ni por el de otros que la Escritura procede de Dios, sino que por encima de todo entendimiento humano con toda certeza concluimos (como si en ella a simple vista viésemos la misma esencia divina)

> que nos ha sido dada por la boca misma de Dios por ministerio de los hombres.[9]

Esto es casi desconcertante. No es por nuestro propio "juicio" que creemos que las Escrituras son de Dios, ¿qué significa eso? ¿No debemos formar juicios sobre tales cosas? Sí, debemos hacerlo. Pero bajo un juicio espiritualmente vital, un juicio que significa que la verdadera vida eterna está presente, es una iluminación de la majestad de Dios mismo dada por el Espíritu. La visión de la gloria de Dios precede y fundamenta la formación de juicios racionales sobre su verdad.

Cuando Calvino dice, en la cita anterior, que nuestra certeza acerca de las Escrituras proviene de la visión de la gloria de Dios, como si estuviéramos mirando a la majestad de Dios mismo, las palabras "como si" simplemente significan distinguir el "mirar sobre la majestad de Dios mismo" inmediatamente, sin las Escrituras como prisma intermedio, para contemplar la majestad de Dios en las Escrituras. Realmente vemos la majestad de Dios con los ojos del corazón (Ef. 1:18); pero la vemos en las Escrituras, no *como si* estuviéramos en la presencia inmediata de Dios.

El testimonio no se añade a las Escrituras

Así, el testimonio interno del Espíritu no es una revelación *añadida* a lo que vemos en las Escrituras. No es la voz del Espíritu que dice a nuestra mente: "lo que ahora estás viendo en la Biblia es la majestad de Dios; así que empieza a verla". El ver no funciona de esa manera. No se puede ver lo que no se ve. Y si usted ve, no necesita que se le avise para que lo haga. El testimonio del Espíritu, por lo tanto, no es una información añadida que no está dada en las Escrituras mismas. John Frame señala que este es el entendimiento común del testimonio del Espíritu:

> ¿El Espíritu nos dice qué libros pertenecen al canon? ¿Nos ayuda a decidir entre interpretaciones rivales? ¿Nos ayuda con preguntas académicas sobre género literario, lecturas variantes y similares? No en el sentido de susurrar en nuestros oídos las soluciones a estos problemas. Sobre esta cuestión, los reformadores, los ortodoxos y Berkouwer están de acuerdo: las Escrituras nunca representan la obra del Espíritu como el dar una nueva información *acerca de* la Biblia.

9. Ibíd., 1. VII. 6.

> Nadie, por ejemplo, debe afirmar que el Espíritu le ha dado una lista de libros canónicos. La lista actual viene a través de la investigación histórica y teológica del contenido de estos libros. Sin embargo, el Espíritu ha desempeñado ciertamente un papel muy importante en la historia del canon. Al iluminar y persuadir a la iglesia acerca de los verdaderos libros canónicos, Él ha ayudado a la iglesia a distinguir entre lo falso y lo verdadero. Ha motivado a la iglesia a buscar razones para lo que Él les estaba enseñando en su corazón.[10]

Así que, aunque la expresión "testimonio del Espíritu" pueda inducir al error al pensar que significa añadir información a lo que tenemos en las Escrituras, Calvino quiso decir que la obra del Espíritu es abrir los ojos de nuestro corazón para ver la majestad de Dios en las Escrituras. En este sentido, entonces, aunque suene paradójico, el "testimonio del Espíritu" es la obra de Dios para darnos la visión del *auto*testimonio de las Escrituras. "Tengamos, pues, esto por seguro: que no hay hombre alguno, a no ser que el Espíritu Santo le haya instruido interiormente, que descanse verdaderamente en la Escritura... y ella lleva consigo el crédito."[11]

La Confesión de Westminster lo expresa así:

> Las... incomparables excelencias y su entera perfección son todos argumentos por los cuales la Biblia demuestra abundantemente que es la Palabra de Dios. Sin embargo, nuestra persuasión y completa seguridad de que su verdad es infalible y su autoridad divina proviene de la obra del Espíritu Santo, quien da testimonio a nuestro corazón con la palabra divina y por medio de ella (Artículo 1.5).

El testimonio del Espíritu es "por" y "con" la Palabra. No estoy seguro de que "con" suponga añadir a "por" en esta frase. Pero el enfoque, al igual que con Calvino, no está en la información agregada, sino en cómo el Espíritu nos permite ver lo que las Escrituras misma nos revelan.

El testimonio es que Dios nos dio la vida

Como siempre, el paso crucial ahora es recurrir a las Escrituras mismas para ver qué (y si) enseñan acerca del testimonio del Espíritu. En mi esfuerzo

---

10. Citado en *Hermeneutics, Authority, and Canon*, ed. D. A. Carson y John D. Woodbridge (Grand Rapids, MI: Zondervan, 1986), p. 229.

11. *Institución*, 1. VII. 6.

por probar esto por las Escrituras, el texto clave ha demostrado ser 1 Juan 5:6-11:

> El Espíritu es el que da testimonio; porque el Espíritu es la verdad… Si recibimos el testimonio de los hombres, mayor es el testimonio de Dios; porque este es el testimonio con que Dios ha testificado acerca de su Hijo… Y este es el testimonio: que Dios nos ha dado vida eterna; y esta vida está en su Hijo.

Juan comienza en el versículo 6: "El Espíritu es el que da testimonio". Este es el "testimonio de Dios" (v. 9). Y es "mayor" que cualquier testimonio humano (v. 9), incluyendo, creo que Juan diría en este contexto, como vimos antes, el testimonio de nuestro propio juicio. ¿Y qué es ese testimonio de Dios? No es solo una palabra entregada a nuestro juicio y reflexión, pues entonces nuestra convicción se basaría en esa reflexión. ¿Entonces qué es?

El versículo 11 es la clave: "Y este es el testimonio: que Dios nos ha dado vida eterna". Tomo esto como que Dios nos testifica de su realidad, de la realidad de su Hijo y su Palabra, dándonos vida de entre los muertos para que revivamos a su majestad y lo veamos por lo que Él es en su Palabra. En ese instante, el de llegar a la vida, no razonamos acerca de premisas o conclusiones; vemos la luz porque estamos despiertos, vivos de entre los muertos, no hay juicio humano previo que nos persuada de que estamos vivos, despiertos y viendo. El testimonio de Dios a su Palabra es *vida de entre los muertos que ve inmediatamente.*

Calvino había descrito su experiencia de conversión con la Palabra de Dios "como si una luz hubiera explotado sobre mí… Habiendo recibido así cierto gusto y conocimiento de la verdadera piedad". Lo que le llevó a una convicción bien fundamentada de la majestad de Dios en su Palabra fue la experiencia inmediata de la luz y el gusto. Antes estaba muerto ante el brillo y la dulzura de la majestad de Dios en su Palabra. Pero Dios le dio vida. Y esa vida es el testimonio de Dios a su Palabra.

Estábamos muertos y ciegos a la majestad espiritual. Entonces el Espíritu "testifica". Él nos hace vivir. Nos da la vida. "Este es el testimonio: que Dios nos ha dado vida eterna" (v. 11). Cuando Lázaro fue resucitado de entre los muertos por el llamado, o el "testimonio", de Cristo, él sabía, sin un proceso de razonamiento, que estaba vivo. Oyó la majestuosa palabra. Ese fue el testimonio. Él estaba vivo.

Por el testimonio vemos lo que realmente está ahí

Del mismo modo, de acuerdo a Pablo, todos estábamos cegados a la gloria de Cristo en el evangelio. ¿Qué debía suceder para que pudiéramos ver esta autoautentificada "luz del evangelio de la gloria de Cristo" (2 Co. 4:4)? Lo que necesitaba ocurrir era la obra de Dios descrita en el versículo 6: "Porque Dios, que mandó que de las tinieblas resplandeciese la luz, es el que resplandeció en nuestros corazones, para iluminación del conocimiento de la gloria de Dios en la faz de Jesucristo" (2 Co. 4:6). La Palabra de Dios de la creación —¡su palabra de testimonio!— trajo vida y luz a nuestra alma. Vimos, en la Palabra, la luz "del conocimiento de la gloria de Dios".

Este es el "testimonio interno del Espíritu". La Palabra tiene su propia gloria: la gloria de Dios en Cristo con todas sus huellas. Y esa gloria nos convence cuando, por la obra del Espíritu, se nos concede ver lo que realmente está allí. J. I. Packer confirma que para Calvino la autoautentificación de las Escrituras y el testimonio interno del Espíritu Santo trabajan juntos:

> Calvino afirma que las Escrituras se autoautentifican a través del testimonio interior del Espíritu Santo. ¿Qué es este "testigo interior"? No es una cualidad especial de experiencia, ni una nueva revelación privada, ni una "decisión" existencial, sino una obra de iluminación mediante la cual se abren los ojos ciegos del espíritu, y las realidades divinas llegan a ser, por medio del testimonio verbal, reconocidas y aceptadas por lo que son. Este reconocimiento, dice Calvino, es tan inmediato y sin análisis previo como la percepción de un color o un gusto, por el sentido físico; un acontecimiento sobre el cual no se puede decir más que cuando los estímulos apropiados estuvieron presentes ocurrió, y cuando sucedió, simplemente sabíamos que había sucedido.[12]

El Espíritu da vida

El apóstol Juan ha confirmado que Calvino estaba en el camino correcto al enseñar que necesitamos al Espíritu Santo para llevarnos a una confianza bien fundamentada en la Biblia como la Palabra de Dios. Este testimonio no es una añadidura a lo que se revela en la Palabra misma. Como vimos en el capítulo 9, Dios no cuelga una linterna en la casa de las Escrituras para que sepamos que es su casa. No certifica su obra maestra con una firma

---

12. J. I. Packer, "*Calvin the Theologian*", en *John Calvin, A Collection of Essays* (Grand Rapids, MI: Eerdmans, 1966), p. 166.

distintiva como Rembrandt. Él no manda una voz del cielo que nos dice: "Este es mi libro, escúchalo". Esto no es lo que significa la palabra "testimonio" o "testigo" en la frase "testimonio [o testigo] del Espíritu Santo".

Más bien, el testimonio del Espíritu es obra del Espíritu que nos da una vida nueva y, con esta vida, ojos para ver lo que realmente hay en la gloria divina autocertificada de las Escrituras, o sea el significado de las Escrituras. En otras palabras, este capítulo ha confirmado lo que ya vimos del apóstol Pablo en 2 Corintios 4:4-6 y 2 Timoteo 2:24-26. La luz del conocimiento de la gloria de Dios en la faz de Cristo es visible en la Palabra de Dios solamente para aquellos en cuyo corazón el Creador del universo dice: "haya luz". Esto es prácticamente igual al testimonio que da vida de 1 Juan 5:11.

Saber que nuestra capacidad para ver la gloria de Dios autoautentificada en las Escrituras depende de la soberana obra del Espíritu Santo que hace que al orar humildemente y gozosamente el Espíritu venga con su poder de dar vida y luz, y provoque que la verdad y la belleza de la Palabra de Dios brillen en nuestra mente y corazón.

Lo que ha surgido a lo largo de nuestro estudio es que la gloria de Dios es de suprema importancia en el proceso de ver las Escrituras como la Palabra de Dios. Ahora nos enfocaremos en esta realidad central del "alcance del todo", todo el *mundo* de Dios y toda la *Palabra* de Dios. La comparación entre ver la gloria de Dios en su mundo y verla en su Palabra confirmará y aclarará la importancia de esta gloria al convencernos de que Dios es el Creador del mundo e inspirador de la Palabra.

PARTE 5

¿Cómo se confirman las Escrituras cristianas por medio de la gloria peculiar de Dios?

"el resplandor del evangelio de la gloria de Dios"

12

La gloria de Dios como el ámbito del mundo y de la Palabra

> Pues la ira de Dios se manifiesta desde el cielo contra toda impiedad e injusticia de los hombres que con injusticia detienen la verdad. Porque lo que de Dios se conoce es evidente entre ellos, pues Dios hizo que fuese evidente. Porque lo invisible de él —su eterno poder y deidad— se deja ver desde la creación del mundo, siendo entendido en las cosas creadas de modo que no tienen excusa. Porque habiendo conocido a Dios, no le glorificaron como a Dios ni le dieron gracias; más bien, se hicieron vanos en sus razonamientos, y su insensato corazón fue entenebrecido. Profesando ser sabios se hicieron fatuos, y cambiaron la gloria del Dios incorruptible por una imagen a la semejanza de hombre corruptible, de aves, de cuadrúpedos y de reptiles.
>
> ROMANOS 1:18-23 (RVA-2015)

Toda la Biblia, bien entendida, tiene este propósito divino: comunicar o exhibir la gloria de Dios. Y este propósito omnipresente de las Escrituras para glorificar a Dios, en lo que enseñan y cómo lo enseñan, revela la obra de Dios en la escritura de la Biblia. Ese es el enfoque de este capítulo. Pero permítanme ponerlo en el contexto más amplio del libro.

Aquí y en los siguientes capítulos (12-17), mi objetivo es dar forma a la experiencia de ver la gloria de Dios autoautentificándose en su Palabra, y aclarar cómo realmente esto produce una confianza bien fundamentada en la completa veracidad de las Escrituras. En cierto sentido, estos capítulos serán una extensión del capítulo 9, en donde he dado cuatro ilustraciones o analogías de lo que es ver la gloria de Dios en las Escrituras. Pero estas eran únicamente analogías; aquí nos dirigiremos a la experiencia real de ver la gloria.

La finalidad de este capítulo es demostrar por qué la gloria de Dios está desempeñando un papel tan céntrico en la confirmación de la verdad de la Palabra de Dios. Lo que vamos a ver es que la gloria de Dios en su *mundo* y en la *Palabra* es la realidad central de ambos. Este es el resplandor divino incomparable del que somos responsables de ver, si estamos mirando las obras de Dios en la naturaleza o las palabras de Dios en la Biblia. Al comparar la visión de la gloria en la naturaleza con la visión de la gloria en las Escrituras, veremos cuán céntrica está la gloria de Dios en el proceso de conocerlo; veremos que lo sobrenatural se conoce a través de lo natural; y veremos que somos responsables por tener este conocimiento, tanto a través del mundo como a través de la Palabra.

Conocimiento bien fundamentado de la verdad para todos

Pero antes de enfocarnos en esta comparación del mundo y de la Palabra, aclaremos por qué estamos tomando este enfoque para buscar una convicción bien fundamentada en la Palabra de Dios a través de una visión de su gloria.

En los capítulos 8 al 11, argumenté que la gente común con poca o ninguna educación puede llegar a tener una convicción bien fundamentada en la verdad de las Escrituras. Hay argumentos fuertes, convincentes, académicos e históricos para la autenticidad de los escritos bíblicos.[1] Pero para la mayoría de la gente en el mundo, muchos de los cuales son poco letrados, tienen poco acceso a tales argumentos. Ellos encuentran el evangelio en una porción limitada de la Palabra de Dios o en la transmisión oral del mensaje bíblico. Mi preocupación es demostrar que todos nosotros, incluyendo a estas personas, podemos llegar a una sólida confianza en la verdad del evangelio y, a medida que crece el conocimiento de las Escrituras, la misma confianza puede extenderse a toda la Biblia.

Una razón para tomar este enfoque, la cual no he mencionado aún, es que el Nuevo Testamento enseña que las personas son responsables de responder al evangelio con una fe bien fundamentada cuando se predica fielmente de acuerdo con la Palabra de Dios. Otra razón, que sí hemos mencionado, es que el evangelio tiene en sí mismo una luz autoautentificadora o gloria, que hace posible una fe bien fundamentada.

1. Véase cap. 8 nota 1.

Seremos juzgados por lo que tenemos acceso para conocer

El apóstol Pablo no asume que las personas que nunca tuvieron la oportunidad de escuchar el evangelio sean responsables de creerlo. Más bien, su juicio vendrá por otras razones. "Todos los que sin ley han pecado, sin ley también perecerán; y todos los que bajo la ley han pecado, por la ley serán juzgados" (Ro. 2:12). La razón, dice, de que aquellos que no tienen la ley (por implicación, tampoco el evangelio) perecerán es que serán juzgados solamente sobre la base de la revelación a la que tenían acceso pero que estaba reprimida:

> La ira de Dios se revela desde el cielo contra toda impiedad e injusticia de los hombres que detienen con injusticia la verdad; porque lo que de Dios se conoce les es manifiesto, pues Dios se lo manifestó... de modo que no tienen excusa. Pues habiendo conocido a Dios, no le glorificaron como a Dios, ni le dieron gracias (Ro. 1:18-21).

Pablo asume que si la gente escucha una representación verdadera de la palabra de Cristo, es responsable de creerla y sujeta a juicio por no creerla. Esa convicción es lo que subyace las palabras de Romanos 10:

> Todo aquel que invocare el nombre del Señor, será salvo. ¿Cómo, pues, invocarán a aquel en el cual no han creído? ¿Y cómo creerán en aquel de quien no han oído? ¿Y cómo oirán sin haber quien les predique?... Así que la fe es por el oír, y el oír, por la palabra de Dios (vv. 13-17).

Así, cuando se rechaza tal predicación de la palabra de Cristo, Pablo nos advierte que rechazar el evangelio significa rechazar la vida eterna: "era necesario que se os hablase primero la palabra de Dios; mas puesto que la desecháis, y no os juzgáis dignos de la vida eterna, he aquí, nos volvemos a los gentiles" (Hch. 13:46). Él advierte que rechazar la verdad del evangelio expondrá a la persona a un engaño final y a un juicio "porque no recibieron el amor de la verdad para ser salvos" y porque "no creyeron a la verdad sino que se complacieron en la injusticia" (2 Ts. 2:10, 12).

Por otro lado, Pablo se regocija y agradece a Dios cuando la predicación fiel del evangelio lleva a las personas a creer. "Sin cesar damos gracias a Dios, de que cuando recibisteis la palabra de Dios que oísteis de nosotros, la recibisteis no como palabra de hombres, sino según es en verdad, la palabra de Dios" (1 Ts. 2:13). Así que, concluyo que las Escrituras enseñan que las personas son responsables de creer el evangelio cuando es fielmente predicado de acuerdo con la Palabra de Dios.

Una fe bien fundamentada es posible a través del evangelio

En segundo lugar, concluyo que el evangelio tiene en sí mismo una luz autoautentificadora, o gloria, que hace posible una fe bien fundamentada. Vimos esto, claramente, donde Pablo habla de "la luz del evangelio de la gloria de Cristo" y "para iluminación del conocimiento de la gloria de Dios en la faz de Jesucristo" (2 Co. 4:4-6). En otras palabras, Pablo enseña que el evangelio —una representación fiel de la "palabra de Cristo" (Ro. 10:17, RVA-2015) que revela la persona y la obra de Cristo de forma tal que salva a los pecadores— tiene en sí mismo una "gloria" que puede ser vista por los ojos del corazón (Ef. 1:17; 2 Co. 4:6). Así que concordamos con Jonathan Edwards cuando él dice acerca de este pasaje:

> Nada puede ser más evidente que una fe salvadora en el evangelio, que es lo que el Apóstol habla aquí, surge de la iluminación de la mente para contemplar la gloria divina de las cosas que presenta...
>
> A menos que los hombres lleguen a una persuasión y convicción razonables de la verdad del evangelio, por sus evidencias internas, como se ha dicho, en otras palabras, por la vista de su gloria, es imposible que aquellos que son iletrados y que no conocen la historia, tengan una convicción completa y efectiva de ella en absoluto.[2]

Eso es lo que impulsa el enfoque que estamos tomando. Primero, la gente debe escuchar el evangelio para ser salvos y ellos son responsables de creer la verdad cuando la oyen. Segundo, el evangelio tiene en sí una luz autoautentificadora, o gloria, que hace posible una fe bien fundamentada. Y como el conocimiento de un creyente de las Escrituras crece, esa misma gloria divina lo confirma todo.

Ahora volvemos a la parte principal de este capítulo, una comparación entre ver la gloria de Dios a través de su mundo y verla a través de su Palabra.

Lo que se puede conocer sobre Dios es algo evidente para ellos

Primero, considere conmigo la manera en que Dios espera que los seres

---

2. Jonathan Edwards, *A Treatise Concerning Religious Affections*, vol. 2, *The Works of Jonathan Edwards*, ed. John Smith (New Haven, CT: Yale University Press, 1957), pp. 299, 300.

humanos vean su gloria en el mundo natural. Esto arrojará una luz significativa sobre cómo espera que veamos su gloria en su Palabra escrita. El pasaje clave de las Escrituras es Romanos 1:19-21, donde Pablo habla de los seres humanos en general en todas partes del mundo:

> Porque lo que de Dios se conoce es *evidente* entre ellos, pues Dios hizo que fuese evidente. Porque lo invisible de él —su eterno poder y deidad— se *deja ver* desde la creación del mundo, siendo entendido en las cosas creadas; de modo que no tienen excusa. Porque *habiendo conocido a Dios*, no le glorificaron como a Dios ni le dieron gracias; más bien, se hicieron vanos en sus razonamientos, y su insensato corazón fue entenebrecido (RVA-2015).

Este pasaje revela cómo Dios se hace conocible y sostiene a todos los seres humanos responsables de conocerlo, glorificarlo y darle las gracias. Fíjese en la frase "lo invisible" en el verso 20. Esto es lo que de Dios es revelado. Él está haciendo que lo "invisible" sea conocible. Dios se hace a sí mismo —su gloria y bondad (que se llama glorificación y acción de gracias)— conocible.

¿Qué es lo que de Él específicamente se conoce? Menciona dos cosas de "lo invisible": "su eterno poder y deidad" (v. 20). Sabemos que hay otros atributos invisibles de Dios que se revelan en el mundo natural, tales como su generosa bondad para con las personas no merecedoras (Hch. 14:16-17), su sabiduría (Sal. 104:24) y su esplendor y majestad (Sal. 104:1). Así que Dios espera que los seres humanos conozcan y respondan en adoración a las cosas invisibles que Él les ha revelado.

¿Cómo es revelado? La respuesta de Pablo es notablemente contundente. "se deja ver… en las cosas creadas". Literalmente: esas cosas son claramente vistas, entendidas por medio de las cosas que son hechas. Aquí hay tres pasos: (1) Dios hizo el universo (τοῖς ποιήμασιν); (2) nuestra mente comprende algo de Dios por las cosas hechas (τοῖς ποιήμασιν νοούμενα); (3) por esa comprensión mental, vemos claramente lo que no se ve (καθορᾶται). Note cuidadosamente: los objetos que se ven no son las cosas que son hechas (τοῖς ποιήμασιν). El caso dativo significa que vemos claramente "en las cosas creadas". Entonces, Pablo está diciendo que (1) *por* las cosas creadas visibles para el ojo físico (τοῖς ποιήμασιν) y (2) *por* la comprensión mental de estas cosas, cuando pensamos en ellas (νοούμενα) se "deja(n) ver" los atributos invisibles del "eterno poder y la deidad" de Dios.

Se admita o no, la gloria de Dios es evidente

Si alguien dice: "Bueno, yo no la veo", Pablo responde: "sí, lo hiciste". Dice esto dos veces. Versículo 19: "Lo que Dios se conoce *es evidente entre ellos* (τὸ γνωστὸν τοῦ θεοῦ φανερόν ἐστιν ἐν αὐτοῖς)". Y en el versículo 21: "Porque *habiendo conocido a Dios*, no le glorificaron como a Dios" (διότι γνόντες τὸ ν θεὸν οὐχ ὡς θεὸν ἐδόξασαν). Por lo tanto, incluso si objetamos que no vemos o conocemos a Dios en el mundo natural, Pablo no está de acuerdo y dice que sí lo hacemos. *Todos* lo hacemos. Y lo que decimos "no conocemos", Pablo llama "detención" del conocimiento. "Los hombres que con injusticia detienen la verdad" (Ro. 1:18, RVA-2015)

Las cosas que se conocen acerca de Dios por la naturaleza, son cosas que nos hacen responsables de glorificarlo como Dios y darle gracias (v. 21). Así que esto debe incluir su existencia, su gloriosa majestad y su generosidad para darnos "vida y aliento y todas las cosas" (Hch. 17:25).

"Los cielos cuentan la gloria de Dios" (Sal. 19:1). Esta es la razón por la cual Dios los hizo, para poner su majestuosa gloria en exhibición. El telescopio espacial Hubble envía imágenes infrarrojas de galaxias tenues, tal vez a doce mil millones de años luz de distancia (doce mil millones de veces nueve billones de kilómetros). Incluso dentro de nuestra Vía Láctea, hay estrellas tan grandes como para desafiar la descripción, como Eta Carinae, que es cinco millones de veces más brillante que nuestro sol.

Si tropiezas con esta vastedad, pensando que parece desproporcionadamente grande en comparación con el hombre infinitamente pequeño y su habitación, recuerda que el significado de esta magnitud no es principalmente sobre nosotros. Se trata de Dios. "Los cielos cuentan la gloria de Dios". La razón de este "vasto" espacio del universo para albergar a una partícula que es la humanidad es resaltar a nuestro Hacedor, no a nosotros mismos. "Levantad en alto vuestros ojos, y mirad quién creó estas cosas; él saca y cuenta su ejército; a todas llama por sus nombres; ninguna faltará; tal es la grandeza de su fuerza, y el poder de su dominio" (Is. 40:26).

Dios quiere que el mundo creado comunique su majestad. Como el poeta Gerard Manley Hopkins lo pone en su famoso poema:

> El mundo está cargado de la grandeza de Dios,
> la cual arderá como el brillo de una lámina agitada...
> Vive allí la más querida frescura bien en lo profundo de las cosas;

y aunque las luces últimas del negro occidente partieron,
oh, la mañana, al pardo borde hacia el este, brinca
porque el Espíritu Santo sobre el inclinado
mundo acuna con pecho cálido y con, ¡ah!, alas que brillan[3].

Las palabras "la más querida frescura bien en lo profundo de las cosas" apuntan a otro hecho, además de revelar la majestad de Dios, que el mundo revela su bondad. Dios no solo espera que lo glorifiquemos, sino que le demos gracias (Ro. 1:21). Todo lo que nos sustenta y nos agrada proviene en última instancia de su mano (aun si hemos hecho de ello un ídolo que lo reemplace, Sal. 36:7-9).

Pero el efecto del pecado es hacer que nos resistamos a glorificar y agradecerle a Dios (v. 21). En lo profundo de nuestra alma, hay una rebelión contra la majestad de Dios y su total suficiencia. No nos gusta estar completamente sujetos a su poder o totalmente dependientes de su misericordia. En el fondo también percibimos que nuestra resistencia a Dios es tan condenatoria que no podemos vivir con conciencia de ella. El resultado es que nosotros detenemos "con injusticia la verdad" (v. 18) y llegamos a envanecer nuestro pensamiento y entenebrecer nuestro necio corazón (v. 21). O negamos la existencia de Dios, o distorsionamos su majestad para hacerlo tolerable.

¿Qué sé yo del mundo natural?

Lo que Pablo enseña en Romanos 1:18-23 es profundamente relevante para saber cómo conocemos la verdad de las Escrituras. Déjeme llevarlo conmigo por el camino que he recorrido en mi propia experiencia del mundo y de la Palabra.

Cuando voy a Romanos 1, me enfrento con las sorprendentes verdades de que lo que se puede saber acerca de Dios es claro para John Piper porque Dios se ha manifestado a John Piper (v. 19); y que John Piper ha percibido claramente, por el funcionamiento de su mente y por las cosas que son hechas, el poder y la deidad de Dios (v. 20); por lo tanto, en la raíz de su ser, John Piper conoce a Dios (v. 21), pero no ha logrado glorificarlo y agradecerle en la medida que Él lo amerita.

Frente a estas asombrosas verdades sobre mí mismo, he intentado honestamente hacer un balance de lo que sé de Dios del mundo natural. Aquí

3. Gerard Manley Hopkins, *Cuatro poemas de Gerard Manley Hopkins*. Traducido por *Otro páramo*, revista de poesía. http://www.otroparamo.com/cuatro-poemas-de-gerard-manley-hopkins/ (consultado el 2 de diciembre del 2016).

está mi mejor esfuerzo para discernir el conocimiento de Dios en mi mente y corazón que es el efecto inmediato de mi conciencia en el mundo como ser humano.

No quiero decir que hubiera visto todo esto sin la gracia especial del nuevo nacimiento y la transformación de la mente que viene a través de la obra del Espíritu Santo. Pero tampoco quiero decir que veo estas cosas porque la Biblia me dice que están allí, lo que, por supuesto, resolvería el asunto. Las cosas que veo implican razonar sobre lo que he visto, no solamente por una simple observación. No sé cuánto de estas cosas vería sin la gracia capacitadora del Espíritu. Mi punto es que estas cosas están realmente ahí para ver en la naturaleza, no solo en la Biblia. Y sospecho que nuestro Creador hallará fallas en el mundo por no ver aún más que esto.

- Dios existe. Este es el significado fundamental del mundo, y esto es conocido por todos.
- Dios es el único creador de toda realidad espiritual y material que no es Dios, pues dos originadores absolutos de todas las cosas es una contradicción.
- Dios es totalmente autosuficiente sin depender de nada fuera de sí mismo para ser todo lo que es, porque eso está implícito en ser el Creador de absolutamente todo.
- Dios no tiene principio ni fin, ni progresa de lo peor a lo mejor; por lo tanto, es absoluto y perfecto, porque Dios no puede ser mejorado por lo que es absolutamente dependiente de Él por su esencia y excelencia.
- Dios es aquel de quien dependo momento a momento en todas las cosas, ninguna de las cuales merezco, y por lo tanto es bondadoso. Esto se deriva de que Dios es completamente absoluto como el Creador y sustentador de todas las cosas, junto con las innumerables riquezas que me rodean y mi propia conciencia culpable, que proviene de mi incapacidad de cumplir con mis propios estándares innatos.
- Dios es personal y me enfrenta como la persona que me dio una personalidad que no es algo simplemente físico. Pues la existencia de mi propia personalidad y mi sentido innato de su significado moral solo pueden ser explicados por un Dios personal.

- Dios explica su diseño inteligente que se manifiesta en el universo macro (galaxias) y micro (moléculas y células), como un hecho tan manifiesto como el automóvil que atestigua la existencia del hombre.
- Dios lo sabe todo. Porque hizo y sostiene todo.
- Dios merece ser reverenciado, admirado, recibir agradecimientos, ser buscado para ayuda y guía. Esto se deduce de mi sentido innato de juicio moral en vista de todo lo visto hasta ahora.
- Dios me ve como culpable por no darle la gloria y las gracias que se merece, y así da la fundamental explicación al universo, de la mala conciencia en el mundo. Esto se deriva de la dimensión personal perfecta en Dios y de la dimensión moral defectuosa en mí, que mi conciencia me la revela con constancia inquebrantable.
- Dios podría salvarme de mi culpa, pero tendría que hacerlo de una manera que supere mi impulso malo para resistirlo, y tendría que hacer un camino para que su gloria se prolongue, mientras no me castigue por deslealtad. Porque es manifiesto que he menospreciado su gloria y no puedo pagar una deuda tan grande como la que debo, porque ofendí su bondad infinita.

Una vez más, el punto aquí no es que nadie ve todo esto sin la ayuda especial del Espíritu de Dios. El punto es: esto está realmente ahí para mostrarnos, y nosotros somos responsables de verlo.

Cosas imponentes, autoevidentes que no puedo no saber

Todo esto equivale a la comprensión profunda e ineludible de que Dios hizo que el mundo comunicara su gloria, es decir, la grandeza y belleza de sus múltiples perfecciones. También hizo que yo experimentara su gloria, y a través de esta experiencia glorificarlo y darle gracias. Soy creado para *magnificar* la gloria de Dios, no de la manera en que un *microscopio* magnifica (haciendo que las cosas pequeñas se vean más grandes), sino la forma en que un *telescopio* magnifica (haciendo que las cosas que parecen pequeñas al mundo aparezcan tan gigantescas como lo son en realidad). Y sé intuitivamente que agradecer a Dios es una manera de glorificarlo. La gloriosa bondad de Dios se magnifica en mi testimonio humilde, dependiente y agradecido de su bondad hacia mí. Esto se confirma en el Salmo

50:23: "El que ofrece sacrificio de acción de gracias me glorificará" (RVA-2015).

También es intuitivamente obvio para mí que si la autorrevelación de Dios me obliga a *agradecerle*, entonces la revelación de la gloria de Dios es para mi bien, es decir, para mi gozo. Esto es lo que siento instintivamente. Pablo espera que discernamos esto en las cosas que son hechas. Y esto es lo que yo discierno: si surge en mi corazón una profunda deuda ante Dios para la revelación de su gloria, entonces soy un testigo de la realidad de que esta revelación es buena para mí.

También es evidente para mí que una gratitud a Dios que encuentra sus dones agradables, pero su persona desagradable, no es una gratitud que lo glorifique. Por lo tanto, es evidente que en la creación la bondad de los dones de Dios está destinada a darnos una muestra de la bondad de Dios mismo. De esta manera, nuestra gratitud es una forma de glorificarlo a *Él*, no solo su don.

Por lo tanto, también sé intuitivamente que si encuentro a Dios desagradable, no lo glorifico. O para decirlo de otra manera, si no encuentro a Dios supremamente satisfactorio para mi alma, entonces no lo glorificaré como debería. O para decirlo positivamente, si encuentro a Dios como mi suprema satisfacción, con esa misma satisfacción Dios es puesto en exhibición como el todo satisfactorio, todo glorioso. Por lo tanto, sé intuitivamente que la revelación de su gloria es para mí gozo supremo y que, al encontrar este gozo en Él, Él será glorificado. Este conocimiento se da en la forma en que el mundo y yo hemos sido creados. Y se confirma en el Salmo 19:1-5:

> Los cielos cuentan la gloria de Dios,
> Y el firmamento anuncia la obra de sus manos…
> En ellos puso tabernáculo para el sol;
> Y éste, como esposo que sale de su tálamo,
> Se alegra cual gigante para correr el camino.

De esta manera, el universo creado declara la gloria de Dios. Es decir, el sol se eleva en su gloriosa y ardiente supremacía sobre el día. ¿Y qué significa todo esto acerca de la gloria de Dios? "*Se alegra* cual gigante para correr el camino". La gloria del sol está destinada a ser experimentada como la revelación del gozo de Dios en donde está su gloria.

Conozco mejor mi corazón y mi mente, y estas cosas me son conocidas por el hecho mismo de que el mundo natural existe, y por el hecho de que existo como persona consciente, sabiendo y valorando un mundo así.

"Por el fin que se proponen en el todo"

Ahora bien, ¿cuál es la conexión entre, por un lado, conocer a Dios a través de la naturaleza de esta manera y, por otro lado, la autoautentificación de las Sagradas Escrituras? El Catecismo Mayor de Westminster proporciona el vínculo y explica por qué las palabras "el fin que se propone" están en el título de este punto. La pregunta número 4 de este catecismo histórico, que fue completada en 1647, dice: "¿Cómo sabemos que las Escrituras son la palabra de Dios?" En otras palabras, ¿cómo podemos saber que la Biblia es la Palabra de Dios y, por lo tanto, es verdad? Parte de la respuesta es crucial para nuestra línea de pensamiento en este punto, ¡y para este libro! "Respuesta: Las Escrituras manifiestan en sí mismas que son la palabra de Dios por… el fin que se propone en el todo, cual es *dar toda gloria a Dios*"[4].

¿Qué significa esto? Me da vueltas en la mente la frase que dice que el objetivo o el propósito de las Escrituras es exhibir la gloria a Dios, ese es el alcance de toda la Biblia. Tomo la frase "el fin que se propone en el todo" para significar "todo lo que la Biblia toma en consideración, la totalidad de sus escritos". En otras palabras, toda la Biblia, correctamente entendida, tiene este propósito divino: comunicar o exhibir la gloria de Dios.

Ahora usted puede ver inmediatamente cómo esto se relaciona con el propósito del mundo natural en Romanos 1:18-23. Si el catecismo es correcto, toda la *Palabra* de Dios está declarando la gloria de Dios. Y eso, dice Pablo, es lo que todo el *mundo* está haciendo también: "Los cielos cuentan la gloria de Dios" (Sal. 19:1). Lo que esto significa, entonces, es que si Dios nos hace responsables de ver su gloria por medio del mundo creado, cuánto más nos hará responsables de ver su gloria por medio de su Palabra inspirada.

Esto es verdad, pues el diseño omnipresente y dado por Dios de las Escrituras es revelar la gloria de Dios. Los hombres que escribieron el Catecismo Mayor de Westminster creyeron que era de hecho el diseño de toda la Biblia. Jonathan Edwards lo puso así, en el libro que ha moldeado mi pensamiento más que cualquier otro libro aparte de la Biblia, *El fin por el cual Dios creó el mundo*:

---

4. Énfasis añadido. La respuesta completa dice: "Las Escrituras manifiestan en sí mismas que son la palabra de Dios por su majestad y pureza, por el consentimiento de todas sus partes, y por el fin que se proponen en el todo, cual es dar toda gloria a Dios; por su luz y poder para convencer a los pecadores, para consolar y edificar a los creyentes para la salvación; pero el Espíritu de Dios dando testimonio con las Escrituras y por medio de ellas al corazón del hombre, es el único que puede persuadir plenamente de que son la verdadera palabra de Dios".

> Todo lo que alguna vez se habla en las Escrituras como un fin último de las obras de Dios está incluido en la frase, *la gloria de Dios*… La refulgencia brilla sobre la criatura, y esta refleja nuevamente a la lumbrera. Los rayos de gloria vienen de Dios, son algo de Dios y son devueltos nuevamente a su origen. De modo que el todo es *de* Dios, *en* Dios y *para* Dios; y Dios es el principio, el medio y el fin en este asunto.[5]

En otras palabras, las Escrituras llevan el testimonio uniforme y omnipresente de la verdad de que todo lo que sucede es, en última instancia, para la gloria de Dios. Este es el diseño de Dios para su *mundo*, y este es el diseño de Dios para su *Palabra*. Porque es el designio de Dios para el mundo y la Palabra, la gloria de Dios es central en la forma cómo la gente común llega a conocer a Dios a través del mundo y a través de la Palabra.

Nos hicieron conocer la gloria de Dios a través del mundo y de la Palabra

Volvamos por un momento a Romanos 1. Pablo dijo que todos los seres humanos, en lo profundo de sus almas, conocen a Dios (v. 21). Lo que se conoce acerca de Dios es evidente para ellos (v. 19). Específicamente, Pablo dice que todos los seres humanos conocen la *gloria* de Dios, porque esa es la verdad que reprimimos y el tesoro que cambiamos. Ellos cambiaron "la *gloria* del Dios inmortal por imágenes" (v. 23, DHH).

Pablo no quiere dar a entender que todos los seres humanos tienen un conocimiento espiritual y salvador de la gloria de Dios, ya que él dice que estamos bajo la ira de Dios y sin excusa (vv. 18-21). Más bien, lo que nos quiere enseñar es que debido a que todos hemos sido creados a la imagen de Dios, con el destino original de la imagen de la gloria de Dios, quedan ciertos rastros de este diseño en nuestra alma. El pecado ha destronado la gloria de Dios como nuestro supremo tesoro y placer, pero no ha destruido la plantilla en forma de Dios que dejó atrás este destronamiento.

Fuimos hechos para la gloria de Dios. Nuestra mente está diseñada para *conocer* la gloria de Dios, y nuestro corazón está diseñado para *amar* la gloria de Dios. El anhelo más profundo del alma humana es conocer y gozar de la gloria de Dios. Fuimos hechos para esto. "Trae de lejos mis hijos, y mis hijas de los confines de la tierra… *para gloria mía* los he creado, los formé y

---

5. Jonathan Edwards, *The Dissertation Concerning the End for Which God Created the World*, vol. 8, *The Works of Jonathan Edwards*, ed. Paul Ramsey (New Haven, CT: Yale University Press, 1989), pp. 526, 531.

los hice", ha dicho el Señor (Is. 43:6-7). Para verla, saborearla y mostrarla, es por eso que existimos.

Las tramas impenetrables e inimaginables del universo creado son una parábola acerca de las riquezas inagotables de la gloria de Dios (Ro. 9:23). El ojo físico está destinado a decir al ojo espiritual, como Pablo lo dice: "nos gloriamos en la esperanza de la gloria de Dios" (Ro. 5:2). Aún más precisamente, dice que "él preparó de antemano para gloria" (Ro. 9:23). Por eso fuimos creados, para "hacer notorias las riquezas de su gloria" y nos las mostró a nosotros "los vasos de misericordia" (Ro. 9:23).

Esto es lo que Pablo quiso decir cuando escribió que todo ser humano conoce a Dios (Ro. 1:21). Hay en cada corazón humano un verdadero testimonio de la realidad de la gloria de Dios en el mundo y en la Palabra. Es el testigo de una plantilla residual (como una pieza de rompecabezas que solamente encaja en el lugar que ha sido predeterminado para esa pieza en particular). La plantilla en nuestro corazón está esperando el ajuste perfecto de su contraparte divina, la gloria de Dios. Por eso ver la gloria de Dios es la curación a nuestra vida desordenada. "Nosotros todos, mirando a cara descubierta como en un espejo *la gloria del Señor, somos transformados* de gloria en gloria en la misma imagen" (2 Co. 3:18). Hay en cada alma un testimonio, aunque oscurecido, de que fuimos creados para la gloria de Dios.

Este testimonio es de tal naturaleza, por consiguiente, que cuando la gloria de Dios rompe nuestra ceguera causada por el pecado (1 Jn. 2:11) y compuesta por Satanás (2 Co. 4:4), el conocimiento de esta gloria es inmediato, convincente y justificado. Es un conocimiento muy bien fundamentado. Ve y sabe con certeza bien fundamentada que este mundo es el mundo de Dios y estas Escrituras son la palabra de Dios.

La diferencia entre conocer a Dios por medio del mundo y por medio de la Palabra

Hay una diferencia en la forma en que Dios revela su gloria en la creación de la naturaleza y la forma en que revela su gloria en la inspiración de las Escrituras. Hay una diferencia entre la forma en que el sol revela la gloria de Dios y la forma en que el libro de Romanos revela la gloria de Dios. En Romanos, lo que revela la gloria de Dios es el *significado* de las Escrituras, no el pergamino, la tinta y las letras. El objetivo de Dios no es que cualquier persona vea la carta original de Pablo y diga: "¡Qué Dios tan glorioso y bueno debe estar detrás de tan especial caligrafía!". Las palabras que escribió Pablo, guiado por Dios, son reveladoras porque son el instrumento elegido del *significado* de Dios. El sol, por su parte, no es como el pergamino, la tinta y las letras. Solo estos tienen una magnitud y belleza tan ardiente que revelan la gloria de Dios directamente, y ese es su significado. Dios *espera* que veamos la "escritura solar" y digamos, "¡Qué Dios tan glorioso y bueno escribe con este tipo de fuego!".

El mundo y la Palabra de Dios revelan su gloria

A pesar de las diferencias entre la revelación de Dios en la naturaleza y su revelación en las Escrituras, la comparación es importante e iluminadora. De esto trató este capítulo: la manera en que tanto el mundo de Dios como la Palabra de Dios revelan su gloria. Hay tres razones por las que la comparación es esclarecedora.

Primero, la comparación muestra que "el fin que se proponen en el todo" en ambos casos, el mundo natural y la palabra inspirada, es la gloria de Dios. El Catecismo Mayor dice: "Las Escrituras manifiestan en sí mismas que son la palabra de Dios... por el fin que se proponen en el todo, cual es dar toda gloria a Dios". Esto señala el vínculo entre las Escrituras y la naturaleza. Ambos llevan el mismo mensaje de autoautentificación: todas las cosas existen para la gloria de Dios. Esto hace que el mundo y la Palabra se autoautentifiquen (como el mundo *de Dios* y la Palabra *de Dios*), porque eso corresponde al profundo conocimiento de nuestra alma (Ro. 1:21).

Segundo, la comparación muestra que la gloria de Dios está destinada a ser vista por medio de cosas que *no* son su gloria. Una nube, una estrella, una galaxia no son la gloria de Dios. Dios manifestó su gloria *en* ellas (Ro. 1:19). Vemos la gloria de Dios "por medio de las cosas hechas" (Ro. 1:20). Esto es posible porque nosotros mismos conocemos a Dios (Ro. 1:19, 21). Hemos ahogado este conocimiento. Pero más profundo que todo esto, hay una plantilla diseñada para encajar perfectamente con la gloria de Dios. Sabemos por esta plantilla, este diseño, que fuimos hechos para ver y saborear la gloria de Dios. En el pecado hemos cambiado esta gloria por imágenes. Pero estas no se ajustan a la plantilla. Son contrapartes falsas. Por lo tanto, tenemos un testimonio constante en el mundo y en nuestra propia alma que nos guía a adorar a Dios para su gloria.

De forma semejante (aunque no exactamente de la misma manera) la gloria de Dios resplandece a través de las Escrituras que Él inspiró. De esta manera, Dios confirma que estos escritos son suyos. Sin embargo, estos escritos no son la gloria de Dios, e incluso su significado no es idéntico a la gloria de Dios. Estamos destinados a ver la gloria de Dios por medio de las Escrituras y su significado. Ni el mundo natural ni la Palabra inspirada son idénticos a la gloria de Dios, pero fueron diseñados por Dios para revelarnos su gloria.

Tercero, todos somos responsables, por tanto, de ver la gloria de Dios en el mundo y en la Palabra. Hay suficiente gloria en el mundo y en la Palabra, y hay suficiente conocimiento en nuestra alma, para hacernos responsables de ver la gloria de Dios. Por lo tanto, somos responsables de glorificar y agradecer a Dios en respuesta a su creación, y confiar en Dios en respuesta a su Palabra. La creación de galaxias incomparables nos obliga a adorar su poder. La creación del significado verbal nos obliga a creer que esto es verdad.

En los capítulos siguientes, volveremos a la esencia peculiar de la gloria autoautentificada de Dios revelada en este significado de las Escrituras. Mi esperanza es demostrar que no es solo la gloria en general la que autentifica las Escrituras, sino también la manera particular en que Dios revela su gloria y que hace que su Palabra sea supremamente convincente.

13

Majestad en mansedumbre: la gloria peculiar en Jesucristo

> Porque así dijo el Alto y Sublime, el que habita la eternidad, y cuyo nombre es el Santo: Yo habito en la altura y la santidad, y con el quebrantado y humilde de espíritu, para hacer vivir el espíritu de los humildes, y para vivificar el corazón de los quebrantados.
>
> ISAÍAS 57:15

En el capítulo anterior, vimos que la respuesta del Catecismo Mayor de Westminster tocó algo profundo. Cuando se le preguntó: "¿Cómo sabemos que las Escrituras son la palabra de Dios?", respondió: "Las Escrituras manifiestan en sí mismas que son la palabra de Dios por... *el alcance del todo, que es dar toda gloria a Dios*". Entre todas las evidencias para el origen divino de las Escrituras que el Catecismo menciona[1], esta parte de la respuesta es crucial en el argumento que estamos persiguiendo. El Catecismo dice, como ya vimos, que toda la Biblia bien entendida tiene este propósito divino: comunicar o exhibir la gloria de Dios. Y este propósito omnipresente de las Escrituras para glorificar a Dios, en lo que enseñan y cómo lo enseñan, revela la obra de Dios en la escritura de la Biblia.

Autoautentificación de las Escrituras, el evangelio y el universo

Sabemos que estamos frente a algo muy serio aquí, no solo porque vincula la autoautentificación de las Escrituras con la de toda la creación (Ro. 1:18-21, el tema del capítulo 12), sino también porque vincula la autoautentificación de las Escrituras con la del evangelio. Esto se ve claramente en 2 Corintios 4:4-6 (que mencionamos en el capítulo 8). Pablo

1. Véase el cap. 12 nota 3 para la respuesta completa del Catecismo.

se refiere a "la luz del *evangelio* de la *gloria* de Cristo, el cual es la imagen de Dios". En otras palabras, el evangelio se resume como el evangelio de la gloria de Cristo. Y se dice que esta gloria fluye del evangelio con una *luz*. En el versículo 4, "el dios de este siglo" (Satanás) ciega a la gente para que no vea esa luz. En el versículo 6, Dios revierte esa ceguera: Él da "la luz... para iluminación del conocimiento de la gloria de Dios en la faz de Jesucristo".

En otras palabras, la forma en que el evangelio gana la confianza bien fundamentada de sus oyentes es brillando en el corazón, a través de la "luz del evangelio de la *gloria de Cristo*". No pase por alto cuán increíble es esto. El evangelio es una narración verbal de los eventos de la muerte y resurrección de Cristo y el significado de estos eventos (1 Co. 15:1-4). Esta narración verbal es el prisma a través del cual Dios hace que la gloria espiritual brille en el corazón del ser humano. De esta manera, la gloria divina se convierte en el poder de autoautentificación del evangelio para ganar la aceptación de nuestro corazón.

Así que, cuando el Catecismo dice: "Las Escrituras manifiestan en sí mismas que son la palabra de Dios por... el alcance del todo, que es dar toda gloria a Dios", está vinculando la autoautentificación de las Escrituras con la del evangelio (2 Co. 4:4-6) y con la autoautentificación de todo el mundo creado (Ro. 1:18-21). Una de las implicaciones más importantes es mostrar que esta forma de pensar sobre una confianza bien fundamentada en la Biblia no es solo bíblica, sino que es el corazón de la misma; la penetrante exaltación de la gloria de Dios, alcanzando su apogeo en la persona y obra de Jesucristo.

Dios es glorioso y cómo lo es

Una pregunta que queda del último capítulo es si el Catecismo Mayor está realmente en lo correcto al decir que el "alcance del todo" de las Escrituras es de hecho "dar toda la gloria a Dios". Así que, lo que intento hacer en este capítulo es mostrar que la respuesta a esa pregunta es afirmativa. Al hacerlo, encontramos que hay dos maneras en que la Biblia apunta a dar toda la gloria a Dios. Una es que la Biblia dice repetidamente, de principio a fin, que Dios hace todo lo que hace para su propia gloria, y que nosotros debemos hacer lo mismo. La otra es que la Biblia describe los caminos de Dios y cómo estos realmente lo hacen glorioso. En otras palabras, lo que encontramos es que la Biblia "da toda la gloria a Dios" no solo mostrando *qué* hace Dios, sino también cómo lo hace; *que* Dios es glorioso y *la manera* en que lo es en todo lo que hace.

Que las Escrituras hacen ambas cosas (qué y cómo) es un don grande y misericordioso para nosotros. Dios está haciendo grandes esfuerzos, en su autorrevelación, para ayudarnos a ver la autoautentificación mostrada en su gloria. Es como si vez tras vez se detuviera en el mismo acto de brillar, y nos dijera por qué este es, de hecho, un brillo evidente y convincente. Es como si un esposo estuviera ante la puerta cerrada de su casa, llamando a su esposa para que le abra y, sin embargo, ella dice: "¿Cómo puedo saber que eres tú?". En vez de rechazarla porque ella no reconoce su voz, le recuerda, a través de la puerta cerrada, los rasgos distintivos de su propia voz, hasta que ella le dice, "ah, sí, ahora te reconozco", y abre la puerta. Dios es muy paciente con nuestra lentitud para oír y reconocer su voz. Y deberíamos estar profundamente agradecidos por esto, porque Jesús dijo: "mis ovejas oyen mi voz, y yo las conozco, y me siguen" (Jn. 10:27).

Dios muestra su gloria de principio a fin

En primer lugar, nos centraremos brevemente en el hecho de que la Biblia, de principio a fin, declara y demuestra que Dios hace todo para su gloria. Digo que lo haremos brevemente, aunque es un tema extenso en las Escrituras. La razón es porque yo (y otros) hemos dedicado bastante espacio en otros libros a demostrar que esto es así.[2] Basta con un resumen de la historia de la redención. Desde la eternidad pasada hasta la eternidad futura, las acciones de Dios son descritas como autoexaltadas. Dios apunta, en todo lo que hace, a comunicar su gloria. He tomado seis puntos críticos en la historia redentora.

Predestinación

> Él nos ha predestinado "para ser adoptados hijos suyos por medio de Jesucristo, según el puro afecto de su voluntad, para alabanza de *la gloria de su gracia*" (Ef. 1:5-6).

---

2. Este tema está tejido a lo largo de dos libros de John Piper, *Los deleites de Dios: Meditaciones acerca del placer que siente Dios en ser Dios* (Miami: Editorial Vida, 2006), esp. caps. 2 y 4; *¡Alégrense las naciones!: La supremacía de Dios en las misiones* (Viladecavalls: Editorial Clie, 2007), esp. pp. 32-39. Otros autores que han tratado este tema extensamente son Jonathan Edwards en *The End for Which God Created the World*, que yo he publicado junto a mi aprecio por él en *La pasión de Dios por su gloria* (Miami: Unilit, 2009) y en James M. Hamilton, *God's Glory in Salvation through Judgment: A Biblical Theology* (Wheaton, IL: Crossway, 2010). Una lista concisa de textos que resaltan este tema se encuentra en *Desiring God*: http://www.desiringgod.org/articles/biblical-texts-to-show-gods-zeal-for-his-own-glory.

Creación

> "Trae de lejos mis hijos, y mis hijas de los confines de la tierra, todos los llamados de mi nombre; *para gloria mía los he creado*, los formé y los hice" (Is. 43:6-7).

Encarnación

> "Cristo Jesús vino a ser siervo de la circuncisión para mostrar la verdad de Dios... y para que los *gentiles glorifiquen a Dios por su misericordia*" (Ro. 15:8-9).

Propiciación

> "Dios puso [a Cristo] como propiciación por medio de la fe en su sangre, *para manifestar su justicia*, a causa de haber pasado por alto, en su paciencia, los pecados pasados, con la mira de *manifestar en este tiempo su justicia*, a fin de que él sea el justo, y el que justifica al que es de la fe de Jesús" (Ro. 3:25-26).

Santificación

> "Pido en oración, que vuestro amor abunde aun más y más en ciencia y en todo conocimiento, para que aprobéis lo mejor, a fin de que seáis sinceros e irreprensibles para el día de Cristo, llenos de frutos de justicia que son por medio de Jesucristo, *para gloria y alabanza de Dios*" (Fil. 1:9-11).

Consumación

> "Sufrirán pena de eterna perdición, excluidos de la presencia del Señor y de la gloria de su poder, cuando venga en aquel día *para ser glorificado en sus santos y ser admirado en todos los que creyeron*" (2 Ts. 1:9-10).

Desde la predestinación en la eternidad pasada hasta la consumación al fin de la historia, el objetivo último de Dios en todas sus obras ha sido la alabanza de su gloria. Este resumen es una pequeña muestra de lo que ocurre por todos lados en la Biblia. El "alcance del todo" es ciertamente dar toda la gloria a Dios. El Catecismo está en lo correcto. De hecho, para ser más precisos, el alcance de las Escrituras es mostrar que Dios *mismo* sostiene y muestra su gloria, y que nos llama a unirnos con Él haciendo de esto el objetivo de nuestra vida hasta en los más mínimos detalles. "Si, pues, coméis o bebéis, o hacéis otra cosa, hacedlo todo para la gloria de Dios" (1 Co. 10:31).

¿Es gloriosa la autoexaltación divina?

Es una gran tristeza que este tema de la autoexaltación de Dios, el hacer todas las cosas para comunicar su propia gloria, ha alejado a muchas personas de las Escrituras.

- Oprah Winfrey se alejó del cristianismo ortodoxo cuando tenía unos veintisiete años debido a la enseñanza bíblica de que Dios es celoso: Él exige que Él y nadie más obtenga nuestra más alta lealtad y afecto. Esto no sonaba amable para ella.[3]
- Brad Pitt se alejó de su fe infantil, dice, porque Dios exige que "tú tienes que decir que Yo soy el mejor... Parecía ser un asunto del ego".[4]
- Erik Reece, profesor y escritor de *An American Gospel*, rechazó al Jesús de los Evangelios porque solo un egocéntrico exigiría que lo amemos más de lo que amamos a nuestros padres e hijos.[5]
- Michael Prowse, columnista del *London Financial Times*, se alejó porque solo "los tiranos, hinchados de orgullo, anhelan la adulación"[6].

La gente ve la exaltación de Dios y la comunicación de su propia gloria como un problema. No les gusta. Piensan que tal exaltación de sí mismo es inmoral y sin ningún afecto; incluso patológica. Pero hay otra manera de verla.

Supongamos que el corazón de usted es una plantilla hecha para albergar a la contraparte, la gloria de Dios (véase capítulo 12). Supongamos que usted fue creado para conocer, amar y ser satisfecho por la majestad y la belleza de Dios. Supongamos que la gloria de Dios fue la más hermosa realidad en el universo para usted y, por lo tanto, la más satisfactoria para su alma.

Supongamos que usted tuviera hambre y sed de la presencia de la grandeza de Dios más que de cualquier otra cosa en el mundo. Y supongamos que este Dios, a pesar de todo el pecado de usted, habría hecho un camino

---

3. https://www.Youtube.com/watch?V=n2SrZJlPnjk; consultado el 10 de marzo de 2015.
4. http://desfile.com/50120/desfile/entrevista-con-brad-pitt/; consultado el 10 de marzo de 2015.
5. http://www.npr.org/templates/story/story.php?StoryId=104067081; consultado el 10 de marzo de 2015.
6. Michael Prowse, "God the Lover, Not God the Father, Offers Hope", *London Financial Times*, 30 de marzo de 2002.

para que la gloria de la santidad y justicia de Dios se mantuvieran y exaltaran, mientras se entregaba a usted en amistad para su disfrute eterno.

Si esto fuera cierto, entonces el compromiso inquebrantable de Dios para defender y mostrar su gloria no sería una marca de orgullo egoísta, sino una marca de amor que se entrega a sí mismo. Él estaría sosteniendo y comunicando lo mismo que el alma de usted anhela. Este no sería el modelo de una anciana que quisiera elogios, o un egocéntrico, o un tirano necesitado, o un amante inseguro, celoso. Más bien, sería el modelo de un Dios verdadero, vivo y clemente. Usted vería que no hay otro Dios como este, ni ningún otro libro como la Biblia, que lo presenta tan fielmente. Vería una gloria divina autoautentificada. Ninguna otra persona, ningún otro dios, ningún otro libro lleva estas marcas de la santa y divina autoexaltación que resuenan en el gozo eterno de Dios centrada en su pueblo.

Él es glorioso en muchas maneras, así como el diamante tiene facetas

Ya hemos hecho el giro, con estos dos últimos párrafos, de la verdad que la Biblia muestra *que* Dios hace todo para su gloria, a la verdad aún más notable de que la Biblia muestra *cómo* Dios actúa para esta gloria.

Cuando pensamos en *cómo* esta gloria de Dios es formidable, o por qué un *camino* particular de revelarla es glorioso, necesitamos reconocer que esto sobrepasa nuestro entendimiento. Y eso es algo bueno. Si yo pudiera ver y describir todas las formas en que Dios hace que su gloria aparezca como tal a las diferentes personas, pueblos o culturas, de hecho, sería Dios. Recuerde que una de mis preocupaciones es que Dios quiere que todas las personas, por muy educadas o rudimentarias que sean, puedan tener una bien fundamentada confianza en la verdad de la Palabra de Dios, cuando se les presenta con precisión y de una manera extensa. Lo que esto significa es que para millones de personas y para miles de culturas, Dios ha diseñado un camino, en las Escrituras inspiradas, para que la luz de la gloria de Cristo sea vista y conocida con profunda certeza.

Por lo tanto, sería presuntuoso de mi parte el suponer que podría señalar todas las maneras en que las Escrituras pueden hacer esto. Piense en las Escrituras como un diamante que Dios ha cortado con innumerables facetas; innumerables superficies que lo reflejan perfectamente. A medida que las Escrituras sean leídas por innumerables personas y en innumerables culturas, ese diamante se convierte en las diferentes maneras en que repentinamente atrapan y liberan un rayo de la gloria autoautentificada de Dios que nunca antes se había notado. Por ejemplo, una cierta cultura puede tener una visión del propósito divino de las genealogías bíblicas que revela una dimensión de su gloria que, en mi cultura individualista, pasa desapercibida.[7] Esto sucede todos los días alrededor del mundo. De hecho, sucede en mi vida una y otra vez, ya que una nueva faceta del diamante envía un nuevo rayo de la gloria de Dios a la retina de los ojos de mi corazón.

Así que el objetivo de lo que estamos tratando ahora, en este y los siguientes capítulos, no es describir todas las formas en que Dios hace que su gloria aparezca majestuosa a nuestra mente y corazón, sino mostrar algunos ejemplos, algunas facetas de este diamante, que creo están cerca del corazón, de lo que hace que la gloria de Dios sea tan convincente entre todos los argumentos rivales de las religiones del mundo.

El corazón de su gloria: majestad en mansedumbre

Cerca del corazón de lo que hace majestuosa a la gloria de Dios es el modo en que se combinan su majestad y su mansedumbre. Otra manera de expresarlo sería que Dios es más glorioso porque es una yuxtaposición paradójica de rasgos aparentemente opuestos, en lugar de ser solamente una manifestación de fuerzas majestuosas. Y la marca unificadora de estas yuxtaposiciones paradójicas es que las majestuosas alturas de Dios son glorificadas especialmente por el modo en que sirven o se inclinan en humildad para salvar a los débiles. En otras palabras, lo que es claramente deslumbrante, ciertamente autoautentificado, sobre el Dios de los cristianos (y sus Escrituras) es que Él no obtiene la alabanza de su majestad acumulando trabajo esclavo a su servicio, sino convirtiéndose Él mismo en el siervo que libera a los esclavos de pecado.

La gloria del Dios de Isaías

El profeta Isaías se maravilla de la singularidad de Dios entre todos los dioses de los pueblos: "Desde la antigüedad no se ha escuchado, ni el oído ha percibido, ni el ojo ha visto a ningún Dios fuera de ti, que actúe a favor del que en él espera" (Is. 64:4, RVA-2015). Isaías dice que no hay Dios como Él; es único. Luego describe lo que distingue a Dios de todos los demás dioses. Que actúa "a favor del que en él espera". En otras palabras, otros dioses

7. Hay un ejemplo notable de esto en la tribu Binumarien de Papua Nueva Guinea, cuyo conocimiento de la genealogía de Jesús abrió sus ojos a la realidad de Cristo como una persona real, no un mero espíritu. La historia se cuenta en el libro de Lynette Oates, *Hidden People: How a Remote New Guinea Culture Was Brought Back from the Brink of Extinction* (Sutherland, NSW: Albatross, 1992), pp. 205-7. La historia también se registra en http://creation.com/binumarien-people-find-bible-true; consultado el 11 de marzo de 2015.

exigen que la gente se una a su fuerza de trabajo. Pero el verdadero Dios se convierte en una fuerza de trabajo para aquellos que esperan en Él. Si nos humillamos y abandonamos la rebeldía de la autosuficiencia humana, y nos volvemos a Dios con fe en que Él trabajará por nosotros, entonces nos dará la ayuda que necesitamos. Él glorificará la plena suficiencia de sus recursos, sabiduría, poder y gracia trabajando para satisfacer nuestras necesidades, en lugar de exigir que trabajemos para satisfacer las suyas.

Esta es la gloria distintiva de Dios entre todos los dioses: ellos se exaltan exigiendo ser servidos; pero el Dios verdadero se exalta sirviendo a los que confían en Él. Veamos cómo Isaías se burla de los dioses babilónicos, Bel y Nebo, precisamente sobre este punto:

> Se postró Bel, se abatió Nebo; sus imágenes fueron puestas sobre bestias, sobre animales de carga; esas cosas que vosotros solíais llevar son alzadas cual carga, sobre las bestias cansadas. Fueron humillados, fueron abatidos juntamente; no pudieron escaparse de la carga, sino que tuvieron ellos mismos que ir en cautiverio. Oídme, oh casa de Jacob, y todo el resto de la casa de Israel, los que sois traídos por mí desde el vientre, los que sois llevados desde la matriz. Y hasta la vejez yo mismo, y hasta las canas os soportaré yo; yo hice, yo llevaré, yo soportaré y guardaré (Is. 46:1-4)

Lo que distingue a Dios como único y glorioso es que otros dioses deben ser llevados por los hombres (vv. 1-2), pero Dios lleva a su pueblo desde el nacimiento hasta la madurez. Es una imagen impresionante: los falsos dioses montan en carros; el verdadero Dios es el carro. Esto es lo que quise decir anteriormente cuando dije que la marca unificadora de la gloria de Dios es que las majestuosas alturas de Dios son glorificadas especialmente por la forma en que Él se inclina en humildad para salvar a los débiles.

Isaías vuelve a su lugar la verdad de que la singularidad de Dios reside en su inigualable disposición a ser misericordioso con los que no lo merecen:

> Deje el impío su camino, y el hombre inicuo sus pensamientos, y vuélvase a Jehová, el cual tendrá de él misericordia, y al Dios nuestro, el cual será amplio en perdonar. Porque mis pensamientos no son vuestros pensamientos, ni vuestros caminos mis caminos, dijo Jehová. Como son más altos los cielos que la tierra, así son mis caminos más altos que vuestros caminos, y mis pensamientos más que vuestros pensamientos (Is. 55:7-9).

¿Cuál es la razón que se da aquí de por qué la gente pecadora y arrepentida puede recurrir a Dios y encontrar la esperanza del perdón? Note la palabra "porque" al principio del versículo 8: "*Porque* mis pensamientos no son vuestros pensamientos, ni vuestros caminos mis caminos". En otras palabras, Dios no solo es completamente diferente de los otros dioses, también es diferente de los hombres. Y esa diferencia radica en esto: Él perdonará abundantemente. Para apoyar esto, Dios no dice: porque mis caminos y pensamientos son más bajos que los tuyos. Él dice: "como son *más altos* los cielos que la tierra, así son mis caminos *más altos* que vuestros caminos, y mis pensamientos *más* que vuestros pensamientos". En otras palabras, "glorifico las alturas de mis caminos condescendiendo en perdonar a pecadores indignos".

Una vez más Isaías imprime esta visión de Dios:

> Porque así dijo el Alto y Sublime, el que habita la eternidad, y cuyo nombre es el Santo: Yo habito en la altura y la santidad, y con el quebrantado y humilde de espíritu, para hacer vivir el espíritu de los humildes, y para vivificar el corazón de los quebrantados (Is. 57:15).

La gloria única del Dios de la Biblia es que Él es el más elevado de todos los seres en santidad trascendente; esta altura y esta santidad son glorificadas no solo en su majestad, sino en la yuxtaposición paradójica de la altura intrínseca de la santidad y la humildad intencional de su servicio. Isaías declara claramente el principio: "será exaltado teniendo de vosotros misericordia" (Is. 30:18).

Así Isaías retrata a Dios como autoautentificándose en su gloriosa singularidad. No hay dios, y no hay humano, como este Dios. Es demasiado alto para ser el producto del miedo, y demasiado humilde para ser el producto del orgullo. No es creación del hombre, y no está en el panteón de los dioses. Él es real y verdadero.

La gloria de Dios en la historia y en los Salmos

Esta visión de la gloria de Dios, tan majestuosa en misericordia y mansedumbre, no es única de Isaías. Se impregna en los libros bíblicos de historia y poesía, así como en los de profecía. Estalla en el Nuevo Testamento con una claridad incomparable en la encarnación del Hijo de Dios, Jesucristo.

Por ejemplo, cuando Asa, el rey de Judá, se negó a humillarse y confiar en Dios para luchar por él, sino que confió en el rey de Siria, Dios lo censura con palabras extraordinarias:

> Por cuanto te has apoyado en el rey de Siria, y no te apoyaste en Jehová tu Dios, por eso el ejército del rey de Siria ha escapado de tus manos. Los etíopes y los libios, ¿no eran un ejército numerosísimo, con carros y mucha gente de a caballo? Con todo, porque te apoyaste en Jehová, él los entregó en tus manos. Porque los ojos de Jehová contemplan toda la tierra, para mostrar su poder a favor de los que tienen corazón perfecto para con él (2 Cr. 16:7-9).

El versículo 9 da una imagen asombrosa de Dios. No está esperando que la gente venga a servirle o ayudarle o luchar por Él. Por el contrario, sus ojos están de un lado a otro buscando personas a quienes pueda servir en sus batallas. Dios exalta su fuerza buscando a personas débiles, cuyo corazón es irreprensible para con Él, para que pueda luchar y trabajar por ellos.

Del mismo modo, en los Salmos, Dios lleva a su pueblo a la corte, por así decirlo, en el Salmo 50. Su argumento contra ellos es que lo están tratando como si Él necesitara de su servicio y sacrificios. Han olvidado la gloria peculiar que tiene entre todos los dioses. Él no los necesita, ellos lo necesitan a Él. Y su gloria peculiar es servir a los que confían en Él. Dios es el benefactor, no el beneficiario. Esa es su gloria.

> Oye, pueblo mío, y hablaré;
> escucha, Israel, y testificaré contra ti:
> Yo soy Dios, el Dios tuyo...
> No tomaré de tu casa becerros,
> ni machos cabríos de tus apriscos...
> Si yo tuviese hambre, no te lo diría a ti;
> porque mío es el mundo y su plenitud...
> Sacrifica a Dios alabanza,
> y paga tus votos al Altísimo;
> e invócame en el día de la angustia;
> te libraré, y tú me honrarás (Sal. 50:7-15)

Carlos Spurgeon amó este texto y se gozó en la forma en que este Salmo glorificó a Dios precisamente en su servicio a nosotros:

> Dios y el hombre que ora toman acciones... Primero está su parte: "Invocadme en el día de la angustia". En segundo lugar, está la parte de Dios: "Yo te libraré". Otra vez, tome su parte: "porque serás liberado". Es el

> turno del Señor; "tú me glorificarás". Aquí hay un pacto; un pacto al que Dios entra con quienes le oran, y a quienes Él ayuda. Él dice: "usted tendrá la liberación, pero yo debo tener la gloria"... Aquí hay una asociación encantadora: obtenemos aquello que tanto necesitamos, y todo lo que Dios obtiene es la gloria que se debe a su nombre.[8]

De hecho, esta "asociación encantadora" está en el corazón de lo que hace glorioso al Dios de los cristianos, y lo que hace que las Escrituras sean únicas.

Jesucristo, la encarnación de la gloria peculiar

Al llegar al Nuevo Testamento, la gloria peculiar de las yuxtaposiciones paradójicas de Dios llega a una hermosa expresión en Jesucristo. Cuando Pablo se presentó ante los filósofos en la colina de Marte, en Atenas, describió al mismo Dios de Isaías, 2 Crónicas y los Salmos, cuya gloria es que Él no necesita al hombre, sino que lo bendice. Dios "ni es honrado por manos de hombres, como si necesitase de algo; pues él es quien da a todos vida y aliento y todas las cosas" (Hch. 17:25). Su gloria no consiste en cuántos siervos puede Él conseguir, sino en su voluntad de reunir a un pueblo humilde que confíe en Él, para Él servirles.

Cuando Jesús, el Hijo eterno de Dios, desciende a la humanidad, esto es lo que afirma de sí mismo: "el Hijo del Hombre no vino para ser servido, sino para servir, y para dar su vida en rescate por muchos" (Mr. 10:45). Su gloria no estaba en el reclutamiento de siervos para así satisfacer sus necesidades, sino en la extrema disposición a servirles, hasta el punto de dar su vida por aquellos que confiaran en él.

Pablo se asombra y maravilla cuando contempla el hecho de que Dios no necesita consejo, sino que lo da y que no paga a la gente, porque nunca necesita pedir prestado nada.

> ¡Oh profundidad de las riquezas de la sabiduría y de la ciencia de Dios! ¡Cuán insondables son sus juicios, e inescrutables sus caminos! Porque ¿quién entendió la mente del Señor? ¿O quién fue su consejero? ¿O quién le dio a él primero, para que le fuese recompensado? Porque de él, y por él, y para él, son todas las cosas. A él sea la gloria por los siglos. Amén (Ro. 11:33-36).

El clímax de los primeros once capítulos de Romanos es: "A él sea la gloria por los siglos". Pero ¿por qué? Estos versículos ponen la razón de forma

8. Charles Spurgeon, *Twelve Sermons on Prayer* (Grand Rapids, MI: Baker, 1971), p. 105.

negativa y también positiva. Negativa, pues nadie ha dado jamás un regalo a Dios para que Dios le deba algo. Nadie ha encontrado jamás que Dios tuviera alguna necesidad. Él no tiene ninguna. Está por encima de todo el beneficio posible que los seres humanos pudiéramos otorgarle. Nadie le ha dado consejo. No podemos ofrecer a Dios ningún consejo que Él no conozca ya.

Positiva, que todas las cosas son de Él, por Él y para Él. Dios es infinitamente autosuficiente. No puede ser mejorado por los regalos o consejos de nadie. En cambio, Él es la fuente de vida. Él da vida a todos, la respiración de los seres humanos y todo lo demás. Específicamente, ha venido a la tierra en Jesucristo para servir y dar su vida como rescate; es decir, "tener misericordia de todos" (v. 32), para que las naciones "glorifiquen a Dios por su misericordia" (Ro. 15:9). Por esto Pablo alcanza el clímax de toda la obra misericordiosa de Dios con estas palabras: "A él sea la gloria por los siglos" (Ro. 11:36). Esta es la gloria única de Dios: ser glorioso en la condescendencia de su grandeza trascendente, en la misericordia hacia el hombre pecador.

La vida entera y el ministerio de Jesús fueron la encarnación de esta gloria peculiar de Dios. Al final de su vida, Jesús oró a su Padre: "Yo te he glorificado en la tierra; he acabado la obra que me diste que hiciese" (Jn. 17:4). Todo su ministerio estaba dirigido a esto: hacer que el Padre se vea glorioso. Antes, había clamado:

> Ahora está turbada mi alma; ¿y qué diré? ¿Padre, sálvame de esta hora? Mas para esto he llegado a esta hora. Padre, glorifica tu nombre. Entonces vino una voz del cielo: Lo he glorificado, y lo glorificaré otra vez (Jn. 12:27-28).

Esta era su misión. Pero, ¿cómo pasaría? Por una autoentrega, servidumbre, humillación y muerte:

> el cual, siendo en forma de Dios, no estimó el ser igual a Dios como cosa a que aferrarse, sino que se despojó a sí mismo, tomando forma de siervo, hecho semejante a los hombres; y estando en la condición de hombre, se humilló a sí mismo, haciéndose obediente hasta la muerte, y muerte de cruz (Fil. 2:6-8)

Debido a esta majestuosa humildad, en amor por los pecadores, Dios exaltó a Jesús y le dio un nombre por encima de todo nombre (Fil. 2:9). Pero el propósito de todo esto era que "toda lengua confiese que Jesucristo es el

Señor, *para gloria de Dios Padre*" (v. 11). Esta es la gloria peculiar de Dios y sus Escrituras: la gloria de Dios es el objetivo en todas partes, y el medio central es la autohumillación de Dios mismo en Jesucristo. Esta es la "luz del evangelio de la gloria de Cristo, el cual es la imagen de Dios" (2 Co. 4:4).

La gloria de la paradójica yuxtaposición de opuestos aparentes en Jesucristo está en el corazón de cómo Dios se muestra glorioso en las Escrituras. Jesús dijo que todas las Escrituras del Antiguo Testamento le estaban señalando. "Y comenzando desde Moisés, y siguiendo por todos los profetas, les declaraba en todas las Escrituras lo que de él decían" (Lc. 24:27). La unión de estas paradojas en Cristo, en una hermosa armonía, es el centro de la gloria que resplandece a través de toda las Escrituras.

El León y el Cordero unidos

Jonathan Edwards lo resumió en un gran sermón llamado *The Excellencies of Christ*. [Las excelencias de Cristo]. Él llamó la atención a Apocalipsis 5:5-6, donde Cristo aparece como "el León de la tribu de Judá" y como "un Cordero... inmolado". Este es el cuadro de la paradoja del León y el Cordero. Él es tanto un león como un cordero y un cordero como un león. Un león es admirable por su feroz fuerza y apariencia imperial. Un cordero es admirable por su mansedumbre y su servidumbre como provisión de lana para nuestra ropa. Pero aún más admirable es la unión de aparentes opuestos, un cordero parecido a un león y un león parecido a un cordero. Lo que hace glorioso a Cristo, como dijo Edwards, es "una admirable conjunción de diversas excelencias".[9]

Por ejemplo, haciendo eco de Edwards,[10] admiramos a Cristo por su trascendencia, pero más aún porque la trascendencia de su grandeza se mezcla con la sumisión a Dios. Nos maravillamos de Él porque su justicia intransigente es templada con misericordia. Su majestad está endulzada por la mansedumbre. En su igualdad *con* Dios tiene una profunda reverencia *por* Dios. Aunque es digno de todo bien, fue paciente para sufrir el mal. Su dominio soberano sobre el mundo estaba revestido de un espíritu de obediencia y sumisión. Él desconcertó a los escribas orgullosos con su sabiduría, pero fue lo suficientemente sencillo para ser amado por los niños. Podía tranquilizar la

---

9. Jonathan Edwards, "*The Excellency of Christ*", en *Sermons and Discourses*: 1734-1738, vol. 19, *The Works of Jonathan Edwards*, ed. M. X. Lesser (New Haven, CT: Yale University Press, 2001), p. 565.

10. En esta sección, estoy usando algunos pensamientos de mi libro, *Seeing and Savoring Jesus Christ* (Wheaton, IL: Crossway, 2004), pp. 29-34.

tormenta con una palabra, pero no acabaría con un rayo a los samaritanos, o se bajaría a sí mismo de la cruz.

Hay una plantilla creada por Dios en el corazón humano que está dispuesta a recibir con autentificada certeza la gloria divina. Nos hicieron conocer y disfrutar a esta persona, Jesucristo, la humilde encarnación del Dios todo glorioso. Podemos sentirlo en nuestro cansancio o en nuestros sueños en todo el mundo. Pero lo sabemos. Está escrito en nuestro corazón: este Dios-hombre es verdadero.

Jesús dijo: "Venid a mí todos los que estáis trabajados y cargados, y yo os haré descansar. Llevad mi yugo sobre vosotros, y aprended de mí, que soy manso y humilde de corazón; y hallaréis descanso para vuestras almas; porque mi yugo es fácil, y ligera mi carga" (Mt. 11:28-30). La cordialidad y la humildad de este león nos atrapan en nuestro cansancio. Y lo amamos por ello. Si Jesús reclutara únicamente como los infantes de marina, que desean la fuerza, nos desanimaríamos de ir a Él.

Pero esta cualidad de mansedumbre por sí misma, separada de la majestad de Cristo, no sería gloriosa. La dulzura y la humildad del León que parece un cordero se vuelven brillantes junto con la autoridad ilimitada y eterna del Cordero que parece un león. Solamente esto encaja con nuestros sueños en todo el mundo. Estamos seguros de que estamos débiles, cansados y cargados. Pero allí arde en cada corazón, al menos de vez en cuando, un sueño que nuestra vida servirá para algo grande. A este sueño Jesús le dijo: "Toda potestad me es dada en el cielo y en la tierra. Por tanto, id, y haced discípulos a todas las naciones... y he aquí yo estoy con vosotros todos los días, hasta el fin del mundo" (Mt. 28:18-20).

Sabemos, de la plantilla incorporada de nuestra propia debilidad junto con nuestro anhelo de grandeza trascendente, que la gloria de Jesucristo, el León y el Cordero, es la gloria para la que fuimos hechos. Este es el corazón de la gloria que brilla en nuestro corazón a través de las Escrituras, por el poder del Espíritu Santo, y nos convence de que son las mismas palabras de Dios.

Majestad expresada a través de mansedumbre

Todavía estamos investigando el significado de la respuesta del Catecismo Mayor de que "Las Escrituras manifiestan en sí mismas que son la palabra de Dios por... el alcance del todo, que es dar toda gloria a Dios". Argumenté en este capítulo que las Escrituras, de hecho, dan toda la gloria a Dios. No solo eso, sino que de principio a fin presentan a Dios mismo como dando toda la gloria a Dios. Él hace todo lo que hace con el objetivo de comunicar su gloria. Lo que da a este retrato una gloria distinta y convincente es que Dios magnifica su grandeza constituyéndose en el supremo tesoro de nuestro corazón, a gran costo para Él (Ro. 8:32), y así sirviéndonos en el mismo acto de exaltar su gloria.

El corazón de la gloria de Dios, tal como se revela en las Escrituras, es el modo en que su majestad se expresa a través de su mansedumbre. Llamé a esto una paradójica yuxtaposición de rasgos de Dios aparentemente opuestos. Jonathan Edwards lo llamó "una admirable conjunción de diversas excelencias". Este patrón de la autorrevelación de Dios en majestad y fuerza del león, junto con la mansedumbre y el servicio del cordero, recorre toda la Biblia y llega a su clímax más grandioso y hermoso en la persona y obra de Jesucristo, al morir y levantarse de la muerte por los pecadores.

Cuando Pablo enseña en Romanos 1:21 que todos los seres humanos, en el fondo, conocen a Dios pero no lo reconocen, el lenguaje que él usa corresponde a esta gloria paradójica. Dice que todos hemos fracasado en *honrar* a Dios y darle *gracias*. En otras palabras, no hemos podido ver su majestad que satisface el alma ni saborear su bondad que satisface necesidades. Tampoco hemos podido ver su hermosa yuxtaposición. Nosotros suprimimos esta verdad.

Sin embargo, hay en cada ser humano un "conocimiento" de este Dios. Hay una plantilla incorporada que fue creada para recibir como su contraparte perfecta esta comunicación peculiar de la gloria de Dios. Cuando Dios nos abre los ojos (2 Co. 4:6) y nos concede el conocimiento de la verdad (2 Ti. 2:25), a través de las Escrituras (1 P. 1:23), sabemos que hemos encontrado la realidad fundamental. Y de esta manera, Dios testifica que su Palabra es verdadera.

Una de las maneras en que esta peculiar comunicación de la gloria de Dios está entretejida en las Escrituras, confirmándonos que son la Palabra de Dios, es la forma en que las Escrituras del Antiguo Testamento se encuentran en el Nuevo Testamento. No es únicamente la sorprendente maravilla de la presciencia y providencia de Dios que nos captura. Es, aún más, la manera en que el Nuevo Testamento trata el cumplimiento de las Escrituras como una exhibición de la gloria peculiar de Dios. A eso nos referiremos ahora.

14

En el cumplimiento de la profecía

> Los profetas que profetizaron de la gracia destinada a vosotros, inquirieron y diligentemente indagaron acerca de esta salvación, escudriñando qué persona y qué tiempo indicaba el Espíritu de Cristo que estaba en ellos, el cual anunciaba de antemano los sufrimientos de Cristo, y las glorias que vendrían tras ellos.
>
> 1 PEDRO 1:10-11

En este capítulo seguimos buscando en las Escrituras una comprensión y confirmación de la declaración: "las Escrituras manifiestan en sí mismas que son la palabra de Dios por... el alcance del todo, que es dar toda gloria a Dios". Esta es la respuesta del Catecismo Mayor de Westminster a la pregunta: "¿Cómo sabemos que las Escrituras son la palabra de Dios?". He sostenido que el Catecismo está en lo correcto al decir que las Escrituras tienen este objetivo unificado: dar toda la gloria a Dios.

En forma específica, revelan uniformemente a un Dios que busca la alabanza de su gloria en todo lo que hace: en la naturaleza, en la historia y en las Escrituras Dios magnifica la supremacía de su gloria. Este no es el trabajo de un egocéntrico, porque el alma humana está creada para encontrar sus placeres más profundos viendo y gustando del Dios de la gloria como el tesoro más alto del alma. La autoexaltación de Dios es un acto de amor para los seres humanos cuyo gozo está en la grandeza de Dios mismo. Fuimos creados para esto. La verdad de la gloria de Dios está escrita en el corazón humano. Por lo tanto, un vistazo de esta gloria a través de las Escrituras es autoautentificador. Es el medio por el que Dios atestigua la verdad de su Palabra.

Innumerables glorias divinas brillan a través de las Escrituras

Estoy argumentando que Jonathan Edwards tiene razón cuando toma de 2 Corintios 4:4-6 la verdad de que "una creencia salvadora del evangelio surge de la iluminación de la mente, para así contemplar la gloria divina de las cosas que exhibe".[1] En otras palabras, las personas más simples y con menos preparación académica, así como los eruditos, llegan a una fe bien fundamentada cuando la "iluminación del conocimiento de la gloria de Dios" (2 Co. 4:6) toca esa conciencia innata de Dios, que todo ser humano tiene (Ro. 1:21). Esto sucede a través de las Escrituras. De esta manera, Dios confirma no solo el evangelio, sino las Escrituras inspiradas que nos lo traen.

Las Escrituras son confirmadas de esta manera por las formas omnipresentes e innumerables de la gloria de Dios que brilla a través de ellas. Las Escrituras son como un diamante con incontables facetas que pueden transmitir los rayos de la gloria de Dios al corazón humano en muchas más formas que las que cualquiera de nosotros ha soñado. Partes de las Escrituras que nos desconciertan pueden brotar verdaderamente con irresistible gloria y verdad entre culturas diferentes. Por lo tanto, es arriesgado intentar, como lo hice en el capítulo anterior, profundizar en las Escrituras en busca del corazón o la esencia de la gloria de Dios para hacerlas convincentes para el alma humana.

Sin embargo, me parece que las Escrituras nos animan a hacer esto. Las Escrituras no solo hablan en términos generales y abiertos acerca de la gloria de Dios, sino que nos señalan las magnificencias específicas de esa gloria. Ellas quieren que veamos las *maneras* en que Dios es glorioso. Nos llevan a la gloria *peculiar* de Dios que lo aleja de todos los otros dioses (Is. 64:4) y de todos los caminos y pensamientos humanos (Is. 55:8). Eso es lo que comenzamos a ver en el capítulo anterior. Y eso es lo que seguimos haciendo aquí.

El propósito de los próximos tres capítulos es ver cómo las Escrituras ponen en evidencia la gloria de Dios mediante el cumplimiento de la profecía, los milagros de Jesús y el fruto del amor en la vida de sus discípulos. En otras palabras, continuamos profundizando cómo "las Escrituras manifiestan en sí mismas que son la palabra de Dios por... el alcance del todo,

1. Jonathan Edwards, *A Treatise Concerning Religious Affections*, vol. 2, *The Works of Jonathan Edwards*, ed. John Smith (New Haven, CT: Yale University Press, 1957), p. 299.

que es dar toda gloria a Dios". Las Escrituras no nos dicen únicamente que Dios actúa para su gloria, nos muestran cómo lo hace.

El simple hecho de la profecía cumplida es glorioso

Pasamos en este capítulo a la asombrosa manera en que las Escrituras del Nuevo Testamento revelan el cumplimiento de las profecías del Antiguo Testamento hechas cientos de años antes. Pongo énfasis en *la manera* en que el Nuevo Testamento cumple el Antiguo Testamento. En eso se centra este punto. Hay una notable atención a la gloria peculiar de Cristo de la misma manera en que el Nuevo Testamento recoge las profecías del Antiguo Testamento de Cristo.

Pero debe decirse que el hecho de cumplir la profecía es una revelación de la gloria de Dios en Cristo, no solo de *la manera* en que sucede, sino *cómo* sucede. Este asombroso hecho ha sido usado por Dios para despertar a muchas personas a la realidad de su obra inspiradora de las Escrituras. No voy a enumerar los cientos de ejemplos de las Escrituras, ya que están fácilmente disponibles[2]. Pero voy a dar una pequeña muestra antes de pasar al enfoque preciso de este capítulo.

Uno de los retratos más sorprendentes de la Biblia de los sufrimientos del siervo mesiánico de Dios se encuentra en Isaías 53, escrito unos setecientos años antes del tiempo de Jesús. Si tomamos únicamente este capítulo y trazamos sus repercusiones y ecos en el Nuevo Testamento, saborearemos la maravilla de que Dios planeó y predijo el camino de Jesús siglos antes de que este llegara. Lucas registró esta verdad en una declaración general acerca de los últimos días de Jesús:

> Verdaderamente se unieron en esta ciudad contra tu santo Hijo Jesús, a quien ungiste, Herodes y Poncio Pilato, con los gentiles y el pueblo de Israel, para hacer cuanto tu mano y tu consejo habían antes determinado que sucediera (Hch. 4:27-28).

A continuación se muestra una lista parcial de los cumplimientos de Isaías 53 en el Nuevo Testamento.

---

2. Por ejemplo, simplemente busqué en línea *Lists of Old Testament prophecies fulfilled in the New Testament* [Listas de las profecías del Antiguo Testamento cumplidas en el Nuevo Testamento] y encontré diez listas significativas. El comentario más completo sobre cómo el Nuevo Testamento usa el Antiguo Testamento es *Commentary on the New Testament Use of the Old Testament*, ed. G. K. Beale y D. A. Carson (Grand Rapids, MI: Baker Academic, 2007).

Isaías 53:1 ¿Quién ha creído a nuestro anuncio? ¿y sobre quién se ha manifestado el brazo de Jehová?	Juan 12:37-38 Pero a pesar de que había hecho tantas señales delante de ellos, no creían en él; para que se cumpliese la palabra del profeta Isaías, que dijo: Señor, ¿quién ha creído a nuestro anuncio? ¿Y a quién se ha revelado el brazo del Señor? Romanos 10:16 Mas no todos obedecieron al evangelio; pues Isaías dice: Señor, ¿quién ha creído a nuestro anuncio?
Isaías 53:4 Ciertamente llevó él nuestras enfermedades, y sufrió nuestros dolores; y nosotros le tuvimos por azotado, por herido de Dios y abatido.	Mateo 8:16-17 Y cuando llegó la noche, trajeron a él muchos endemoniados; y con la palabra echó fuera a los demonios, y sanó a todos los enfermos; para que se cumpliese lo dicho por el profeta Isaías, cuando dijo: Él mismo tomó nuestras enfermedades, y llevó nuestras dolencias.
Isaías 53:4-5 Ciertamente llevó él nuestras enfermedades, y sufrió nuestros dolores; y nosotros le tuvimos por azotado, por herido de Dios y abatido. Mas él herido fue por nuestras rebeliones, molido por nuestros pecados; el castigo de nuestra paz fue sobre él, y por su llaga fuimos nosotros curados.	1 Pedro 2:24 quien llevó él mismo nuestros pecados en su cuerpo sobre el madero, para que nosotros, estando muertos a los pecados, vivamos a la justicia; y por cuya herida fuisteis sanados.
Isaías 53:6 Todos nosotros nos descarriamos como ovejas, cada cual se apartó por su camino; mas Jehová cargó en él el pecado de todos nosotros.	1 Pedro 2:24-25 quien llevó él mismo nuestros pecados en su cuerpo sobre el madero, para que nosotros, estando muertos a los pecados, vivamos a la justicia; y por cuya herida fuisteis sanados. Porque vosotros erais como ovejas descarriadas, pero ahora habéis vuelto al Pastor y Obispo de vuestras almas.

Isaías 53:7-8 Angustiado él, y afligido, no abrió su boca; como cordero fue llevado al matadero; y como oveja delante de sus trasquiladores, enmudeció, y no abrió su boca. Por cárcel y por juicio fue quitado; y su generación, ¿quién la contará? Porque fue cortado de la tierra de los vivientes, y por la rebelión de mi pueblo fue herido.	Hechos 8:32-33 El pasaje de la Escritura que leía era este: Como oveja a la muerte fue llevado; y como cordero mudo delante del que lo trasquila, así no abrió su boca. En su humillación no se le hizo justicia; mas su generación, ¿quién la contará? Porque fue quitada de la tierra su vida.
Isaías 53:9 Y se dispuso con los impíos su sepultura, mas con los ricos fue en su muerte; aunque nunca hizo maldad, ni hubo engaño en su boca.	1 Pedro 2:21-22 Pues para esto fuisteis llamados; porque también Cristo padeció por nosotros, dejándonos ejemplo, para que sigáis sus pisadas; el cual no hizo pecado, ni se halló engaño en su boca.
Isaías 53:12 Por tanto, yo le daré parte con los grandes, y con los fuertes repartirá despojos; por cuanto derramó su vida hasta la muerte, y fue contado con los pecadores, habiendo él llevado el pecado de muchos, y orado por los transgresores.	Lucas 22:37 Porque os digo que es necesario que se cumpla todavía en mí aquello que está escrito: Y fue contado con los inicuos; porque lo que está escrito de mí, tiene cumplimiento.

Una de las razones de esta amplia y detallada referencia al Antiguo Testamento en el Nuevo Testamento es magnificar la gloria de que Dios es Dios, y que es quien está gobernando la historia que culminó en Jesús.

> Yo soy Dios, y no hay otro Dios, y nada hay semejante a mí, que anuncio lo por venir desde el principio, y desde la antigüedad lo que aún no era hecho; que digo: Mi consejo permanecerá, y haré todo lo que quiero (Is. 46:9-10).

La deidad de Dios se manifiesta al declarar su propósito antes de que suceda, y luego ver que este se realiza para que se cumpla todo su propósito. Dios no solo predice, lo planea y lo cumple. El hecho de cumplir la profecía no es debido al don de la clarividencia de Dios, sino a su soberanía sobre el mundo. "El consejo de Jehová permanecerá para siempre; los pensamientos de su corazón por todas las generaciones" (Sal. 33:11). Sus predicciones son ciertas, no principalmente porque predice sin error, sino porque ejecuta sin falta. Este no es un aspecto pequeño de su gloria en el cumplimiento de las Escrituras.

El cumplimiento de las Escrituras describe la gloria peculiar de Dios

Pero este no es el enfoque principal de este capítulo, por maravilloso que sea. Más bien, quiero llamar la atención sobre cómo el cumplimiento de la profecía es parte de la exhibición de la gloria peculiar de Dios. En el anterior capítulo, argumenté que la esencia de lo que hace que la gloria de Dios sea única y gloriosa es la forma en que su majestad y mansedumbre se combinan. En otras palabras, la gloria peculiar de Dios nunca se puede contemplar cuando su poder es visto separado de su disposición para habitar con el "quebrantado y humilde de espíritu" (Is. 57:15).

Lo más convincente en la manera en que las Escrituras presentan el cumplimiento de la profecía no es que simplemente valide el origen divino de la profecía y la acción divina de su cumplimiento, sino que esta satisfacción sirve a la gloria peculiar de Dios en majestuosidad, la gloria peculiar del esfuerzo supremo en sufrir voluntariamente por otros.

El conocimiento previo de Jesús y de su gloria divina

Según el apóstol Juan, la presencia encarnada de Jesús era una manifestación de la gloria de Dios. "Y aquel Verbo fue hecho carne, y habitó entre nosotros (y vimos su gloria, gloria como del unigénito del Padre), lleno de gracia y de verdad" (Jn. 1:14). Jesús esperaba que sus discípulos pudieran ver esto y ser persuadidos de que Él era la verdadera presencia encarnada de Dios. Así que cuando uno de sus discípulos dijo: "Muéstranos al Padre", Jesús respondió: "¿Tanto tiempo hace que estoy con vosotros, y no me has conocido, Felipe? El que me ha visto a mí, ha visto al Padre" (Jn. 14:9).

Pero Jesús no solo habló en generalidades acerca de su gloria divina; fue muy específico. Y uno de los detalles es la forma en que se conectó con la profecía. Por ejemplo, citó la profecía de que sería traicionado por uno de sus discípulos, y luego añadió su propia aplicación profética y específica a su situación inmediata, extrayendo una implicación para su gloria divina:

> Si sabéis estas cosas, bienaventurados seréis si las hiciereis. No hablo de todos vosotros; yo sé a quienes he elegido; mas para que se cumpla la

> Escritura: El que come pan conmigo, levantó contra mí su calcañar [Sal. 41:9]. Desde ahora os lo digo antes que suceda, para que cuando suceda, creáis que yo soy" (Jn. 13:17-19).

"Desde ahora os lo digo antes que suceda, para que cuando suceda, creáis que yo soy". En otras palabras, la profecía cumplida proporciona una muy buena base para una fe bien fundamentada. ¿Fe en qué? "Para que... creáis que yo soy". ¿Qué significa esto? Jesús ya había abrumado a los discípulos y había ocasionado la ira de los líderes judíos diciendo: "Antes de que Abraham fuese, yo soy" (Jn. 8:58). En otras palabras, Jesús se identificaba con el nombre de Dios de Éxodo 3:14: "Y respondió Dios a Moisés: YO SOY EL QUE SOY... Así dirás a los hijos de Israel: YO SOY me envió a vosotros".

Así que en Juan 13:19, Jesús no solo estaba diciendo que el cumplimiento de Salmos 41:9 en su vida lo confirmó como el que había sido prometido, sino que más sorprendentemente, su propia aplicación profética a la situación les demostró que Él era el "yo soy", el Dios absolutamente autosuficiente de Israel.[3] Así vemos su gloria, "gloria como del unigénito del Padre". Y aquí está el punto: esta ilustración de una profecía cumplida no solo validó la gloria divina de Jesús, sino que también reveló la naturaleza peculiar de esta, porque la profecía dice que Jesús sería traicionado y sufriría. Así, Jesús, al mismo tiempo que se declara Dios, acoge su misión de morir. Esta es su gloria.

El cumplimiento profético apunta a la gloria peculiar

Esto no es excepcional en las Escrituras; es la forma típica en que funcionan en el Nuevo Testamento. Las Escrituras no solo apuntan a la gloria divina, señalan a la gloria peculiar cuando el Prometido mostrará su majestad en el sufrimiento. En otras palabras, esta característica esencial de la gloria de Dios en las Escrituras está entretejida en el manto de la profecía y su cumplimiento. La declaración más clara de esto se encuentra en 1 Pedro 1:10-11:

> Los profetas que profetizaron de la gracia destinada a vosotros, inquirieron y diligentemente indagaron acerca de esta salvación, escudriñando

3. El testimonio de la profecía misma era la marca de la divinidad. Solo Dios podía determinar el futuro y luego velar para que se cumpliera. Por ejemplo: "porque yo soy Dios, y no hay otro Dios, y nada hay semejante a mí, que anuncio lo por venir desde el principio, y desde la antigüedad lo que aún no era hecho; que digo: Mi consejo permanecerá, y haré todo lo que quiero" (Is. 46:9-10; cp. Is. 48:1-8).

> qué persona y qué tiempo indicaba el Espíritu de Cristo que estaba en ellos, *el cual anunciaba de antemano los sufrimientos de Cristo, y las glorias que vendrían tras ellos.*

He aquí una declaración general acerca de la profecía y su cumplimiento en las Escrituras. Es notable la manera como Pedro resume lo que los profetas estaban haciendo, ellos predecían los sufrimientos y la gloria (Cordero y León). En otras palabras, el camino hacia la gloria para el representante encarnado de Dios en la tierra fue un camino a través del sufrimiento. El camino hacia la majestad fue a través de la mansedumbre. El camino hacia la exaltación fue a través de la humildad. El camino hacia el poder fue a través de la debilidad.

Jesús había dicho lo mismo en el camino de Emaús:

> ¡Oh insensatos, y tardos de corazón para creer todo lo que los profetas han dicho! ¿No era necesario que *el Cristo padeciera estas cosas, y que entrara en su gloria*? Y comenzando desde Moisés, y siguiendo por todos los profetas, les declaraba en todas las Escrituras lo que de él decían (Lc. 24:25-27, cp. v. 44).

Jesús resumió a los Profetas y a Moisés diciendo que el Cristo entraría en su gloria a través del sufrimiento; y Él era ese Cristo. Esta era su misión; lo sabía, la eligió y esta era su gloria peculiar. Gloria a través del sufrimiento voluntario por el bien de los demás.

Igualmente, Pablo dijo a los judíos de Roma que este evangelio del Cristo crucificado y reinante era lo que el Antiguo Testamento predecía:

> Pero habiendo obtenido auxilio de Dios, persevero hasta el día de hoy, dando testimonio a pequeños y a grandes, no diciendo nada fuera de las cosas que los profetas y Moisés dijeron que habían de suceder: *Que el Cristo había de padecer, y ser el primero de la resurrección de los muertos, para anunciar luz al pueblo y a los gentiles* (Hch. 26:22-23).

El que sufrió y murió fue exaltado para proclamar luz a todas las naciones.

El hilo dorado de la profecía

En resumen, entonces, las Escrituras están entretejidas por la profecía y su cumplimiento. Esto, en sí mismo, es la gran gloria de las Escrituras. No hay otro libro como este con tantas profecías claras y tan claramente cumplidas.[4] Esto es en sí mismo un testimonio del origen divino de las Escrituras, pero mi punto aquí es que hay una gloria peculiar en la forma en que las Escrituras revelan el cumplimiento de la profecía.

La gloria peculiar es que el Prometido exhibe la plenitud y singularidad de su gloria moviéndose a la majestad a través de la mansedumbre y al esplendor a través del sufrimiento. Él alcanza la altura de su gloria a través de su humilde servicio. Este es el hilo de oro de la profecía. Coronar esta gloria de profecía es la verdad de que era el Espíritu de Cristo mismo el que profetizaba el sufrimiento y la gloria de Cristo. "El Espíritu de Cristo que estaba en ellos, el cual anunciaba de antemano los sufrimientos de Cristo, y las glorias que vendrían tras ellos" (1 P. 1:11).

Así que cuando Jesús dice que *tal* profecía es una buena base para nuestra fe (Jn. 13:19), tiene en mente no solamente la gloria trascendente necesaria para predecir el futuro y llevarlo a cabo, sino también la gloria peculiar que se teje a través de toda la profecía bíblica: la "luz del evangelio de la gloria de Cristo" (2 Co. 4: 4) que se manifiesta en la majestad de su mansedumbre, en la fuerza de su debilidad y en el poder supremo de su sufrimiento voluntario. Esta es la gloria que hizo que las Escrituras fueran lo que son. Y cuando lo vemos brillando a través de estos escritos inspirados, Dios confirma a nuestro corazón que estas son sus palabras.

En el siguiente capítulo, vamos a ver los milagros de Jesús. Jesús y los apóstoles creían que sus milagros eran un buen fundamento para la fe en la verdad de su mensaje y en la integridad de las personas. Pero claramente la exhibición cruda del poder en un milagro no era convincente para muchos. Judas los vio, los fariseos los vieron, pero no vieron nada que los obligara a creer. Había una gloria peculiar en estas obras que Jesús esperaba que la gente reconociera y que esperaba que esto sería un buen fundamento de su fe en su persona y en su Palabra. A eso nos referimos de aquí en adelante.

---

4. "En cuanto al material del AT usado en el NT, también hay gran diversidad. A veces las citas sirven como prueba y confirmación de una verdad dada (p. ej.: Mt. 4:4, 7, 10; 9:13; 19:5; 22:32; Jn. 10:34; Hch. 15:16; 23:5; Ro. 1:17; 3:10ss.; 4:3, 7; 9:7, 12, 13, 15, 17; 10:5; Gá. 3:10; 4:30; 1 Co. 9:9; 10:26; 2 Co. 6:17). Muy a menudo el AT es citado para demostrar que tenía que ser cumplido y se cumplió en el NT, ya sea en un sentido literal (Mt. 1:23; 3:3; 4:15, 16; 8:17; 12:18; 13:14, 15; 21:42, 27:46; Mr. 15:28; Lc. 4:17; Jn. 12:38; Hch. 2:17; 3:22; 7:37; 8:32, etc.), o tipológicamente (Mt. 11:14; 12:39; 17:11; Lc. 1:17; Jn. 3:14; 19:36; 1 Co. 5:7; 10:4; 2 Co. 6:16; Gá. 3:13; 4:21; He. 2:6-8; 7:1-10, etc.). Las citas del AT sirven repetidamente para aclarar, informar, amonestar, consolar, etc. (por ejemplo: Lc. 2:23; Jn. 7:38; Hch. 7:3, 42; Ro. 8:36; 1 Co. 2:16; 10:7; 2 Co. 4:13; 8:15; 13:1; He. 12:5; 13:15; 1 P. 1:16, 24, 25; 2:9)". Herman Bavinck, *Reformed Dogmatics,* vol. 1, Prolegomena (Grand Rapids, MI: Baker Academic, 2003), p. 396.

15

En los milagros de Jesús

> Mas yo os conozco, que no tenéis amor de Dios en vosotros. Yo he venido en nombre de mi Padre, y no me recibís; si otro viniere en su propio nombre, a ése recibiréis. ¿Cómo podéis vosotros creer, pues recibís gloria los unos de los otros, y no buscáis la gloria que viene del Dios único?
>
> JUAN 5:42-44

Continuando el punto del capítulo anterior, cambiamos nuestro enfoque del cumplimiento de la profecía a los milagros de Jesús. Estamos argumentando que las Escrituras ponen la gloria de Dios en exhibición a través del cumplimiento de la profecía, los milagros de Jesús y el fruto del amor en la vida de sus discípulos. Estamos profundizando en la declaración acerca de la Biblia en el Catecismo de Westminster que "las Escrituras manifiestan en sí mismas que son la palabra de Dios por... el alcance del todo, que es dar toda gloria a Dios". Las Escrituras no solo dicen que Dios actúa para su gloria, sino que nos muestran cómo lo hace. Llaman nuestra atención a una gloria peculiar de Dios.

Similar a la manera en que el cumplimiento de la profecía revela la gloria peculiar de Dios en Cristo, así también lo hacen los milagros de Jesús. Los milagros no proporcionan una base para la fe bien fundamentada simplemente porque eran signos del poder de Dios. Ellos dieron lugar a una fe salvadora en aquellos que vieron en los milagros el poder exaltador y abnegado de Dios, quien salvaría a los pecadores, no por un poder que someta a la naturaleza, sino por el sufrimiento que someta al alma. "Yo, si fuere levantado de la tierra, a todos atraeré a mí mismo" (Jn. 12:32). La aparente debilidad de la cruz, soportada por la persona más majestuosa e inocente, es la gloria peculiar que nos lleva a una fe bien fundamentada. Los milagros de Jesús fueron el fundamento de esta fe porque tenían una gloria peculiar en ellos. ¿Dónde vemos eso en las Escrituras?

Los vínculos entre milagros, gloria y fe

Cuando Juan escribió: "vimos su gloria, gloria como del unigénito del Padre, lleno de gracia y de verdad" (Jn. 1:14), parte de esa gloria fue la gloria de sus milagros, que Juan llama regularmente "señales". Sabemos esto porque después del primer milagro de Jesús, Juan dijo: "Este principio de señales hizo Jesús en Caná de Galilea, y manifestó su gloria" (Jn. 2:11). Así que Jesús sabía lo que estaba haciendo con sus milagros. Estaba dando señales. Y las señales mostraban su gloria.

Esta fue la intención de ser parte de la base para proveer una fe bien fundamentada. Jesús habló repetidamente de sus obras como una buena razón para creer en él. "Las obras que el Padre me dio para que cumpliese, *las mismas obras que yo hago, dan testimonio de mí, que el Padre me ha enviado*" (Jn .5:36). "*Las obras que yo hago en nombre de mi Padre, ellas dan testimonio de mí*" (Jn. 10:25). "Aunque no me creáis a mí, creed a las obras, para que conozcáis y creáis que el Padre está en mí, y yo en el Padre" (Jn. 10:38). "Creedme que yo soy en el Padre, y el Padre en mí; de otra manera, *creedme por las mismas obras*" (Jn. 14:11).

Fe sin la visión de la gloria

Jesús nos da una advertencia de que los milagros pueden conseguir seguidores sin ganar la fe salvadora. Hay una manera de "creer" en los milagros de Jesús sin creer en Jesús como lo que realmente es Él. El Evangelio de Juan es testigo claro de este peligro, y nos señala la gloria peculiar de los milagros que muchas personas no lograron ver.

Por ejemplo, en una ocasión, Juan dice: "Hablando él estas cosas, muchos creyeron en él. Dijo entonces Jesús a los judíos *que habían creído en él*: Si vosotros permaneciereis en mi palabra, seréis verdaderamente mis discípulos; y conoceréis la verdad, y la verdad os hará libres" (Jn. 8:30-32). Tenga esto en mente; Jesús está hablando con aquellos que en algún sentido habían "creído". Sorprendentemente, responden críticamente, "linaje de Abraham somos, y jamás hemos sido esclavos de nadie. ¿Cómo dices tú: Seréis libres?". Entonces Jesús nos deja pasmados (recuerde que está hablando con aquellos "que habían creído") diciéndoles: "procuráis matarme, porque mi palabra no halla cabida en vosotros" (Jn. 8:37).

Jesús enseñó muy claramente: "El que cree en el Hijo tiene vida eterna"

(Jn. 3:36). Pero ahora está diciendo que "creen", aunque su palabra "no halla cabida" en ellos y aunque quieren matarlo. ¿Qué tipo de fe es esa? Antes de responder, note que esta no es la única situación en la que Jesús comentó una especie de "fe" que no era la fe salvadora.

Cuando Jesús fue a la Pascua en Jerusalén, Juan comenta que: "muchos creyeron en su nombre, viendo las señales que hacía" (Jn. 2:23). Pero Juan agrega: "Jesús mismo no se fiaba de ellos, porque conocía a todos, y no tenía necesidad de que nadie le diese testimonio del hombre, pues él sabía lo que había en el hombre" (Jn. 2:24-25). Evidentemente, esta "fe" no era del tipo en la que Jesús pudiera confiar. Algo estaba mal con esa fe. Habían visto señales y creían en el que las estaba haciendo, pero eso no era lo que Jesús buscaba.

Del mismo modo, después de la alimentación de los cinco mil, la multitud lo siguió con gran entusiasmo: "para apoderarse de él y hacerle rey" (Jn. 6:15). Esto suena como una gran fe y lealtad. Pero Jesús les dice: "me buscáis, no porque habéis visto las señales, sino porque comisteis el pan y os saciasteis" (Jn. 6:26). Entiendo que ellos vieron el milagro de la alimentación de los cinco mil, pero en lugar de ver esto como un signo de una gloria peculiar, lo vieron como una prueba de que Jesús tenía el poder de satisfacer sus necesidades físicas y ser un rey que podría hacer su vida más segura y próspera. Jesús no estaba interesado en esa clase de "fe". ¿Qué estaba mal? ¿Qué les faltaba?

Incluso sus hermanos vieron los milagros, pero no creyeron

Una clave para la respuesta se encuentra en la "fe" de los hermanos de Jesús, que Juan llama "incredulidad":

> Estaba cerca la fiesta de los judíos, la de los tabernáculos; y le dijeron sus hermanos: Sal de aquí, y vete a Judea, *para que también tus discípulos vean las obras que haces*. Porque ninguno que procura darse a conocer hace algo en secreto. Si estas cosas haces, manifiéstate al mundo. Porque *ni aun sus hermanos creían en él* (Jn. 7:2-5).

Esa es una declaración muy fuerte: "ni aun sus hermanos creían en él". Y lo que es más asombroso es que Juan da esta declaración como la razón ("porque") de lo que acababan de decir: "Haces grandes obras, grandes milagros. Sube a Jerusalén y muéstrate al mundo"; esto es lo que Juan llamó "incredulidad".

Hasta este punto en el Evangelio de Juan, Jesús había convertido el agua en vino (2:1-11), sanado al hijo de un oficial (4:46-54), sanado a un hombre que había estado paralizado durante treinta y ocho años (5:1-12), alimentó a cinco mil con cinco panes y dos peces (6:1-14) y había caminado sobre el agua (6:19-21). Evidentemente, los hermanos de Jesús estaban siguiendo todo esto, y estaban muy entusiasmados con las posibilidades de crear un gran movimiento de personas siguiendo a Jesús. Así que dicen, en efecto: deja de ser tan discreto. Nadie trabaja en secreto si busca ser conocido abiertamente. Muéstrate al mundo. Y Juan aclara que la razón por la que pensaban todo esto era "porque *ni* aun sus hermanos creían en él".

Así que sus hermanos ven los milagros, creen que Jesús los está haciendo, están entusiasmados con el impacto que esto podría tener, pero no "creían". ¿Qué les falta? La pista está en el hecho de que le dicen a Jesús que vaya a Jerusalén y se muestre públicamente, pero Jesús les dice que no, para luego ir de manera privada, en secreto: "después que sus hermanos habían subido, entonces él también subió a la fiesta, no abiertamente, sino como en secreto" (Jn. 7:10). Ellos quieren que vaya a hacer maravillas para que sea exaltado por las multitudes. Pero Jesús sube sin aspavientos y comienza a enseñar. De hecho, el contenido de su enseñanza, en todo caso, va a arruinar las posibilidades de ser exaltado por las multitudes. Él les dijo a sus hermanos antes de partir para la fiesta: "no puede el mundo aborreceros a vosotros; mas a mí me aborrece, porque yo testifico de él, que sus obras son malas" (Jn. 7:7).

La gloria peculiar puede ser vista únicamente por el corazón correcto

Lo que Jesús dice en Jerusalén, después de negarse a buscar una gran multitud, nos muestra lo que estaba mal con la fe de sus hermanos. Él dice a los judíos:

> Mi doctrina no es mía, sino de aquel que me envió. El que quiera hacer la voluntad de Dios, conocerá si la doctrina es de Dios, o si yo hablo por mi propia cuenta. El que habla por su propia cuenta, su propia gloria busca; pero el que busca la gloria del que le envió, éste es verdadero, y no hay en él injusticia (Jn. 7:16-18).

Aquí está la clave. ¿Cuál es la marca del hombre que es verdadero y en quien no hay injusticia? No busca su propia gloria, sino la gloria del que lo envió. La marca de la autenticidad de los milagros de Jesús no es simplemente su poder, sino que su poder estaba en el servicio de la humildad que exalta a Dios, y no en complacer a la muchedumbre autoexaltadora. Esta fue la gloria peculiar de sus milagros. Esto es a lo que apuntan las señales. Este Mesías no era lo que esperaban los hermanos de Jesús (o cualquier otro).

Sin duda, Jesús iba a ser "llamado Hijo del Altísimo". Sin duda, a Él se le iba a dar "el trono de David su padre; y reinará sobre la casa de Jacob para siempre, y su reino no tendrá fin" (Lc. 1:32-33). Pero el camino a esa gran gloria era lo que nadie esperaba. Sería a través del sufrimiento y la autonegación, no la popularidad autoexaltadora. Sus hermanos no vieron esto, y su entusiasmo por los milagros de Jesús fue, de hecho, incredulidad (Jn. 7:5); no se basaba en una visión de la gloria peculiar.

Jesús no dice que esta incredulidad se deba a la ignorancia acerca de las profecías del Antiguo Testamento sobre el Mesías sufriente, sino a un corazón humano que no tiene su voluntad en sintonía con la voluntad de Dios. Él dice en Juan 7:17: "El que quiera hacer la voluntad de Dios, conocerá si la doctrina es de Dios, o si yo hablo por mi propia cuenta". El problema más grave no es la ignorancia sino la persona que no quiere hacer la voluntad de Dios. En el contexto, la voluntad de Dios es la rendición de la autoexaltación y el acoger la exaltación de Dios. "El que habla por su propia cuenta, su propia gloria busca; pero el que busca la gloria del que le envió, éste es verdadero, y no hay en él injusticia" (Jn. 7:18).

Así, donde la voluntad humana goza y persigue la autoexaltación en lugar de la exaltación de Dios, el verdadero Jesús no será atractivo ni reconocido por lo que realmente es; la gloria será invisible, y sus milagros, por lo tanto, serán malinterpretados. El corazón humano debe ponerse en armonía con la voluntad de Dios para que el designio de Dios para los milagros de Jesús sea visto. Su gloria peculiar no era el poder al servicio de la autoexaltación, sino el poder al servicio de la exaltación a Dios, y el abnegado servicio de la liberación humana. Jesús usaría este poder para aliviar el sufrimiento de otros, pero no el suyo. Todo aquel que no compartiera esta disposición no podría ver la gloria. Y por lo tanto, su entusiasmo por sus milagros no era una fe salvadora.

No se puede creer si se ama el elogio humano

Jesús clarifica esto aun más en Juan 5:41-44, cuando dice:

> Gloria de los hombres no recibo. Mas yo os conozco, que no tenéis amor de Dios en vosotros. Yo he venido en nombre de mi Padre, y no me recibís; si otro viniere en su propio nombre, a ése recibiréis. ¿Cómo podéis

> vosotros creer, pues recibís gloria los unos de los otros, y no buscáis la gloria que viene del Dios único?

Esta última pregunta retórica tiene una respuesta devastadora. La respuesta a "¿Cómo podéis vosotros creer?" es "no pueden". Repite la pregunta como una declaración, ya que Jesús realmente está haciendo una fuerte declaración con ella: "vosotros... recibís gloria los unos de otros, y no buscáis la gloria que viene del Dios único", *no pueden* creer. ¿Por qué no? Por lo que dice Jesús en el versículo 43: "he venido en nombre de mi Padre, y no me recibís; si otro viene en su propio nombre, a ése recibiréis". ¿Por qué habrían recibido a uno que viniera en su propio nombre? Porque esa mentalidad encajaría con la suya. El que viene en su propio nombre, buscando su propia gloria, sería como uno de ellos. Sus caminos serían los caminos de ellos. Él respaldaría su egocentrismo. Incluso si él se convirtiera en su competencia, no se convertiría en su condena. Podrían sentir envidia, pero no se sentirían culpables.

Por eso "no pueden creer". Ellos aman la gloria del hombre más que la gloria de Dios. Conozco "que no tenéis amor de Dios en vosotros" (v. 42). Ellos se aman a sí mismos. Aman la alabanza del hombre. Así que cuando Jesús dice: "Gloria de los hombres no recibo" (v. 41), quiere decir que de la clase de exaltación humana que la gente ofrece, que no tiene el amor a Dios, no le interesa y no encaja con quién es Él. Por lo tanto, las personas que quieren esa clase de "gloria de los hombres" no conocerán a Jesús. Fundamentalmente no podrán entender de lo que se trata. Por lo tanto, no verán lo que sus señales, es decir sus milagros, están indicando. No pueden reconocer la gloria peculiar de Jesús en sus milagros, porque no quieren hacer su voluntad (Jn. 7:17). Ellos no comparten su amor por la gloria de Dios (7:18; 5:44), y no tienen la intención de unirse a Jesús en el autosacrificio que pone su poder al servicio del amor y no del orgullo.

Transfiguración: la venida, la gloria y las Escrituras

Hubo un momento en la vida de Jesús cuando su majestad se destacó de manera absolutamente única. Fue notable precisamente porque fue excepcional. En el monte de la Transfiguración, la gloria divina de Jesús brilló de manera inmediata y espectacular. Para nuestro propósito aquí, lo que es más significativo acerca de esta excepcional revelación de su gloria es el impacto que ocasionó sobre el apóstol Pedro y lo que él hizo con esto. Pedro vio en esta revelación una confirmación de la Palabra escrita de Dios en el Antiguo

Testamento, especialmente en cómo se relaciona con la segunda venida de Cristo en gloria al final de los tiempos.[1]

En los Evangelios de Mateo, Marcos y Lucas, la historia de la transfiguración es inmediatamente precedida por una promesa de Jesús que parece estar relacionada con su futuro, su segunda venida:

- "De cierto os digo que hay algunos de los que están aquí, que no gustarán la muerte, hasta que hayan visto al Hijo del Hombre viniendo en su reino" (Mt. 16:28).
- "Les dijo: De cierto os digo que hay algunos de los que están aquí, que no gustarán la muerte hasta que hayan visto el reino de Dios venido con poder" (Mr. 9:1).
- "Pero os digo en verdad, que hay algunos de los que están aquí, que no gustarán la muerte hasta que vean el reino de Dios" (Lc. 9:27).

Mi comprensión de lo que Jesús estaba haciendo (observado por Mateo, Marcos y Lucas) es señalar a su segunda venida al predecir una visión anticipada de lo que sucedería en el monte de la Transfiguración. Así que cuando Jesús dijo que algunos verán el reino de Dios venir con poder (o verán al Hijo del Hombre viniendo en su reino) antes de morir, Él quería decir que Pedro, Santiago y Juan (como cada uno de estos Evangelios lo registra) verían el extraordinario avance de la gloria futura de Cristo, que tendrá cuando llegue en su reino final. En efecto, Pedro, Santiago y Juan vieron el poder y la gloria del Hijo del Hombre viniendo en su reino cuando Jesús fue transfigurado delante de ellos.

Marcos registra este evento así:

> Seis días después, Jesús tomó a Pedro, a Jacobo y a Juan, y los llevó aparte solos a un monte alto; y se transfiguró delante de ellos. Y sus vestidos se volvieron resplandecientes, muy blancos, como la nieve, tanto que ningún lavador en la tierra los puede hacer tan blancos. Y les apareció Elías con Moisés, que hablaban con Jesús. Entonces Pedro dijo a Jesús: Maestro, bueno es para nosotros que estemos aquí; y hagamos tres enramadas, una para ti, otra para Moisés, y otra para Elías. Porque

---

1. Esta sección sobre la Transfiguración se inspiró en un intercambio de correos electrónicos con Alastair Roberts, quien ha escrito con perspicacia sobre las implicaciones más amplias de la transfiguración. Su ensayo aún no publicado se titula *Transfigured Hermeneutics*. Él no es responsable de ninguna inadecuación o inexactitud de esta sección.

> no sabía lo que hablaba, pues estaban espantados. Entonces vino una nube que les hizo sombra, y desde la nube una voz que decía: Este es mi Hijo amado; a él oíd. Y luego, cuando miraron, no vieron más a nadie consigo, sino a Jesús solo (Mr. 9:2-8).

Mateo y Lucas registran aspectos del encuentro que Marcos omite. Mateo dice que el rostro de Jesús "resplandeció... como el sol" (Mt. 17:2), y Lucas añade que Moisés y Elías "aparecieron rodeados de gloria, y hablaban de su partida" [lit., "su éxodo"], que estaba a punto de cumplir en Jerusalén (Lc. 9:31).

Juntando algunas piezas, podemos ver que la transfiguración está mirando en dos direcciones. Está esperando por la segunda venida de Jesús en su reino y gloria, y está mirando hacia atrás a Moisés y a Elías, quienes representan la Ley y los Profetas que anunciaron este evento glorioso. En medio de este vistazo histórico está Jesús a quien Dios declara como su Hijo amado y que está a punto de realizar "su éxodo" de liberación en Jerusalén. Dios dice que debe ser "escuchado" a toda costa. "Este es mi Hijo amado; a él oíd". Así como estamos viendo una gloriosa visión previa de la Segunda Venida, nos recuerda lo que Él tendrá que soportar en Jerusalén para liberar a su pueblo de la esclavitud del pecado.

Ahora bien, ¿qué harán los apóstoles ante este asombroso acontecimiento? Sorprendentemente tenemos el testimonio de Pedro de lo que el acontecimiento significó para él, o al menos parte de lo que significó. En 2 Pedro 1:16-19 leemos este relato de la transfiguración y su significado:

> Porque no os hemos dado a conocer el poder y la venida de nuestro Señor Jesucristo siguiendo fábulas artificiosas, sino como habiendo visto con nuestros propios ojos su majestad. Pues cuando él recibió de Dios Padre honra y gloria, le fue enviada desde la magnífica gloria una voz que decía: Este es mi Hijo amado, en el cual tengo complacencia. Y nosotros oímos esta voz enviada del cielo, cuando estábamos con él en el monte santo. Tenemos también la palabra profética más segura, a la cual hacéis bien en estar atentos como a una antorcha que alumbra en lugar oscuro, hasta que el día esclarezca y el lucero de la mañana salga en vuestros corazones

Al igual que Mateo, Marcos y Lucas, Pedro conecta la transfiguración con la segunda venida de Jesús. Según Mateo, Jesús dijo que en el monte de la Transfiguración, Pedro, Santiago y Juan verían al Hijo del Hombre viniendo en su reino (Mt. 16:28). Pedro dice que en su enseñanza les hizo saber "el poder y la venida de nuestro Señor Jesucristo" (2 P. 1:16). Sostiene que la razón por la que esto no debe considerarse como un "mito" es que él era un "testigo ocular" de la "majestad". En otras palabras, dice, vi una visión anticipada de la Segunda Venida. Vi la cortina del futuro levantada y la majestad de Jesús en su gloria futura.

Luego va más allá y añade a la visión, la audición. No era solo un testigo ocular, sino también un testigo auditivo. "Cuando... le fue enviada desde la magnífica gloria una voz que decía: Este es mi Hijo amado, en el cual tengo complacencia. Y nosotros oímos esta voz enviada del cielo, cuando estábamos con él en el monte santo" (2 P. 1:17-18). Así que con sus ojos y sus oídos, Pedro experimentó una representación previa de la majestad de Jesús en su segunda venida.

Entonces Pedro hace la conexión que es tan relevante para nuestro propósito aquí. Conecta este acontecimiento con las Escrituras del Antiguo Testamento que predice la Segunda Venida: "Tenemos también la palabra profética más segura, a la cual hacéis bien en estar atentos como a una antorcha que alumbra en lugar oscuro, hasta que el día esclarezca y el lucero de la mañana salga en vuestros corazones" (2 P. 1:19).

En otras palabras, como hemos visto antes, Jesús confirma la autoridad de las Escrituras del Antiguo Testamento. Esta vez no lo hace diciendo: "No penséis que he venido para abrogar la ley o los profetas; no he venido para abrogar, sino para cumplir" (Mt. 5:17); más bien, confirma las Escrituras al revelar la misma gloria que Él tendrá cuando venga en el último día para cumplir todo lo que se había escrito acerca de Él. Él confirma las Escrituras por un sorprendente precumplimiento de su más gloriosa esperanza.

El punto que Pedro está recalcando no es que a los escritos proféticos les falte solidez o seguridad y que Jesús lo proveyó. El punto es que las Escrituras ya eran "firmes" (βέβαιος), ahora son "más firmes" (βεβαιότερον). Moisés y Elías, que representan la Ley y los Profetas, son vindicados por su presencia con Jesús en "gloria" (Lc. 9:31). Ahora, en la sombra de la gloria superior de Jesús, no pierden su autoridad, sino que ganan la confirmación del Hijo de Dios. Pedro dice que debemos mirar la verdad y la gloria que revelan como una lámpara "que alumbra en lugar oscuro, hasta que el día esclarezca y el lucero de la mañana salga en vuestros corazones".

Cristo no ha venido para abolir la Ley y los Profetas (Moisés y Elías), sino para cumplirlos. En el monte de la Transfiguración, Él cumple de antemano sus promesas de la esperanza final. De esta manera, estas Escrituras vienen a arder con más brillo, como una lámpara para nuestro mundo oscuro.

Por un breve momento, la transfiguración rompió el patrón de la encarnación. Retiró la cortina del futuro cuando la gloria de Cristo ya no se revestiría más de la frágil humildad. Y eso también es parte de la gloria peculiar de Jesucristo, breve pero maravillosa. Y todo esto con la finalidad de que las Escrituras, las Escrituras proféticas como Pedro las llama, sean más seguras. La transfiguración misma se convierte en una especie de dramatización del punto de este libro: es la gloria peculiar de Jesús que despierta y gana nuestra confianza en la verdad de las Escrituras.

En resumen, entonces, los milagros de Jesús están destinados a proporcionarnos un buen cimiento para una confianza bien fundamentada de que Él es quien dice que es y que sus enseñanzas son verdaderas (Jn. 5:36; 10:25, 36). Pero los milagros, como simples demostraciones de un poder sobrenatural no tienen este efecto. Incluso los demonios saben que Jesús hace tales milagros (Mr. 1:24). Así ocurrió con los hermanos de Jesús. Su admiración por los milagros y su deseo de verlo hacer más en busca de notoriedad, se llama "incredulidad".

Para ver los milagros de Jesús como el fundamento de una fe verdadera y salvadora, hay que ver la gloria peculiar que ellos exhiben. "Este principio de señales hizo Jesús en Caná de Galilea, y *manifestó su gloria*" (Jn. 2:11). Esta gloria solo puede ser vista por aquellos cuyo corazón se pone en conformidad con la gloria. La gloria peculiar de los milagros de Jesús es que su poder sobrenatural está al servicio de la exaltación humilde de Dios, no de la autoexaltación agradable a la muchedumbre. Están al servicio del alivio del sufrimiento, no escapan del sufrimiento. Ellos llevarán a Jesús a la cruz, no lo guardarán de esta (Mt. 16:21-23). Los corazones que no comparten este amor por la gloria de Dios y el bien de los demás, en la humildad de la abnegación, no verán la gloria de Jesús en sus milagros.

Pero donde Dios hace su obra misericordiosa, que remueve la ceguera (2 Co. 4:6; Mt. 11:25; Jn. 9:39), Jesús es visto como quien realmente es y la gloria peculiar de sus milagros se convierte en un buen fundamento para una fe bien establecida. "Bienaventurado eres, Simón, hijo de Jonás, porque no te lo reveló carne ni sangre, sino mi Padre que está en los cielos" (Mt. 16:17). El corazón humano debe ser liberado de su anhelo por buscar la alabanza de los hombres (Jn. 5:44) y debe buscar la voluntad de Dios. Es decir, el corazón debe conformarse a la manera peculiar en que Dios se glorifica en la historia y en las Escrituras: a través de la majestad en la mansedumbre y la fuerza en el sufrimiento; la riqueza de su gloria en la profundidad de lo que da.

La gloria peculiar de los milagros y las Escrituras

Juan hace la conexión entre los milagros de Jesús y las *Escrituras*. Su propio registro apostólico profundo, su Evangelio, es el despliegue de siete señales (milagros). Dice que el propósito de este despliegue escrito de estas siete señales es que "se han escrito para que creáis que Jesús es el Cristo, el Hijo de Dios, y para que creyendo, tengáis vida en su nombre" (Jn. 20:31). En otras palabras, Juan tiene la intención de que sus escritos pongan los signos reveladores de la gloria en exhibición para las generaciones futuras, es decir para nosotros. Así como los milagros de Jesús muestran la gloria peculiar de Cristo en su vida terrenal, hacen lo mismo para nosotros cuando los leemos. El Evangelio de Juan los conserva y los retrata para nosotros. Esta fue claramente su intención, como muestra en su primera epístola:

> (porque la vida fue manifestada, y la hemos visto, y testificamos, y os anunciamos la vida eterna, la cual estaba con el Padre, y se nos manifestó); lo que hemos visto y oído, eso os anunciamos, para que también vosotros tengáis comunión con nosotros; y nuestra comunión verdaderamente es con el Padre, y con su Hijo Jesucristo (1 Jn. 1:2-3).

Así es como Jesús quería que funcionen las Escrituras guiadas por el Espíritu de sus apóstoles. Serían la manera en que las generaciones posteriores verían lo que la primera generación vio: la gloria de Cristo. Eso es lo que Jesús dijo:

> Cuando venga el Espíritu de verdad, él os guiará a toda la verdad; porque no hablará por su propia cuenta, sino que hablará todo lo que oyere, y os hará saber las cosas que habrán de venir. Él me glorificará; porque tomará de lo mío, y os lo hará saber (Jn. 16:12-13).

El Espíritu Santo de Dios guiará a los apóstoles en toda la verdad, cuyo objetivo es glorificar a Jesús. Es decir, los escritos de los apóstoles están diseñados para resaltar y hacer visibles la gloria peculiar de la vida de Jesús, incluyendo sus milagros, para las generaciones venideras cuando lean las Escrituras inspiradas.

Exhibición de la gloria peculiar

Así es como "las Escrituras se manifiestan como la Palabra de Dios" (Catecismo Mayor). Persuasiva y profundamente, ponen en evidencia la gloria peculiar de Dios. Cuando Dios limpia misericordiosamente los efectos corrosivos del pecado sobre la plantilla de la gloria de Dios de nuestro corazón, vemos la "iluminación del conocimiento de la gloria de Dios en la faz de Jesucristo" (2 Co. 4:6). Esto encaja. Esto es para lo que estábamos hechos. Lo sabemos.

Esta luz es su propia confirmación, así como la luz natural es su propia confirmación. Sabemos que estamos viendo la realidad. Al fin y al cabo, no deducimos por inferencia lógica que nuestros ojos están viendo objetos en el mundo, la vista es su propio argumento. Del mismo modo, en definitiva, no deducimos por inferencia lógica que los ojos de nuestro corazón están viendo la gloria peculiar de Dios en su mundo; la vista es su propio argumento. Así es como la gloria peculiar de los milagros de Jesús nos confirma que las Escrituras son la Palabra de Dios.

En el capítulo siguiente, reconoceremos una antigua razón por la que muchos han llegado a creer que la Biblia es verdadera, a saber, el efecto que ha tenido en la vida de las personas. La asombrosa verdad es que la Biblia aborda esto y lo relaciona directamente con la gloria peculiar de Dios que hemos estado observando. Por lo tanto, el efecto de la Palabra en el cambio de vidas es parte de la intención general de Dios de revelar su autoautentificación en la gloria en y por la Palabra.

16

La Palabra crea nueva vida en las personas

> Nosotros todos, mirando a cara descubierta como en un espejo la gloria del Señor, somos transformados de gloria en gloria en la misma imagen, como por el Espíritu del Señor.
>
> 2 CORINTIOS 3:18

Cuando consideramos que las Escrituras se manifiestan como la Palabra de Dios por la forma en que dan toda la gloria a Dios, somos atraídos hacia una deslumbrante exhibición de luz que brilla sobre las innumerables facetas del diamante que llamamos Escrituras. Nuevas culturas, nuevas generaciones y nuevos individuos ven un panorama cada vez mayor de la gloria de Dios que realmente está en su revelación bíblica y sus caminos. Por lo tanto, nuestra exploración no es exhaustiva, sino ilustrativa.

La gloria peculiar de Dios

En este libro, trato de extraer de las Escrituras algunas de las conexiones entre las particularidades de la autoglorificación de Dios y las formas en que estas confirman a las Escrituras como su Palabra. He argumentado que las Escrituras no solo muestran *que* su objetivo omnipresente es dar toda la gloria a Dios (como dice el Catecismo[1]), sino también muestran las asombrosas *maneras* en que estas lo hacen.

Lo que ha surgido es una esencia, un centro o una peculiaridad dominante en la manera en que Dios se glorifica a sí mismo en las Escrituras. Hemos visto esto en la forma en que se glorifica a sí mismo al obrar para

---

1. Catecismo Mayor de Westminster, Pregunta # 4: "¿Cómo sabemos que las Escrituras son la palabra de Dios?". Respuesta [en parte]: Las Escrituras manifiestan en sí mismas que son la palabra de Dios por... el alcance del todo, que es dar toda gloria a Dios".

aquellos que lo esperan (cap. 13), a través de la profecía cumplida (cap. 14) y a través de los milagros de Jesús (cap. 15). Esa particularidad dominante es la revelación de la majestad de Dios a través de la mansedumbre. Es la revelación de las alturas de su santidad a través de su humilde disponibilidad. Es la grandeza de su gracia a través de su sufrimiento voluntario en rescate por los pecadores. Esta es la gloria *peculiar* de Dios; está en el corazón del evangelio de Jesucristo. Junto con innumerables manifestaciones en las Escrituras, este es el resplandor central de "la luz del evangelio de la gloria de Cristo, el cual es la imagen de Dios" (2 Co. 4:4). Esto es lo que estalla en el corazón y en la mente de la persona en quien Dios brilla con "la luz... del conocimiento de la gloria de Dios en la faz de Jesucristo" (2 Co. 4:6). Ahora llevamos nuestra exploración un paso más allá. Lo que veremos ahora es que las Escrituras se manifiestan a sí mismas como la Palabra de Dios mediante la exhibición de esta gloria peculiar de Dios, en la transformación de personas egoístas a siervos que se centran en Dios y exaltan a Cristo y que viven para el bien temporal y eterno de otros. Específicamente, las Escrituras se muestran como la Palabra de Dios tanto por *la nueva vida que exhiben como por la nueva vida que crean.*

Contemplando y convirtiéndose en la gloria de Dios

Como hemos señalado, en 2 Corintios 4:4-6 el apóstol Pablo conecta el poder de la Palabra con la gloria de Dios y la transformación de los pecadores. El versículo 4 dice que la razón por la que la gente no cree que el evangelio es verdadero es que están ciegos a la luz de esta gloria. Pero cuando Dios vence esta ceguera (v. 6), ellos ven y creen. El mirar es el fundamento de la fe; es real. Y los oidores de la Palabra de Dios, los menos instruidos y los más educados, llegan a una certeza bien fundamentada por el mismo paso final: el ver.

Cinco versículos antes, Pablo había hecho la conexión entre esta visión y la transformación de nuestra vida. En 2 Corintios 3:18 él muestra cómo la gloria de lo que *vemos* en la Palabra crea una gloria en la manera en que nos *comportamos* en el mundo. Él escribió: "nosotros todos, mirando a cara descubierta como en un espejo *la gloria del Señor, somos transformados de gloria en gloria en la misma imagen*, como por el Espíritu del Señor" (2 Co. 3:18). Contemplar es llegar a ser. Somos transformados por ver. Y la naturaleza de la transformación está determinada por la naturaleza de lo que se ve. Vemos la gloria del Señor y somos cambiados "de gloria en gloria en la misma imagen".

Esto significa que la Palabra de Dios, con el evangelio como centro, exhibe la gloria de Dios en Cristo y crea una exposición de esta gloria de Dios en aquellos que ven y creen. La autentificación de las Escrituras, por lo tanto, surge tanto de la gloria autoautentificadora de Dios que estas *exhiben* como de la demostración viva de esa gloria que estas *crean*.

El Señor de la gloria aparece en la Palabra

Pablo deja muy claro, durante el flujo de su pensamiento, que esta visión de la gloria del Señor pasa por el "*evangelio* de la gloria de Cristo" (2 Co. 4:4), o el "*conocimiento* de la gloria de Dios en la faz de Jesucristo" (v. 6). En otras palabras, para aquellos que no estuvimos allí en el primer siglo, ahora podemos ver a Cristo cara a cara, por medio de la visión de su gloria que está presentada por las *palabras*. El "evangelio" es una narración de eventos de una vez por todas; es una noticia; es una historia verdadera; es la Palabra de Dios (1 P. 1:23, 25). Pero el acontecimiento de la autoglorificación de Dios a través de su Palabra no se limita solamente a una parte de su Palabra llamada "evangelio".

El principio que se ve aquí es que cuando Dios habla, Dios mismo se destaca para aquellos que tienen ojos para ver. "El SEÑOR volvió a *manifestarse* en Silo, pues era en Silo donde el SEÑOR *se revelaba* a Samuel mediante *la palabra del SEÑOR*" (1 S. 3:21, RVA-2015). El Señor mismo apareció; el Señor se reveló a sí mismo. Estas declaraciones son asombrosas. Y observe cómo sucede esta autorrevelación: por "la palabra del SEÑOR". Vemos al Señor por su Palabra. Así es como Pablo entiende el contemplar "la gloria del Señor" en 2 Corintios 3:18. Vemos esto de la manera en que Pablo describe esta autorrevelación ("gloria del Señor") en términos de la luz "del evangelio de la gloria de Cristo" en 2 Corintios 4:4-6.

Los apóstoles, y otros en aquel día, vieron la gloria del Señor cara a cara. Ellos dicen: "(y vimos su gloria, gloria como del unigénito del Padre), lleno de gracia y de verdad" (Jn. 1:14). Entonces Jesús prometió darles el Espíritu Santo para que pudieran glorificar al Señor como lo describen en sus escritos. El Señor dijo: "Él [el Espíritu Santo] me glorificará" (Jn. 16:14). Así, cuando leemos los escritos apostólicos, podemos ver la luz "del conocimiento de la gloria de Dios en la faz de Jesucristo". Los escritos son de tal naturaleza que, en cierto sentido, son tan buenos como estar allí y ver a Jesús cara a cara. Es más, probablemente tenemos una ventaja significativa sobre los que estaban allí, pues nosotros tenemos toda la interpretación apostólica inspirada de los eventos del Nuevo Testamento, mientras que ellos estaban viendo las cosas de manera gradual.

Nunca debemos creer que Pablo pensó que su retrato inspirado de Cristo (1 Co. 2:13) estuviera limitado a una fracción de su mensaje llamado "evangelio". En un sentido, Pablo vio todo lo que hizo como aspectos reveladores y clarificadores, e implicaciones del evangelio (1 Co. 2:1-2). Esto está claro por la manera en que habló sobre la autoridad con que él veía a toda su enseñanza como oficialmente dada por Dios, y con un tipo de autoridad final (1 Co. 14:37-38). Cuando se apartó de los de Éfeso, dijo que su sangre no estaba en sus manos, es decir, si no veían y creían la verdad de Cristo, él no era responsable, "porque no he rehuido anunciaros *todo el consejo de Dios*" (Hch. 20:27). No era una parte de su mensaje del que eran responsables de creer, sino la *totalidad* del mismo.

Por lo tanto, cuando digo que contemplamos la gloria del Señor por medio de la palabra del Señor (1 S. 3:21), me refiero a toda la Palabra inspirada de Dios. Ahí es donde sucede el milagro de 2 Corintios 3:18: "mirando a cara descubierta como en un espejo la gloria del Señor, somos transformados de gloria en gloria en la misma imagen".

¿Somos hechos nuevos por la Palabra o por el Espíritu?

El siguiente paso para reflexionar sobre cómo las Escrituras son mostradas como la Palabra de Dios, por la forma en que muestran y crean la gloria de Dios en la vida de las personas, es aclarar algo que puede haber sido engañoso en el capítulo anterior sobre los milagros de Jesús. Argumenté que a menos que el corazón humano sea puesto en sintonía con la voluntad de Dios, nunca reconocerá la verdad y la belleza de la gloria peculiar de Dios en los milagros de Jesús. Jesús dijo lo mismo: "El que quiera hacer la voluntad de Dios, conocerá si la doctrina es de Dios, o si yo hablo por mi propia cuenta" (Jn. 7:17). Si el corazón humano está entusiasmado buscando la alabanza del hombre, no será capaz de ver y creer en un Cristo que vive y enseña un estilo de vida radicalmente diferente. "¿Cómo podéis vosotros creer, pues recibís gloria los unos de los otros, y no buscáis la gloria que viene del Dios único?" (Jn. 5:44).

La razón de que esto pueda ser engañoso es que suena como algo que no es la Palabra de Dios lo que imparte el significado y la verdad de esta Palabra. Pero si eso fuera cierto, entonces el punto que estoy tratando de desarrollar ahora sería contradictorio. Estoy tratando de demostrar que es precisamente la gloria de Dios que se ve *en la Palabra* la que provoca el cambio en nosotros, y que se necesita para ver la verdad y la belleza de la Palabra. Contemplando la gloria del Señor, *en la Palabra*, llegamos a ser transformados. Así que el instrumento de cambio en el corazón humano es la Palabra de Dios. Esto no es una contradicción con la afirmación de que nuestro corazón debe ser cambiado para ver la verdad y la belleza de la Palabra.

La Palabra misma es el instrumento por el que el Espíritu Santo hace posible que veamos la verdad y la belleza de su Palabra. Vemos esto en la forma en que Pedro describe el nuevo nacimiento, que es la transformación más fundamental que debe suceder para que podamos ver la gloria de Cristo y creer. Él escribe: "siendo renacidos, no de simiente corruptible, sino de incorruptible, *por la palabra de Dios* que vive y permanece para siempre... esta es la palabra que por el evangelio os ha sido anunciada" (1 P. 1:23, 25). Así que el nuevo nacimiento no ocurre aparte de la Palabra de Dios. Dios es el obrero milagroso en el nuevo nacimiento. Nos ha hecho nacer de nuevo (1 P. 1:3). Pero la Palabra de Dios es el *instrumento* del cambio.

De igual manera, Santiago dice: "de su voluntad, nos hizo nacer *por la palabra* de verdad, para que seamos primicias de sus criaturas" (Stg. 1:18). Somos nuevas criaturas; nacidas de nuevo, "por la palabra de verdad". La Palabra no es pasiva en nuestra transformación. Pablo dice: "también nosotros sin cesar damos gracias a Dios, de que cuando recibisteis la palabra de Dios que oísteis de nosotros, la recibisteis no como palabra de hombres, sino según es en verdad, la palabra de Dios, *la cual actúa en vosotros los creyentes*" (1 Ts. 2:13). La palabra de la cruz puede ser locura para los que se pierden, "pero a los que se salvan, esto es, a nosotros, es *poder de Dios*" (1 Co. 1:18). Así, Juan puede enseñar que la fe se debe al nuevo nacimiento (1 Jn. 5:1), y Pablo puede decir: "la fe es por el oír, y el oír, por la *palabra de Dios*" (Ro. 10:17).

La Palabra es el instrumento en las manos del Espíritu Santo, dentro del milagro del nuevo nacimiento que produce la fe. Pero la eficacia de la Palabra en este milagro depende de que el Espíritu Santo nos dé la vida (Jn. 3:3, 7-8). Depende de que Dios diga al corazón en tinieblas: "Sea la luz". Depende de que el Padre haga lo que la carne y la sangre no pueden hacer (Mt. 16:17). Es decir, la efectividad de la Palabra depende de nuestra liberación del orgullo que valora al hombre por encima de Dios (Jn. 7:17; 5:44). Y es la Palabra misma la que trae todo esto.

Somos hechos nuevos por medio de la Palabra en la mano del Espíritu

Admito que puede sonar confuso decir que la Palabra hace la obra. Entonces, ¿cómo encaja todo esto? ¿Cómo la verdad y la belleza de la Palabra misma hacen la transformación, aunque deba ocurrir una transformación para que podamos ver la verdad y la belleza de la Palabra?

La clave está en darnos cuenta de que cuando el Espíritu Santo de Dios actúa en nuestro corazón para que veamos la verdad y la belleza de Cristo en su Palabra, no añade ningún conocimiento que no esté en su Palabra. Ninguna verdad y ninguna belleza se agregan a lo que viene a través de la Palabra. Son las Escrituras mismas las que presentan a Cristo como glorioso. Nuestra experiencia consciente de este milagro es que la Palabra irrumpe; la Palabra convence; la Palabra hace el trabajo de cambiar nuestra mente. Eso es lo que experimentamos. Y esta experiencia consciente es real.

Pero la razón de que la Palabra hiciera este trabajo en un día en particular, que no lo había hecho durante los veinte años anteriores, es algo distinto de la Palabra. La Palabra siempre ha sido lo que es. Siempre ha revelado la verdad y la belleza de Cristo. El cambio ocurrió en nosotros, no en la Palabra. Es como si el sol de la verdad hubiera irrumpido de entre las nubes después de una larga tormenta de oscuridad. Algo alejó las nubes. Pero en nuestra experiencia, es la Palabra la que irrumpe. El irrumpir de la Palabra y el alejamiento de las nubes son tan simples como abrir los ojos y ver. El brillo de la Palabra nos despierta y convence. El Espíritu Santo ahuyenta las nubes cegadoras. Pero nuestra experiencia es que la espada del Espíritu, la Palabra de Dios (Ef. 6:17), los corta con una luz irresistible. El Espíritu no hace que el sol brille. El Espíritu nos permite ver el sol por lo que este realmente es. Pero es el ver el que produce el cambio consciente. El Espíritu Santo no aporta ninguna nueva luz a la luz "del conocimiento de la gloria de Dios" (2 Co. 4:6).

Entonces, ¿era incorrecto decir, como lo hice, que el corazón humano debe ser liberado de su amor por la alabanza de los hombres para ver y saborear la gloria de Dios en los milagros de Jesús y en su Palabra? No.

Imagínelo de esta manera. La obra del Espíritu Santo y la obra de la Palabra de Dios al proporcionar luz al alma son simultáneas en su efecto. La razón es que la Palabra es como un instrumento o herramienta en las manos del Espíritu Santo. El alma tiene una plantilla para la luz de la gloria de Dios en su Palabra. Esta plantilla posee formas indentadas, por así decirlo, que son un ajuste perfecto para la gloria de Dios. Esta plantilla es un testimonio, de por vida en nuestra alma, de que fuimos hechos para Dios y que su gloria es real. El pecado ha corroído esta plantilla y ha llenado las hendiduras con corrosivos engaños de glorias falsas. La gloria de Dios se vuelve real para nosotros cuando el Espíritu Santo toma la herramienta de la Palabra, y por ella elimina los engaños corrosivos, y llena las hendiduras de la plantilla con la verdad. "Vosotros estáis limpios por la palabra que os he hablado" (Jn. 15:3). "Santifícalos en tu verdad; tu palabra es verdad" (Jn. 17:17).

Por lo tanto, es correcto decir que el corazón humano debe ser cambiado "antes" de que pueda ver la gloria de Dios en la Palabra, porque los bloqueos corrosivos deben ser eliminados. Pero la Palabra "antes" tiene un significado causal, no temporal, como si dijera: "Debes abrir los ojos *antes* de que puedas ver la luz". De hecho, la apertura de los ojos y el ver la luz son actos simultáneos. La apertura de los ojos es una especie de causa sin la cual la luz no brillará, pero la eliminación del obstáculo y la visión de la luz son simultáneas. Así que los engaños corrosivos en el corazón deben ser removidos "antes" de que se vea la luz de la gloria de Dios. Sin embargo, la gloria de Dios en la Palabra es el instrumento que elimina los cegadores corrosivos.

Así, por ejemplo, el engaño corrosivo de que la alabanza del hombre es preferible a la gloria de Dios debe ser removido "antes" de que podamos ver la gloria supremamente hermosa de Dios como nuestro mayor tesoro. Pero, ¿cómo experimentamos esto? Lo experimentamos cuando la gloria de Dios en la Palabra destruye totalmente esa oscura corrosión con su brillo superior. La eliminación del engaño y la visión de la gloria superior son simultáneas. El engaño se va y la verdad llega en el mismo instante. Pero la eliminación del engaño fue causalmente "anterior" porque, esta verdad y este engaño no pueden coexistir. Sin embargo, en las manos del Espíritu Santo, fue la verdad la que destruyó al engaño.

La Palabra es confirmada por la gloria que ella misma crea

Lo que hemos visto hasta ahora en este capítulo es que la realidad de la gloria de Dios, que resplandece a través de su Palabra, agrega esto a sus facultades de autoautentificación: crea en los corazones humanos imágenes de su propia gloria divina (2 Co. 3:18). La gloria peculiar de Dios en las Escrituras se refleja en su pueblo, donde las personas se transforman de egocéntricas y autoexaltadas a servidores centrados en Dios, exaltados por Cristo, que viven para el bien de los demás. En esto son como Cristo, la encarnación perfecta de la gloria peculiar del amor a través de la humildad.

Este cambio extiende la evidencia autoautentificante de la gloria de Dios a través de la Palabra, en el carácter y las buenas obras del pueblo de Dios. Así, las personas que son transformadas *por* la Palabra se convierten en evidencias de la realidad del Dios *de* la Palabra.

La sal y la luz del mundo

Por ejemplo, Jesús dijo a sus discípulos:

> Vosotros sois la luz del mundo; una ciudad asentada sobre un monte no se puede esconder. Ni se enciende una luz y se pone debajo de un almud, sino sobre el candelero, y alumbra a todos los que están en casa. Así alumbre vuestra luz delante de los hombres, para que vean vuestras buenas obras, y glorifiquen a vuestro Padre que está en los cielos (Mt. 5:14-16).

Primero, Jesús había aparecido en el mundo como la luz del mundo: "Yo soy la luz del mundo; el que me sigue, no andará en tinieblas, sino que tendrá la luz de la vida" (Jn. 8:12). Ahora los discípulos han visto la gloria del Señor y han sido cambiados a su imagen de un grado de gloria a otro (2 Co. 3:18). Así que Él los llama la luz del mundo. Están extendiendo la gloria que han visto en el mundo por la transformación de su vida.

Específicamente, Jesús dice: "... que vean vuestras buenas obras, y glorifiquen a vuestro Padre que está en los cielos" (Mt. 5:16). De alguna manera, a través de las obras de los seguidores de Jesús, la gloria de Dios se hace visible. Pero esto no es automático. No todo el que ve la vida transformada de los discípulos da gloria a Dios. Esto debe recordarnos los milagros de Jesús que vimos en el capítulo 15. No todos los que vieron los milagros vieron la gloria de Dios. Y no todo el que ve las buenas obras de los discípulos de Jesús ve la gloria de Dios. Al igual que con los milagros de Jesús, así también con las buenas acciones de los discípulos, hay algo peculiar en la gloria de estas obras. ¿Qué es?

Jesús acababa de decir acerca de sus discípulos:

> Bienaventurados los que padecen persecución por causa de la justicia, porque de ellos es el reino de los cielos. Bienaventurados sois cuando por mi causa os vituperen y os persigan, y digan toda clase de mal contra vosotros, mintiendo. Gozaos y alegraos, porque vuestro galardón es grande en los cielos; porque así persiguieron a los profetas que fueron antes de vosotros (Mt. 5:10-12).

Así que está claro que no todos los que ven la "justicia" de los discípulos (v. 10) son conmovidos para dar gloria a Dios. Algunas personas los persiguen e injurian (v. 11). Pero sorprendentemente, Jesús dice que su pueblo, los que han sido llamados "de las tinieblas a su luz admirable" (1 P. 2:9), no deben quejarse, sino gozarse. Este tipo de respuesta al sufrimiento es tan extraordinario que Jesús inmediatamente dice: "Vosotros sois la sal de la tierra... vosotros sois la luz del mundo" (Mt. 5:13-14). El sabor asombroso y el brillo del gozo de los discípulos en el sufrimiento por causa de la justicia es la sal y la luz del mundo.[2] Esta es la gloria peculiar que Jesús trajo al mundo. Esta es la luz de la gloria de Cristo que vemos en el evangelio (2 Co. 4:4). Y esta es la gloria peculiar que sus seguidores reflejan cuando contemplan "la gloria del Señor" (2 Co. 3:18).

Así que cuando Jesús dice en Mateo 5:16: "Así alumbre vuestra luz delante de los hombres, para que vean vuestras buenas obras, y glorifiquen a vuestro Padre que está en los cielos", la luz que Él tiene en mente es el brillo peculiar descrito en los versículos 10-12. La luz que mueve a las personas a dar gloria a Dios no son las simples buenas acciones sino hechos de amor, realizados con un gozo que depende de Cristo a pesar del maltrato. Cuando las personas tienen los ojos abiertos por el Espíritu de Dios, ven la belleza dada por Dios en tales hechos, y dan gloria a Dios. Otros ven solo otra acción moral y la describen hasta como causas naturales.

Esta extraordinaria salinidad y luminosidad en la gloria de la vida de los discípulos es el resplandor reflejado de la gloria de Cristo, mediante las palabras de Dios. Esto es verdad no solo para nosotros que conocemos la gloria de Cristo a través de las narraciones inspiradas de sus seguidores, sino también para aquellos que lo siguieron en sus días terrenales. Ellos también dependían de las palabras del Señor para su transformación. Lo conocían no solo por lo que Él hacía, sino también por lo que decía.

Cristo les dio las palabras de Dios y la gloria de Dios

Vemos esto en la oración de Jesús en Juan 17: "Yo les he dado tu palabra; y el mundo los aborreció, porque no son del mundo, como tampoco yo soy del mundo" (v. 14). Fue la Palabra de Dios a través de Jesús la que transformó a

---

2. Otra evidencia de esta interpretación es la línea de pensamiento de Pablo en Filipenses 2:14-15: "Haced todo sin murmuraciones y contiendas, para que seáis irreprensibles y sencillos, hijos de Dios sin mancha en medio de una generación maligna y perversa, en medio de la cual resplandecéis como luminares en el mundo". El comportamiento específico que brilla como "luz" en el mundo es "no quejarse"; es otra manera de decir: cuando las cosas van mal, hagan lo contrario de quejarse, a saber, alégrense, que es lo que dice Mateo 5:12.

los discípulos para que estuviesen en un camino diferente al del mundo. Tal vez esto es lo que Jesús tiene en mente cuando dice: "La gloria que me diste [Padre], yo les he dado" (v. 22). La gloria que descansaba en Jesús se reflejaba en los discípulos. Y paralelamente a esto estaban las palabras: "...que me diste, les he dado" (v. 8). Así que Jesús dio las *palabras* de Dios y la *gloria* de Dios a sus discípulos, y por lo tanto estaban definitivamente en un camino diferente al del mundo. Algunos los odiaban mientras que otros creyeron.

Su gozo dependiente de Cristo, a pesar del maltrato, tiene el mismo origen, es decir, en las palabras de Cristo. En la oración de Juan 17, Jesús dice: "...*hablo* esto en el mundo, para que tengan mi gozo cumplido en sí mismos" (v. 13). Nuevamente en Juan 15:11, dice lo mismo: "Estas cosas os he *hablado*, para que mi gozo esté en vosotros, y vuestro gozo sea cumplido". Note que el gozo de los discípulos no es solo un gozo en respuesta a Jesús; es el mismo gozo *de* Jesús en ellos. Sin embargo, Jesús dice que es debido a "estas cosas [que] os he hablado". Lo que significa, por tanto, que el gozo que Jesús experimenta se convierte en el gozo que los discípulos experimentan, mediante sus palabras.

Gozo que sostiene el amor en el sufrimiento

Este gozo que depende de Cristo y exhibe a Cristo es un gozo a pesar del maltrato. Para Jesús y los discípulos, fluye de la esperanza de la gloria de Dios. "Por el gozo puesto delante de él sufrió la cruz, menospreciando el oprobio, y se sentó a la diestra del trono de Dios" (He. 12:2). Paralelo a esto está: "Bienaventurados sois cuando... os persigan... Gozaos y alegraos, porque vuestro galardón es grande en los cielos" (Mt. 5:11-12). Cristo amó al mundo mientras soportaba el sufrimiento con la esperanza de una gran recompensa. Y este es el mismo gozo que sostiene a sus seguidores en sus actos de amor hechos con gozo *dependiente de Cristo a pesar del maltrato*, mientras buscan una gran recompensa.

Jesús ora: "Padre, glorifícame tú al lado tuyo, con aquella gloria que tuve contigo antes que el mundo fuese" (Jn. 17:5). Y luego ora para que sus discípulos compartan lo mismo: "Padre, aquellos que me has dado, quiero que donde yo estoy, también ellos estén conmigo, para que vean mi gloria que me has dado; porque me has amado desde antes de la fundación del mundo" (v. 24). Esta es la gran recompensa que tanto Jesús como nosotros esperamos en nuestro sufrimiento. Es la clave de nuestro gozo en la tristeza y por lo tanto también la clave para soportar en amor a pesar del sufrimiento. Esta belleza peculiar de esta gloria final vino al mundo en Jesús y se refleja en sus discípulos. Esto sucedió entonces, y sucede ahora, a través de la Palabra de Dios. La Palabra exhibe y crea la gloria de Cristo en la vida de sus seguidores, y esto también es una forma de cómo las Escrituras se manifiestan como la Palabra de Dios.

Para convencer y convertir, consuelo y edificación

Las Escrituras "se manifiestan en sí mismas que son la palabra de Dios por... el alcance del todo, que es dar toda gloria a Dios". Las palabras que Dios inspiró llevan una intención divina y humana que se compenetra con la luz de la gloria de Dios. El resplandor de esta luz, por medio de las Escrituras, en el corazón del ser humano confirma que estas Escrituras son la Palabra de Dios. Esto es cierto tanto en general como específicamente. El enfoque general de las Escrituras es que Dios recibe... toda la gloria. Junto con su pretensión de ser la Palabra de Dios, este impulso de las Escrituras es una confirmación de la plantilla en forma de gloria que existe en el corazón humano de que las Escrituras son la Palabra de Dios.

Pero junto con el impulso general de las Escrituras para dar toda la gloria a Dios, existen maneras específicas en que las Escrituras encarnan la gloria peculiar de Dios. Lo hemos visto en la manera en que Él obra para los que lo esperan (cap. 13), en el cumplimiento de la profecía (cap. 14), en los milagros de Jesús (cap. 15) y, ahora, en la forma en que las Escrituras exhiben y crean vidas que encarnan esta gloria peculiar. Esa gloria peculiar es la majestad en la mansedumbre, la fuerza a través de la debilidad y las *acciones de amor realizadas con el gozo dependiente de Cristo a pesar del maltrato*.

Vimos que este asombroso cambio, en el alma humana autoexaltada, es la luz del mundo (Mt. 5:14). Cuando los cristianos viven una vida de amor en este espíritu peculiar, aquellos que los ven, con la visión dada por el Espíritu, dan gloria al Padre que está en los cielos (Mt. 5:16). No son solo las buenas acciones las que convencen, así como no son solo los milagros de Jesús los que convencen. Es la gloria peculiar de Dios integrada en las obras y en los milagros, la que debe ser vista. Cuando se ve, la realidad de Dios es confirmada.

Este nuevo corazón de amor, expresado con *gozo dependiente de Cristo a pesar del maltrato*, es obra del Espíritu Santo a través de la Palabra de Dios. El amor y el gozo son el fruto del Espíritu (Gá. 5:22). El amor y el gozo son la obra de la Palabra (1 Ti. 1:5; Gá. 3:5; Jn. 15:11). La Palabra revela al Señor Jesús (1 S. 3:21), quien es la encarnación de esta gloria peculiar

(2 Co. 4:4). Y al contemplar esta gloria en la Palabra, somos transformados en esta imagen de gloria en gloria (2 Co. 3:18).

Una manera de entender este capítulo sería verlo como el despliegue de otra respuesta del Catecismo Mayor. En respuesta a la pregunta acerca de cómo las Escrituras se muestran como la Palabra de Dios, también responde: "Las Escrituras manifiestan en sí mismas que son la palabra de Dios...; *por su luz y poder para convencer a los pecadores, para consolar y edificar a los creyentes para la salvación*". En lugar de desempaquetar estas palabras en detalle, he buscado debajo de ellas la conexión que tienen con esa otra respuesta: "Las Escrituras manifiestan en sí mismas que son la palabra de Dios por... el alcance del todo, que es dar toda gloria a Dios". Mi descubrimiento es que la *manera* en que las Escrituras "convencen, consuelan y edifican" es por la revelación de la gloria peculiar de Dios en Cristo.

Si quisiéramos hacer un libro de este capítulo, podríamos investigar en otras Escrituras que exhiben la gloria peculiar de Cristo en la vida de los creyentes. Por ejemplo, nos referiríamos a Filipenses 2:5-11 ("Haya en ustedes esta manera de pensar que hubo también en Cristo Jesús"; RVA-2015, v. 5), 1 Pedro 2:19-24 ("para esto fuisteis llamados, porque también Cristo sufrió por vosotros", v. 21), Efesios 4:32—5:2 ("Andad en amor, como también Cristo nos amó, y se entregó a sí mismo por nosotros", v. 2). Un estudio cuidadoso demostrará que el vaciamiento de Cristo (Fil. 2:7), el sufrimiento (1 P. 2:23) y el perdón paciente (Ef. 4:32) se replican en la vida de sus discípulos a través de la Palabra de Dios.

Esta Palabra es lo que Jesús legó a su iglesia a través de las Escrituras apostólicas, el Nuevo Testamento. Aquí es donde vemos la gloria de Dios expuesta en la vida de sus discípulos y su enseñanza acerca de la vida cristiana. Pero aún más convincente es el poder de estas Escrituras para impartirnos la gloria peculiar de Cristo mientras contemplamos la gloria del Señor y "somos transformados de gloria en gloria en la misma imagen" (2 Co. 3:18). Son las Escrituras las que imparten esta gloria. Las palabras que Dios inspiró tienen un significado divino y humano que se intercala con la luz de la gloria de Dios. El resplandor de esta luz, a través de las Escrituras, en el corazón humano confirma que son la Palabra de Dios.

En el siguiente capítulo reconoceremos que el camino que hemos tomado, en busca de una convicción bien fundamentada de que las Escrituras son verdaderas, no es lo mismo que los argumentos de la historia. De hecho, el enfoque que hemos tomado plantea interrogantes sobre la legitimidad de tales pruebas históricas e incluso del razonamiento humano en la tarea del estudio de la Biblia. Así que la pregunta que se debe hacer ahora es la siguiente: ¿Cómo la visión de la gloria divina en las Escrituras se relaciona con el uso ordinario de la razón humana y los datos históricos de manera que entendamos y corroboremos la Biblia?

17

El lugar del razonamiento histórico

> Al leer esto, podrán darse cuenta de que comprendo el misterio de Cristo.
>
> EFESIOS 3:4 (NVI)

La pregunta que hacemos en este capítulo es: ¿Cómo se relacionan el razonamiento humano y la erudición histórica (o cualquier esfuerzo mental en el estudio de la Biblia) con la visión espiritual de la gloria de Dios en las Escrituras? Otra forma de preguntarlo sería: ¿Cómo se relaciona el conocimiento adquirido al mirar "la gloria del Señor" en la Palabra (2 Co. 3:18) con el conocimiento adquirido por inferencia lógica a partir de datos históricos (como los textos bíblicos)? O ¿cómo se relaciona el conocimiento de la miel obtenido por la degustación con el conocimiento de la miel obtenido por la observación (marrón dorada, viscosa, procedente de colmenas)? O ¿cómo el conocimiento de la luz del día adquirido por la vista se relaciona con el conocimiento de la luz del día obtenido por inferencias de otros sentidos (calor en la piel, el reloj que marca el mediodía, otras personas que dicen que el sol brilla)?

La razón por la que esta pregunta importa es que alguien podría deducir de lo que he dicho hasta ahora que la observación del mundo con nuestros sentidos físicos y el uso de la razón para extraer inferencias válidas son de poca importancia, ya que Dios revela la verdad de su Palabra directamente a nuestro corazón por medio de una visión de su gloria. Esto sería un error fatal. *Fatal* es la palabra correcta, no un error menor, sino fatal. La razón por la que sería fatal, como vamos a ver, es que la gloria de Dios es llevada a nuestras almas *a través* de los textos bíblicos, que existen para nosotros hoy y que son entendidos por nosotros solo con la ayuda de la observación, el razonamiento y los datos históricos (como textos).

Persuasión por la razón y persuasión por el Espíritu

Tomamos en serio las enseñanzas de Juan Calvino sobre el testimonio del Espíritu Santo: "Así pues, la Escritura nos satisfará y servirá de conocimiento para conseguir la salvación, solo cuando su certidumbre se funde en la persuasión del Espíritu Santo".[1] El Espíritu Santo es decisivo al abrir los ojos para ver la gloria de Dios en las Escrituras. Sin embargo, Calvino reconoce que hay otros argumentos y razones para la verdad de las Escrituras:

> Hay también muchas otras razones, y no de pocos quilates, por las cuales no solamente se puede comprobar la dignidad y la majestad de las Escrituras en el corazón de las personas piadosas, sino también defenderlas valerosamente contra la astucia de los calumniadores. Las Escrituras, sin embargo, no son por sí solas suficientes para que se les dé el crédito debido, hasta que el Padre celestial, manifestando su divinidad, las redima de toda duda y haga que se les dé crédito.[2]

Por lo tanto, hay utilidad espiritual para trazar "razones" para la verdad de las Escrituras, aparte de la visión inmediata de su gloria. Sin embargo, incluso aquí la cuestión no se presenta de la manera que lo estoy planteando. Calvino no está preguntando (como yo lo estoy haciendo), ¿cómo llegó la persona promedio a tener una Biblia? ¿Cómo aprendió una persona a leer (francés, griego o inglés) en primer lugar, o a interpretar el lenguaje oralmente? ¿Por qué procesos mentales pasa una persona para encontrar el verdadero significado de un texto en lugar de uno falso?

Pero estas preguntas son cruciales, si queremos conocer la relación correcta entre el conocimiento por medio de la vista espiritual y el conocimiento mediante la observación empírica y la inferencia racional. Jonathan Edwards es consciente del asunto y llega a formular la pregunta que me preocupa:

> Un cristiano es una persona conocedora y comprensiva, no solo con el conocimiento espiritual salvador, sino también con el conocimiento doctrinal de la religión, porque el conocimiento salvador depende de ello. No es posible que alguno conozca la excelencia de Jesucristo, que es un mediador, a menos que conozca quién es Cristo, que es mediador,

---

1. Juan Calvino, *Institución de la religión cristiana*, trad. Cipriano de Valera (Países Bajos: Fundación Editorial de Literatura Reformada, 1994), 1.VIII. 3.

2. Ibíd.

> cómo es mediador y que es Dios. Y muchas otras cosas son necesarias conocer de Cristo para ver su excelencia. Debe haber un conocimiento de lo que son las cosas del evangelio, antes de que podamos ser sensibles a la verdad, la realidad y la excelencia de las cosas del evangelio.[3]

Esa última frase es la observación crucial: "Debe haber un conocimiento de lo que son las cosas del evangelio, antes de que podamos ser sensibles a la verdad, la realidad y la excelencia de las cosas del evangelio". O, como él dice antes, "el conocimiento salvador depende [del] conocimiento doctrinal". Es decir, debemos saber lo que la Biblia enseña antes de que podamos ver la gloria de Dios en esa enseñanza.

El trabajo mental de preservar e interpretar textos

Esto significa que la Biblia debió ser preservada de generación en generación para que su verdad pueda ser conocida en nuestros días. Y esa preservación implica el trabajo mental de leer y transmitir el texto. Entonces también debe haber traducciones fieles para que aquellos que no saben griego y hebreo puedan tener acceso al verdadero significado de las Escrituras. Y esas traducciones dependen de un riguroso esfuerzo mental para conocer al menos dos lenguas, la original y la que estamos traduciendo. Y luego hay habilidades mentales involucradas en la lectura: algunas las aprendimos como niños y otras las hemos aprendido más tarde para leer con más cuidado.

Todos los procesos de preservar el texto original, transmitirlo, traducirlo y aprender a interpretar su verdadero significado implican los usos naturales de nuestros sentidos en la observación y las capacidades mentales de la razón y la inferencia. Estos procesos son esenciales para que cualquiera de nosotros tenga acceso al significado de los textos bíblicos donde se ve la gloria de Dios. Por lo tanto, como dice Edwards, el conocimiento espiritual y salvador, la visión de "la luz del evangelio de la gloria de Cristo" (2 Co. 4:4), depende del conocimiento natural de lo que las Escrituras enseñan.

La fe viene por el oír, la visión por la lectura

La fe viene por oír, la visión por la lectura; esto es, de hecho, lo que las Escrituras nos dicen. No puede haber fe salvadora donde no haya conocimiento del evangelio.

---

3. Jonathan Edwards, "A Spiritual Understanding of Divine Things Denied to the Unregenerate", en *Sermons and Discourses, 1723-1729*, vol. 14, *The Works of Jonathan Edwards*, ed. Harry S. Stout y Kenneth P. Minkema (New Haven, CT: Yale University Press, 1997), p. 92.

> Porque todo aquel que invocare el nombre del Señor, será salvo. ¿Cómo, pues, invocarán a aquel en el cual no han creído? ¿Y cómo creerán en aquel de quien no han oído? ¿Y cómo oirán sin haber quien les predique? ¿Y cómo predicarán si no fueren enviados? Como está escrito: ¡Cuán hermosos son los pies de los que anuncian la paz, de los que anuncian buenas nuevas! Mas no todos obedecieron al evangelio; pues Isaías dice: Señor, ¿quién ha creído a nuestro anuncio? Así que la fe es por el oír, y el oír, por la palabra de Dios (Ro. 10:13-17).

Pablo está refiriéndose al mismo asunto que nos concierne aquí: ¿Cómo se relacionan entre sí el conocimiento por oír la Palabra y el conocimiento por el ver la gloria en la Palabra? Su respuesta es que no puede haber conocimiento por ver la gloria de Dios en la Palabra si no escuchamos la Palabra.

El apóstol menciona algo similar cuando dice a los Efesios que el medio por el que pueden conocer su visión del misterio de Cristo es leyendo lo que ha escrito.

> Por esta causa yo Pablo, prisionero de Cristo Jesús por vosotros los gentiles; si es que habéis oído de la administración de la gracia de Dios que me fue dada para con vosotros; que por revelación me fue declarado el misterio, como antes lo he escrito brevemente, *leyendo lo cual podéis entender cuál sea mi conocimiento en el misterio de Cristo* (Ef. 3:1-4).

A través de la lectura de lo que es accesible a los ojos y la mente humanos ordinarios —el texto de las Escrituras—, puede darse la visión espiritual. La lectura con el propósito de una correcta comprensión es un esfuerzo mental riguroso. Trabajamos duro en ello en los primeros seis años de nuestra educación escolar; que era un asunto humano, no necesariamente espiritual. Desde nuestra infancia, hemos aprendido, quizás, habilidades de lectura aún más exigentes. Todo esto involucró a nuestros poderes de observación y nuestra capacidad racional. Esto es, según Pablo, la forma en que puedes "entender cuál sea mi conocimiento en el misterio de Cristo". No hay acceso al misterio de Cristo (donde se encuentran las "riquezas de su gloria", Col. 1:27) sin leer (o escuchar) los escritos inspirados. Pablo no cree en una revelación espiritual de las glorias del misterio de Cristo aparte de una correcta comprensión de las Escrituras inspiradas.

El único camino para ver la gloria de Dios es el pensamiento humano

Uno tenía que ver al Jesús humano para ver que Él era más que un simple ser humano. Uno tenía que ver la representación humana de los milagros de Jesús para ver la peculiar gloria divina de los milagros. Y uno tiene que ver el comportamiento de un seguidor de Jesús para discernir la gloria de la imagen de Cristo. De la misma manera, uno debe ver e interpretar el lenguaje humano de las Escrituras para ver la luz del evangelio de la gloria de Cristo en ellas. Lo que significa que el único camino hacia la luz autoautentificadora de la gloria de Dios en las Escrituras es el camino de la observación y el razonamiento humano.

Observe, no es solo que debemos *tener* las Escrituras y que debemos *leerlas* (o escucharlas), sino también que debemos leerlas en alguna medida de acuerdo a su significado original y verdadero. La gloria de Dios permea el verdadero significado de las Escrituras; es el verdadero significado de los textos que emite la gloria divina. No está mágicamente adjunto a letras y palabras. Se encarna en el significado que las palabras llevan. Así, una falsa interpretación de alguna enseñanza o acción de Jesús no revelará verdaderamente su gloria. El apóstol Pedro dice que hay cosas en las Escrituras que "los indoctos e inconstantes tuercen... para su propia perdición" (2 P. 3:16). Las Escrituras retorcidas no transmiten la gloria de Dios. Ellas llevan a la destrucción.

Las implicaciones de esto son enormes. Los padres trabajarán para enseñar a sus hijos a leer, porque este es el camino normal al misterio de Cristo (Ef. 3:4). Se establecerán escuelas donde se enseñarán las habilidades de lectura de la manera más cuidadosa. Todos haremos una prioridad el leer la Biblia con gran celo y precisión. Como dice Edwards: "Si con éxito buscas el conocimiento divino y espiritual, consigue ese conocimiento de las cosas divinas que está dentro de tus posibilidades, incluso un conocimiento doctrinal de los principios de la religión cristiana".[4] Si quieres ver la gloria de una pintura, sigue mirando la pintura; estúdiala. Si quieres ver la gloria del amanecer, levántate antes del amanecer y mira al oriente.

La gloria de Dios no está contenida en las Escrituras como una joya lo está en una caja. Está contenida en las Escrituras como la manera en que la luz está contenida en el fuego, como la manera en que la dulzura está contenida en la miel, como la manera en que el rojo y la fragancia están contenidos en la rosa. Cuando las terminaciones nerviosas espirituales, las

4. Ibíd.

papilas gustativas espirituales y la retina espiritual son hechas vivas por el Espíritu, estas glorias son probadas y vistas. Pero no sin un contacto natural con el fuego, la miel y la rosa.

¿Cómo dependemos de la erudición y otra agencia humana?

¿Significa esto que estamos nuevamente dependiendo de los eruditos para nuestra fe? La respuesta es variada. No dependemos de historiadores, apologistas y eruditos para que nos demuestren que las Escrituras son verdaderas y que Dios es real. Pero dependemos de los agentes humanos para darnos acceso a la Biblia. Dependemos de la agencia humana, la nuestra y la de los demás, para darnos la capacidad de interpretar el significado de la Biblia leyendo o escuchando lo que dice. No hay acceso a la gloria peculiar de Dios en su Palabra sin la agencia humana. No hay acceso al verdadero significado de los textos bíblicos sin la agencia humana. Ver la verdad y la belleza de Dios en las Escrituras siempre requerirá más que la agencia humana. Pero nunca menos.

Leer bien es un mediador de la gloria. Cuando Pablo observó que un velo estaba sobre los corazones del pueblo judío (2 Co. 3:15), cuando las Escrituras se leían en la sinagoga cada semana (Hch. 13:27; 15:21), la solución no era dejar de leer las Escrituras. La solución fue volver al Señor Jesús. "Cuando una persona se vuelve al Señor, el velo se le quita" (2 Co. 3:16, DHH). El velo se levanta para ver qué hay allí. Si nos alejamos de la lectura, hay pocas razones para pensar que el Señor levantará el velo. ¿Qué veríamos?

El camino de la apologética es el camino a la luz

¿Qué implica todo esto para el trabajo de la apologética, el esfuerzo de dar argumentos racionales e históricos para la verdad de la fe cristiana? Una manera de describir la implicación es decir que el *camino* real a la persuasión racional de los hechos históricos y las inferencias válidas es el *mismo* que el camino a la visión espiritual. En otras palabras, aunque a pesar de que con certeza la conclusión final del camino es diferente, el camino es el mismo. *Observamos* con oración los hechos que tenemos ante nosotros y *pensamos* en ellos para interpretar el significado que el autor inspirado (y Dios) nos propuso ver. Esto es lo que debemos hacer, si estamos buscando la persuasión racional o la iluminación espiritual. Esto se debe a que ambos tipos de conocimiento están arraigados en la historia humana y en frases humanas reales.

Una manera para ilustrar este camino compartido hacia objetivos diferentes, inferencia válida y visión espiritual, sería seguir la argumentación del apóstol Pablo de su propia vida como un medio para ambos fines. En el capítulo anterior, argumenté que una forma en que las Escrituras se muestran como la Palabra de Dios es por el modo en que crean imágenes de la gloria de Dios en la vida de aquellos que son transformados por las Escrituras. La gente contempla la gloria de Cristo en la Palabra de Dios y es transformada "de gloria en gloria" (2 Co. 3:18). Pablo es una de esas personas. Él cree que el impacto de la Palabra de Dios en su vida es un buen argumento para la verdad del evangelio. Sigamos su argumento para ver cómo representa el único camino hacia la fe bien fundamentada.

La vida de Pablo como una creación convincente de la Palabra de Dios

Prácticamente todos los estudiosos están de acuerdo en que Pablo escribió la Epístola a los Gálatas. Incluso los estudiosos que no creen en la verdad del cristianismo, o que Pablo fue un portavoz inspirado de Cristo, están convencidos de que realmente escribió esta carta; es una de sus epístolas más personales y apasionadas. Allí Pablo trata con los adversarios que piensan que él no es un apóstol confiable. Así que una de las primeras cosas que hace es defender su apostolado. Aquí está el argumento tal como él lo presenta:

> Pues, ¿busco ahora el favor de los hombres, o el de Dios? ¿O trato de agradar a los hombres? Pues si todavía agradara a los hombres, no sería siervo de Cristo. Mas os hago saber, hermanos, que el evangelio anunciado por mí, no es según hombre; pues yo ni lo recibí ni lo aprendí de hombre alguno, sino por revelación de Jesucristo. Porque ya habéis oído acerca de mi conducta en otro tiempo en el judaísmo, que perseguía sobremanera a la iglesia de Dios, y la asolaba; y en el judaísmo aventajaba a muchos de mis contemporáneos en mi nación, siendo mucho más celoso de las tradiciones de mis padres. Pero cuando agradó a Dios, que me apartó desde el vientre de mi madre, y me llamó por su gracia, revelar a su Hijo en mí, para que yo le predicase entre los gentiles, no consulté en seguida con carne y sangre, ni subí a Jerusalén a los que eran apóstoles antes que yo; sino que fui a Arabia, y volví de nuevo a Damasco. Después, pasados tres años, subí a Jerusalén para ver a Pedro, y permanecí con él quince días; pero no vi a ningún otro de los apóstoles, sino a Jacobo el hermano del Señor. En esto que os escribo, he aquí delante de Dios que no miento. Después fui a las regiones de Siria y de Cilicia, y no era conocido de vista a las iglesias de Judea, que eran en Cristo; solamente oían decir: Aquel que en otro tiempo nos perseguía, ahora predica la fe que en otro tiempo asolaba. Y glorificaban a Dios en mí (Gá. 1:10-24).

El argumento es el siguiente:

> Premisa 1: Ustedes saben lo totalmente dedicado que estaba al judaísmo tradicional (v. 14), y cómo me opuse violentamente al cristianismo (v. 13).
>
> Premisa 2: Los mismos a los que una vez traté de destruir ahora están glorificando a Dios por lo que ven en mí (v. 24).
>
> Premisa 3: Yo no consulté con los otros apóstoles por el contenido o la autoridad de mi nueva vocación (vv. 16-23).
>
> Conclusión: "Yo ni lo recibí ni lo aprendí de hombre alguno, sino por revelación de Jesucristo" (v. 12).

La clave crucial en el texto que Pablo está argumentando de esta manera es la palabra "Porque" al principio del versículo 13:

> Yo ni lo recibí [mi evangelio] ni lo aprendí de hombre alguno, sino por revelación de Jesucristo. *Porque* ya habéis oído acerca de mi conducta en otro tiempo en el judaísmo, que perseguía sobremanera a la iglesia de Dios, y la asolaba.

Del versículo 13 al 24, Pablo está construyendo su argumento de que su mensaje y autoridad vienen directamente de Cristo resucitado. Él tiene más que decir sobre la forma en que los otros apóstoles aprobaron su autoridad apostólica (Gá. 2:7-9), pero para nuestros propósitos, hemos visto en Gálatas 1:10-24 la manera crucial en que Pablo argumenta la verdad de su apostolado.

Su argumento es dado para la validez de una inferencia basada en la observación y en el pensamiento humano. Dada la profundidad de su devoción al judaísmo, cuán radical fue su oposición al cristianismo, y de cómo ha dado un giro de 180 grados y está arriesgando su vida para difundir la misma fe a la que alguna vez se opuso, estamos justificados para inferir la verdad de su afirmación de haber encontrado al Cristo resucitado y recibido el mensaje de Él. Es una inferencia válida.

Siguiendo el modo de argumentar de Pablo

De esta manera, me parece, Pablo justifica la tarea de la apologética.[5] De

---

5. *Apologética* proviene de la palabra griega *apología*, que se usa, por ejemplo, en 1 Pedro 3:15 de una manera que nos ayuda a encontrar el significado de la apologética: "santificad a

hecho, pienso que Pablo estaría de acuerdo en presionar la discusión un poco más, ya que la evidencia para sostenerla está allí en sus escritos. Por ejemplo, el apologista podría plantear la pregunta: Pero, ¿cómo sabemos si el cambio en el comportamiento de Pablo podría deberse a (1) una psicosis seria, una especie de enfermedad mental delirante que los egocéntricos religiosos a veces experimentan; o (2) un engaño puesto sobre las iglesias y el mundo por un estafador fenomenalmente inteligente; o (3) un error honesto de algún tipo en el que Pablo cayó?

Entonces el apologista, con la ayuda de Pablo, tomaría estas explicaciones posibles de su transformación, una a la vez, y las probaría para ver si son inferencias probables de lo que sabemos.

El apologista observaría, primero, que los escritos de Pablo simplemente no encajan en la forma en que los psicóticos hablan. Esta no solo es una afirmación que puede sostener un defensor cristiano, esta observación está disponible para cualquiera que pueda leer español. En cualquier librería o biblioteca o en Internet puede obtener una Biblia con todas las cartas de Pablo. Usted puede leerlas por sí mismo en aproximadamente siete horas, incluso si usted las leyera bastante despacio.

Lo que encontramos es que en sus escritos (como el libro de Romanos) se razona de una manera amplia y coherente. Junto con esa manera de razonar, sus cartas también llevan las marcas de las relaciones cálidas y personales. Demuestran una profunda preocupación por los demás, incluso a un gran costo para sí mismo. Muestran una gama amplia y saludable de la emoción humana más que de la desigualdad patológica de los enfermos mentales. En otras palabras, no es posible desarrollar un caso convincente de que Pablo estaba mentalmente enfermo, psicótico o delirante. Esta explicación de su transformación es pura especulación, sin ninguna base en hechos históricos.

Luego, en segundo lugar, el apologista observaría que año tras año Pablo acogió una vida de sufrimiento para difundir el evangelio para la salvación de otros. Esto simplemente descarta el pensamiento de que él está usando su apostolado como una cubierta para un juego engañoso. La gente a menudo asume el sufrimiento por lo que es falso, pero no por lo que sabe que es

---

Dios el Señor en vuestros corazones, y estad siempre preparados para presentar defensa con mansedumbre y reverencia ante todo el que os demande razón de la esperanza que hay en vosotros". Así, la apologética, para los cristianos, ha llegado a referirse al esfuerzo por defender la fe y dar sólidas razones por las que una persona es cristiana y cree que las Escrituras cristianas son verdaderas.

falso. Cuando sabemos que lo que estamos enseñando es falso, estamos motivados a alinear nuestros propios bolsillos con dinero, no ser azotados y golpeados, encarcelados y asesinados. Pablo demostró repetidamente con su vida que no estaba siendo dirigido por el dinero, haciendo tiendas para ganarse la vida, no tomando ofrendas para sí mismo, poniendo a otros para manejar el dinero que recaudaba para los pobres, viviendo austeramente. Sus sufrimientos por el bien de las iglesias eran parte de su testimonio público (2 Co. 6:3-10; 11:23-28). Esta sugerencia, que su transformación es debido a su deseo de engañar a las iglesias, no tiene ninguna evidencia que la apoye.

En tercer lugar, el apologista observaría que Pablo ciertamente no era un hombre perfecto y podía cometer errores honestos. Pero decir que esto explica su ministerio de décadas de duración no es convincente. El problema con tal sugerencia es que el error ostensible en su conversión continuó por décadas. Año tras año, Pablo estaría haciendo las afirmaciones más escandalosas sobre sus propias experiencias reveladoras, la verdad de Cristo, del Espíritu Santo y de la naturaleza de la realidad. Esto no sería un error honesto. Esto sería una vida de ilusión o fabricación sostenida. A menos que Pablo diga la verdad.

Entonces, el apologista señalaría que la evidencia es fuerte en cuanto a que cuando Pablo explica el origen divino de su apostolado está hablando como un hombre razonable y honesto que sabe lo que está diciendo y por qué lo está diciendo. Su explicación es que Cristo se le apareció y que Él es el receptor continuo de la revelación divina (1 Co. 2:13). Con esta autoridad apostólica, Pablo afirma que todo el Antiguo Testamento es inspirado por Dios (1 Ti. 3:16-17); presenta un retrato completo de la deidad de Cristo (Col. 1:19; 2:9, Fil. 2:5-11) y su obra salvífica; y afirma que sus propias enseñanzas tienen la autoridad de Dios (1 Co. 14:37-38; 2:13).

Mi punto aquí es que este tipo de discusión apologética está en línea con lo que Pablo había comenzado en Gálatas 1:10-24. Se toman los hechos en serio, se razona, se infiere, y en la mente de Pablo, este tipo de razonamiento, sobre la base de la observación y la inferencia, es válido. Tal observación y razonamiento es la misma vía que tomamos si esperamos encontrar la validación racional o la iluminación espiritual. Oramos por la ayuda de Dios en ambos casos y dependemos, también en ambos casos, del Espíritu, tanto para el uso correcto de la razón como para el don de la visión espiritual.

El camino de la apologética puede, o no puede, ofrecer una visión de la gloria

Pero si tomamos este camino y llegamos solo a la inferencia válida de que Pablo es un verdadero portavoz de Cristo resucitado, ¿qué tenemos? Tenemos una conclusión que aumenta nuestra responsabilidad de creer en Cristo. Tenemos un patrón de argumentación que puede superar numerosas objeciones que los incrédulos plantean a la verdad de las Escrituras. También tenemos una narrativa válida de la obra de Dios en la transformación de Pablo.

Pero aún no tenemos una fe salvadora ni el vislumbre de la "iluminación del conocimiento de la gloria de Dios en la faz de Jesucristo" (2 Co. 4:6). No tenemos más de lo que el diablo tiene. Él sabe que Pablo fue genuinamente convertido por Cristo resucitado. Lo sabe con mayor certeza que cualquier historiador que haya vivido.

Pero no hemos perdido nuestro tiempo. Porque es precisamente a través de esta "narración válida de la obra de Dios en la transformación de Pablo" que la gloria peculiar de Dios puede estallar. En el capítulo anterior, vimos que no todas las buenas acciones de los creyentes hacen que la gente dé gloria a Dios. Pero a veces la gente ve a *través* de la vida transformada de los creyentes, contempla la gloria de Dios y da gloria a nuestro Padre que está en los cielos (Mt. 5:16).

Es similar con la vida divinamente transformada de Pablo. La piedra angular de su argumento en Gálatas es esta: "Y glorificaban a Dios en mí" (Gá. 1:24). No todos lo hicieron. Fue odiado y perseguido toda su vida. Pero algunos lo hicieron. Algunos miraron al nuevo hombre, Pablo, o escucharon la historia que contó, o leyeron algo que escribió y vieron la gloria peculiar de Dios. Pablo había contemplado la gloria de Dios en Cristo resucitado y fue transformado por ella. Ellos vieron esta gloria en el mismo Pablo y lo acogieron como a un verdadero portavoz de Cristo resucitado. Ellos "glorificaban a Dios" por causa de él.

En otras palabras, el camino a esta iluminación divina y el camino hacia la válida inferencia de la veracidad de Pablo son el mismo camino. La conclusión final de la certeza no es la misma. En un caso, el corazón ve, a través de la narración de la transformación de Pablo, la gloria de Cristo reflejada en su cambio. En el otro caso, la mente infiere que Pablo es un verdadero portavoz de Cristo resucitado y puede o no puede ver la belleza peculiar y convincente de la obra de Dios en la vida de Pablo. El lector puede concluir por inferencia que esto es miel y, sin embargo, no probarla; que esto es una rosa, pero no ver el color rojo u oler la fragancia; que esto es el fuego, pero no ver la luz.

La necesidad de una agencia humana

Lo que hemos visto en este capítulo es que la relación entre razón y fe no es hostil. La relación entre la visión espiritual y la observación empírica no es antagónica. La relación entre la iluminación divina y la agencia humana en el proceso de conocer no está en desacuerdo. O, para decirlo positivamente, la visión divina y salvadora de la gloria de Dios está siempre mediada por la Palabra (humanamente conservada y humanamente construida) de Dios. "La fe es por el oír, y el oír, por la *palabra* de Cristo" (Ro. 10:17). "*...leyendo* lo cual podéis entender cuál sea mi conocimiento en el misterio de Cristo" (Ef. 3:4).

Puesto que la visión salvadora de la gloria de Dios (2 Co. 4:6) siempre viene a través de la Palabra, es necesariamente dependiente de la agencia humana: la agencia de otros que han *preservado* la Palabra en nuestras manos y la agencia de nosotros mismos que *interpretamos* el significado de la Palabra en nuestra mente. Si la Palabra no se preserva para nosotros, no tenemos acceso al significado donde resplandece la gloria. Y si la Palabra no se interpreta correctamente, de la misma manera, no tenemos acceso al significado donde resplandece la gloria.

Así que, aunque no dependemos de la observación humana y del razonamiento para proporcionar certeza de la verdad de la Palabra, dependemos del esfuerzo humano para llevar el libro a nuestras manos y su significado a nuestra mente. Dios ha ordenado que sea así. La fe viene por el oír. Si nadie es enviado, no hay predicación. Si no hay predicación, nadie escucha. Si nadie escucha, nadie cree. Si nadie cree, nadie es llamado por el Señor. Si no hay llamamiento, no hay salvación (Ro. 10:13-15). De ahí la necesidad de las misiones, la necesidad de saber, la necesidad de la lectura y la necesidad de la Palabra.

El vínculo entre el capítulo anterior (acerca del tipo de personas que la Palabra de Dios crea) y este ha sido la conversión del apóstol Pablo, que era a la vez un reflejo de la gloria de Cristo y el terreno para una inferencia válida de que era un verdadero apóstol. Pablo vio su propia vida en ambos sentidos. Argumentó en Gálatas que se podía, razonablemente, inferir su apostolado a través de su cambio de vida. Y argumentó que también se podía ver la gloria de Dios a través de ese mismo cambio de vida (Gá. 1:24). El camino al conocimiento por la observación y la inferencia es el mismo:

el camino por el cual recibimos la luz divina. Pero las inferencias por sí mismas no salvan. Solo la divina "luz del evangelio de la gloria de Cristo" transforma el alma. Solo la luz divina produce la certeza que asegura al alma una vida de amor a través de los peores sufrimientos. Solo la visión de la gloria de Dios en su Palabra inspirada da la certeza a la persona más sencilla y a la más educada.

Conclusión

Mi conclusión es que "la Biblia, que consiste en los sesenta y seis libros del Antiguo y del Nuevo Testamento, es la Palabra infalible de Dios, inspirada verbalmente por Dios y sin errores en los manuscritos originales"[1], y que esto puede ser conocido con una confianza bien fundamentada porque la gloria peculiar de Dios brilla en y por medio de estas Escrituras.

Esto también implica que las Escrituras son la autoridad suprema y final para probar todas las afirmaciones sobre lo que es verdadero, correcto y bello. En asuntos que la Biblia no aborda explícitamente, implica que lo que es verdadero, correcto y bello debe ser evaluado por criterios concordantes con las enseñanzas de las Escrituras. Todo esto implica que la Biblia tiene autoridad final sobre todos los aspectos de nuestra vida y que, por lo tanto, debemos esforzarnos en poner todos nuestros pensamientos, sentimientos y acciones en línea con lo que la Biblia enseña.

No escribo estas palabras a la ligera. Son una declaración impactante, asombrosa. Si no es cierta, es indignante. La Biblia no es la carta privada de una comunidad de fe entre otras comunidades de fe. Es una reclamación total en todo el mundo. Dios, el creador, dueño y gobernador del mundo, ha hablado. Sus palabras son válidas y vinculantes para todas las personas en todas partes. Eso es lo que significa ser Dios. Y para nuestro asombro, su forma de hablar con autoridad única e infalible en el siglo XXI es a través de un libro. Un libro, no, muchos. Esta es la impresionante afirmación de las Escrituras cristianas.

Un obstáculo comprensible

Para algunos de ustedes, esta afirmación representa un enorme obstáculo. Usted puede pertenecer a otra religión con sus propias escrituras sagradas; puede que no tenga religión. O puede tener entre manos muchos asuntos espirituales, tratando de encontrar la parte más inspiradora y provechosa

1. Tomado de *Bethlehem Baptist Church Elder Affirmation of Faith*, http://www.hopeingod.org/document/elder-affirmation-faith.

de cada uno de ellos. En todos estos casos, la afirmación total acerca de las Escrituras cristianas presentadas ante usted puede parecer imposible.

Puede sentir que la única cosa que una reclamación total puede producir es intolerancia, seguida por odio, para luego terminar en violencia. Puede señalar al terror religioso motivado en nuestros días por la violencia histórica en nombre del cristianismo. Una respuesta a esa preocupación es digna de otro libro completo. Pero, a falta de eso, le pediría brevemente que considerara otro ángulo.

¿La razón y la historia muestran que los abusos totalitarios de las minorías étnicas y religiosas se anulan evitando los absolutos religiosos? Los terribles horrores del siglo XX no fueron perpetrados por los amantes de Dios; seis millones de judíos asesinados en Alemania, sesenta millones de personas muertas por hambre bajo el régimen soviético, cuarenta millones destruidos bajo la Revolución Cultural China de Mao Zedong y más de un millón torturados en los campos de exterminio en Cambodia. Estas atrocidades fueron llevadas a cabo por quienes consideraban que la religión bíblica (y las demás religiones que rinden culto a Dios sobre el estado) era una amenaza. En otras palabras, la solución al problema histórico de la violencia religiosa no es la falta de religión. Hemos probado los horrores de aquellos que se exaltan a sí mismos por encima de los absolutos de la religión.

¿No es obvio (o al menos, muy probable) que donde Dios es rechazado como una autoridad sobre nosotros tendemos a ponernos a nosotros mismos en lugar de esa autoridad? Y si somos nuestra propia autoridad suprema, de ninguna manera aceptaremos que se revise lo que justificamos. Esto es lo que sucedió con Hitler, Stalin, Mao y Pol Pot. No había nadie por encima de ellos, no había Dios y, por lo tanto, ninguna ley ante la cual ellos fueran responsables.

Lo que lleva a la conclusión aparentemente paradójica de que necesitamos una cosmovisión que contenga una verdad superior a nosotros mismos y que prohíba la coerción de otros que no comparten esa cosmovisión. Permítanme recordar nuevamente la paradoja: la mejor manera de prevenir la violencia contra las minorías étnicas y religiosas es aferrarnos en fe a las declaraciones absolutas del Dios bíblico, porque su verdad no solo limita nuestra autoexaltación, sino que también prohíbe la coerción como una forma de lograr que otros se conforman a nuestra fe. La fe cristiana se produce por la obra del Espíritu Santo, que actúa por medio de la Palabra de Dios. Por lo tanto, no puede ser coaccionada. Así que, paradójicamente, las Escrituras cristianas afirman la autoridad absoluta, y por esa autoridad prohíben la coerción de aquellos que la niegan.

Llegará el día en que Jesucristo volverá a la tierra y establecerá su reino en persona. Cuando llegue ese día, todas las cuentas serán liquidadas. Él separará las ovejas de los cabritos, los que acogen su autoridad, y los que no lo hacen. Habrá un juicio final, y toda incredulidad y pecado serán removidos del nuevo mundo de justicia y paz. Mientras tanto, no somos Dios. No somos el juez final. Así que, exaltamos su Palabra, llamamos a todas las personas en todas partes a creerla y obedecerla, y a ver y saborear a Dios a través de ella. Pero no usamos la fuerza o la violencia para producir fe. La fe cristiana coaccionada es una contradicción. No existe tal cosa.

Sin embargo, sé que la afirmación total de que la Biblia está sobre todos los seres humanos en el mundo, todos los pensamientos, sentimientos y acciones de estas personas, es una afirmación asombrosa. Acoger la Biblia de esta manera cambiaría todo. No lo tomo a la ligera. Usted tampoco debería.

Un fundamento enorme

Tal vez este libro le ha presentado por primera vez una discusión por la verdad de las Escrituras basada en la gloria de Dios. Parece apropiado que una afirmación de tal alcance se base en una realidad igualmente amplia. De hecho, esto no es una mera decisión delante de usted. Nadie decide ver la gloria. Y nadie decide simplemente experimentar el cristianismo o las Escrituras como la verdad obligatoria que satisface todo en la vida de uno. Al final, el poder ver es un regalo. Y así el libre acogimiento de la Palabra de Dios es un regalo. El Espíritu de Dios abre los ojos de nuestro corazón y lo que alguna vez fue aburrido, absurdo, simple o mítico, ahora es evidentemente real. Puede orar y pedirle a Dios ese milagro. Pido diariamente ojos frescos para poder ver su gloria.

Mi argumento ha sido que la gloria de Dios, en y por medio de las Escrituras, es una realidad evidente, objetiva y autoautentificadora. La fe cristiana no es un salto en la oscuridad. No es una suposición o una apuesta. Dios no es honrado si es elegido al azar como al lanzar una moneda. Un salto a lo desconocido no es un honor para alguien que se ha dado a conocer.

Para la persona más sencilla

Uno de los impulsos clave detrás de este argumento es la preocupación expresada por Jonathan Edwards de que hay una manera para que las personas menos instruidas tengan una confianza bien fundamentada en que el evangelio es verdadero; por ejemplo, los pueblos nativos americanos no alfabetizados de sus días que no tenían familiaridad con la argumentación racional de la historicidad de los acontecimientos bíblicos.

La afirmación de Edwards era que "el evangelio del Dios bendito no va al extranjero suplicando su evidencia, tanto como algunos piensan; sino que tiene su más alta y apropiada evidencia en sí mismo... La mente asciende a la verdad del evangelio mediante un solo paso, que es su gloria divina".[2] He extendido este argumento a toda las Escrituras. Eso es lo que traté de explicar y defender en este libro. El punto no es que los libros de Edwards, o los míos, estén diseñados para ser leídos por la persona menos instruida. El punto es que de la Palabra de Dios emana una luz espiritual disponible para todos.

Otra forma de decirlo es que este libro ha sido una investigación y explicación ampliada de las palabras del Catecismo Mayor de Westminster (Pregunta 4): "Las Escrituras manifiestan en sí mismas que son la palabra de Dios por... el alcance del todo, que es dar toda gloria a Dios". He tomado esto para indicar que toda la Biblia, correctamente entendida, tiene este propósito y efecto divino: comunicar o exhibir la gloria de Dios. Y este propósito omnipresente de las Escrituras por glorificar a Dios, en lo que enseñan y cómo lo enseñan, revela la obra de Dios en la escritura de la Biblia.

La gloria peculiar

Específicamente, he argumentado que la forma en que las Escrituras nos convencen es por medio de la revelación de una *gloria peculiar*. En otras palabras, el poder de las Escrituras para justificar una confianza bien fundamentada no es por la gloria genérica. No, por así decirlo, simplemente deslumbrante. No simplemente alzando la mente con una alteridad sobrenatural. Más bien, lo que vemos como ineludiblemente divino es una gloria peculiar. Y en el centro de esta gloria peculiar está la gloria absolutamente única de Jesucristo.

Lo que se ha surgido, por lo tanto, es que hay una esencia, un centro o una peculiaridad dominante en la forma en que Dios se glorifica a sí mismo en las Escrituras. Hemos visto esto en la manera en que se glorifica

---

2. Jonathan Edwards, *A Treatise Concerning Religious Affections*, vol. 2, *The Works of Jonathan Edwards*, ed. John Smith (New Haven, CT, Yale University Press, 1957), pp. 299, 307.

a sí mismo obrando por aquellos que esperan en Él (cap. 13), a través de la profecía cumplida (cap. 14), a través de los milagros de Jesús (cap. 15) y a través de las vidas moldeadas por las Escrituras que reflejan un amor radical (cap. 16). Esta peculiaridad dominante es la revelación de la majestad de Dios a través de la mansedumbre.

Esta es la *gloria peculiar* de Dios; está en el corazón del evangelio de Jesucristo. Junto con innumerables manifestaciones en las Escrituras, este es el resplandor central de "la luz del evangelio de la gloria de Cristo, el cual es la imagen de Dios" (2 Co. 4:4). Esto es lo que estalla en el corazón y la mente de la persona en quien Dios brilla con "la luz... del conocimiento de la gloria de Dios en la faz de Jesucristo" (2 Co. 4:6). Este peculiar brillo resplandece a través de toda la Biblia, pero llega a su más bello resplandor en la persona y obra de Jesucristo, que murió y resucitó por los pecadores.

Una plantilla innata para la gloria

En un sentido, todo el mundo conoce la gloria de Dios (Ro. 1:21). Está escrita en la naturaleza (Ro. 1:19-20), escrita en nuestros corazones (Ro. 1:15), escrita en el evangelio (2 Co. 4:4), y resplandece a través de Cristo (Jn. 1:14) y las Escrituras. He argumentado que este "conocimiento" innato significa que hay, en cada ser humano, una plantilla incorporada que está configurada para recibir la gloria de Dios. Cuando Dios nos abre los ojos (2 Co. 4:6) y nos concede el conocimiento de la verdad (2 Ti. 2:25) a través de las Escrituras (1 S. 3:21), sabemos que hemos encontrado la realidad última.

Este encuentro, esta visión a través de la ventana de la Palabra, me ha sostenido durante casi siete décadas. Al principio, pensé que tenía una visión de las Escrituras. Entonces me di cuenta de que estaba siendo sostenido por ellas. Esa es mi oración por usted. Es la más libre de todas las cautividades. Nadie se considera esclavizado cuando está obligado a admitir que el sol se ha levantado. Tal conocimiento es libertad. La ceguera esclaviza, no la visión.

Me gustaría creer que por medio de este libro he sido enviado con la misma misión que el apóstol Pablo cuando el Cristo resucitado le dijo: "te envío, para que abras sus ojos, para que se conviertan de las tinieblas a la luz" (Hch. 26:17-18). Cuando esto sucede, entramos en una vida de extraordinario propósito: "que anunciéis las virtudes de aquel que os llamó de las tinieblas a su luz admirable" (1 P. 2:9).

Volumen 2

Si se unen a mí en este gran propósito, nuestro trabajo, nuestro gozo, está apenas comenzando. Ahora tenemos toda una vida, o lo que nos queda de ella, para leer el Libro y ver las innumerables maneras en que la luz maravillosa es refractada en las Escrituras. ¿Hay una manera de leer la Biblia que permita entrar más luz que otras maneras? ¿La tesis de este libro conlleva implicaciones para la manera en que usamos la Biblia, vivir con la Biblia día tras día? Eso es lo que quiero escribir próximamente. Sus oraciones serían de gran valor mientras preparo el segundo volumen sobre la Gloria peculiar.

Este libro es una historia desde lo más profundo del corazón del autor. Nos ruega que entendamos que Dios, como fue revelado a través de la muerte y la resurrección de Cristo, es el regalo más grande e importante de todo el evangelio. Todos los dones de Dios son una muestra de su amor porque nos guían hacia sí mismo. Este es el amor auténtico de Dios, su compromiso para hacer todo lo necesario para captarnos con lo que real y profundamente nos satisface: Dios mismo.

Un llamamiento a la perseverancia de los santos, con la colaboración de John Piper, John MacArthur, Randy Alcorn, Jerry Bridges y Helen Roseveare. La respuesta moderna para mejorar su vida suele ser "dejar atrás el pasado y seguir adelante". Pero la Palabra de Dios valora una norma diferente que, si bien difícil, conduce a una profunda satisfacción y una gran recompensa: la perseverancia. Se necesita perseverancia constante y duradera especialmente en la actual generación confusa. Cada autor es un devoto seguidor de Cristo que contribuye con un capítulo distinto sobre la perseverancia.